2012 长三角卷（含上海 杭州 南京 常州）

中原地产红皮书

CENTALINE PROPERTY REDBOOK

中原集团研究中心 著

上海中原研究咨询部

浙江中原资源中心

南京中原市场研究中心

常州中原市场研究部

中国建筑工业出版社

内容提要

本书以第一手的数据资料及调研资料，全面而系统地介绍了 2011 年全年和 2012 年上半年长三角地区 4 个主要城市（含上海、杭州、南京及常州）房地产市场的整体概况，以及政策环境、土地市场、住宅市场、写字楼市场、商业市场等各个细分市场的发展与变化。此外，本书对这 4 个城市房地产市场在此期间的众多热点专题进行了着重分析，包括上海滨江豪宅战风起云涌，当年地王今日景象、地王是否一去不复还，上海创意地产发展，杭州副城舍价换量、地铁利好后市乐观，滨江房产逆市操盘策略初探，2011 绿城房产危机，南京青奥会带来的地产价值增长，楼市调控对于南京高档房的影响，常州热销楼盘分析，常州恐龙园板块浅析。本书可对房地产专业人员分析研究市场环境、洞悉市场热点起到借鉴作用，对普通大众的投资置业行为也具有较强的指导意义。

序一

楼市理性得以强化 品质竞争对应抬头

在严厉版限购令等综合压制下，2011 年上海房价调整压力在下半年加速酝酿并最终得以释放。这一波从一手中低端房源开始，带有一定间歇性的深度降价在全线沉寂的交易局面中形成突围。不仅促成年底 11、12 月份成交连升的翘尾行情，也为 2012 年的小阳春起步奠定了一个亲和的价格平台。

但基于政策持续的压力，2012 年楼市的市场交易起步具有明显的试探特征。1 月份一、二手市场分别成交 1808 套、3780 套，均为近 5 年来月度最低值。2 月份该指标为 3883 套和 9486 套，仍仅是分别接近和基本摆脱了历史同期最低点。真正的变化出现在 3 月份，一、二手市场成交快速拉升到 6726 套、15691 套，同比 2011 年“小阳春”形成同步超越。也正是在这个阶段，关于交易升温以及价格反弹的概念重新回到上海楼市中，在其后一直牵动买卖双方心态和舆论基调。

在“小阳春”起步及随后整个上半年，上海楼市政策方面并没有太大变化。一些小修小补让交易心态虽有纠缠但不脱离稳定，传言因限购令微调收紧导致的“假结婚”、“假离婚”并无确凿案例依据。不过 6 月份降息后，短期内的一波迅疾成交还是折射出市场的高度敏感以及政策稳健的必要。相比 2011 年，2012 年，楼市各方对限购令等政策的适应度总体上是在不断加强。最直接的，是市场交易情绪放松。6、7、8 月份进入传统淡季时节，交易仍延续了前几个月的温和表现。二手、一手市场分别在 1—7 月份、1—8 月份累计交易套数上先后超过 2011 年同期。开发商也已经逐渐适应在限购条件下实现价格与资金运作的平衡，拿地、项目开发、推盘都基本达到从容不迫的状态。尽管在 8 月份开始出现来客量 1~2 成的环比下滑，并在 9 月初有进一步的发展，一、二手房价格对应涨速放缓，但尚未形成明确的回落迹象。但从存量压力上来看，新房市场压力在明显累积，二手市场有效房源却显不足。预计年内价格仍有一波调整的可能，仍会延续一手带动二手的惯例。

2012 年上海土地市场仍显低迷，并勾画出前低后高的供求轨迹。1—8 月份，土地出让金总额 307.07 亿元，同比下滑 36.51%。其中，居住用地成交金额 111.05 亿元，同比减少 63.5%；商办用地成交金额 111.76 亿元，同比减少 56.72%；另外动迁用地成交金额 30.76 亿元，同比减少 76.72%。一些重头地块，如底价 31.5 亿元的徐汇滨江 XH129B-02、XH129D-01 地块、底价 32.6 亿元的杨浦区平凉街道 22、23 街坊地块均在 9 月底挂牌竞价。预计 10 月份还会有起拍总额 121.6 亿元的土地入市。总体来看，2012 年上海宅地起拍价相比往年略有回落，吸引开发企业入围报名踊跃，但慎于竞价，多基于地块周边在售价格反推土地报价。

2012 年 1~8 月，写字楼市场和商铺市场均出现不同程度的萎缩，不过写字楼较商铺交易行情更显稳健一些。期间，办公楼新增供应 93.50 万 m^2，同比下滑 26.9%；成交 86.16 万 m^2，同比下降了 6.6%。商业部分新增上市 87.68 万 m^2，同比下降 34.9%；成交 81.47 万 m^2，同比下滑 40.3%，降幅更深。甲级写字楼租金水平分别在 3、5、6 月出现小幅下降，不过整体仍呈上扬趋势。8 月份租金为 9.92 元 / (m^2•天)，环比增长 1.7%，同比增长 13.4%。同期空置率为 6.4%，同比降 2.1 个百分点。来自跨国公司和国内企业的强劲需求，成为推动租金上涨的主要原因。后期“大虹桥”、“新浦东”开发的加快，进一步放大上海写字楼投资版图，也会给中心区租金上涨起到缓解效果。

2012 年上海房地产调控政策的基调是“坚定不移贯彻落实国家和上海市各项房地产调控政策”，其中包括保障房的深入落实。2012 年上海保障性住房建设任务目标为：确保新开工、筹措保障性住房 16.58 万套、1100 万 m^2，供应 11 万套、770 万 m^2。同时，对符合廉租房保障的对象应保尽保；进一步放宽共有产权保障房准入门槛；完善公共租赁房供应。与 2011 年住建部与上海市政府签订的 26.6 万套保障性住房建设和棚户区改造的总体目标相比，今年保障房建设或将重心转移到实质供应上，因此任务量有了一定下滑。截止到 7 月份，全市新开工建设各类保障性住房约 7.6 万套，占年度目标套数的 46%；竣工约 7.1 万套，占年度目标套数的 79%；可供应约 7 万套，占年度目标套数的 62%。年内完成目标问题不大。

2012 年经济下滑压力的增大，在经济调控放宽和楼市调控收紧之间形成了一定的市场错觉。加上楼市督查过后迟迟没有定论，不管是卖方内部还是买方，内部均出现市场判断分歧。在维持经济发展稳定和楼市调控之间，品牌房地产企业仍能够得到相对宽松的银行信贷支持，深度降价的压力已经得到缓解。此类企业所倡导的属性温和的“低价走量策略”仍会主导市场一段时间，这也基本奠定市场接下来的价格走向会趋于稳定，短期出台新政的必要性客观上是比较弱的。但限购令作为行政性手段，对于交易活力遏制过于深刻，与房产税之间的替代远期无法回避。但在房产税继续试点评估其效力无法达到限购令前的水平，仍不太会贸然取消限购。眼下上海宅地供应与新房交易基本平衡的状态很脆弱，用持续政策高压才维持住的房价稳定局面不容有失。

上海中原面对眼下及长期可能继续的“不温不火”困局，在维持业务结构的基础上，加快向服务品质转型。作为上海最大，专业最突出的房地产中介服务机构，上海中原在多轮楼市逆境中已经顺畅组合中介、代理、投资等业务领域，强化品质输出成为平淡交投环境下的取胜之匙。上海中原始终对上海这个城市及楼市的发展前景充满强烈信心，我们将强化深耕，开拓出更辉煌的未来。

《中原红皮书 2012（长三角卷）》记录了调控发展走向深处的背景下，上海楼市在 2011—2012 年度整体 / 细分市场的交错复杂的发展轨迹，深度剖析楼市大转折过程中具有强烈阶段特征的热点事件、代表案例 / 现象以及重点区域的发展等等。在历年研究的基础上更深切地体味市场脉搏，丰富视觉角度，拓展研究层次。上海中原研究咨询部、市场推广部为此书全心投入，力求给读者有关上海楼市的更深切解析。所著成果，期待与业内同仁交流分享，也给市场投资者、普通置业群体等提供深度楼市信息与观点参照。

上海中原董事总经理

2012 年 09 月

序二

跃十年 正风华

这是一个最好的时代，也是一个最坏的时代。

2012 年，是中原落地杭州第 10 个年头。在这承上启下的历史性节点上，我们遇到的是史上最严厉的调控，楼市的低迷从 2011 年延续到 2012 年初。市况艰辛，开发商或降价、或腾挪、或项目股权转让、或渠道营销，代理公司的作用在这一背景下得到凸显。站在集团 30 余年操盘积淀成果与标准化营运模式的基础上，浙江中原致力于成为最优秀的资源整合型行业服务商。

2012 年上半年，杭州楼市经历了成交跌至谷底的痛楚，也迎来了绝地反击的报复性增长。开发商顺势而为使市场状况发生逆转，降价风潮瞬间刮起，加之存款准备金率的下调及降息的推波助澜，杭州一、二手房成交量快速飙升，强大的市场弹性令人吃惊。截至 6 月底，杭州主城区商品房共成交 22085 套，在历史同期中，排名第二，仅次于 2009 年，甚至高于 2007 年同期。而 2009 年和 2007 年正是杭州楼市火爆到不能自已的时候。可见，在如此严厉的调控下，市场蕴藏的能量还是那样的惊人，也让我们相信杭州楼市有更强的生命力。

在房产市场低迷阶段，作为代理公司来讲，更多是能够从容地准备好自己的核心优势和甲方并肩。只有做好服务、培养好自己的团队，才能让企业有足够的能力来应对危机。在房产营销困难时，你愿意提供更多的增值服务给开发商，无疑更能让开发商看到中原的真诚。2012 年公司代理的一个东南亚风格的高端楼盘成为杭州市上半年别墅类产品销冠，这不仅增加了开发商的信心，更证明了公司打造的“全程服务链”是非常行之有效的。正是因为时刻怀着与开发企业同样的目标，我们的专业价值获得了日益广泛的认可与期许。

2013 年杭州楼市仍有很多不确定性，房产税箭在弦上，调控的方向基本不变。对我们而言，挑战与机遇并存，下一程我们会与合作伙伴并肩走得更稳健。

浙江中原董事总经理

2012 年 9 月

序三

行业的终极法则必将是品牌专业化

在房地产行业是否是“经济支柱”的讨论声中，楼市经历了一轮又一轮的调控。而一路以来，房价始终在波动中上行。在楼市火爆的岁月里，房子不论好坏都能卖掉，客户买房看重的不是产品，而是升值预期。究其原因可以发现，推动全民炒房的动力源泉来自于宽松的货币政策，在资本的不断推动下，金融杠杆成为推动房价快速上行的利器之一。

2011 年的“限购”、“限贷”政策，究其本质也是从信贷的角度减少货币的市场供应，用行政的手段控制需求，以达到稳定房价的目的，但这种调控方式有一定的局限性、双刃性。在全球经济再次陷入低迷的形式下，央行通过降准、降息、逆回购等方式实行“量化宽松”政策，向市场注入流动性。在实体经济获得流动性补充的同时，房地产市场也沐浴露春光，此轮“货币宽松”等于适当地放松了 2011 年以来实行的严格限贷政策，从而造就了 2012 年 3 月以来销量暴涨的局面。

政策的见底、银行的降息，带动了 2012 年房地产市场的回暖。虽然从调控层面来看，短期内放松的可能性不大，但房价大幅度下跌的可能性也不大，在经济形势并不稳健的情况下，政府对于房地产的期望，目前来看是以“量增价稳”为主。

经历了 11 年的风风雨雨，经历了市场的起起落落，南京中原已经在本地市场生根发芽逐渐壮大，品牌知名度逐渐打响，市场占有率进入行业前三甲。在强大的品牌号召力和市场竞争力的推动下，近几年更是布局常州、镇江、扬州、盐城、徐州、马鞍山等苏皖城市，并且在常州成立首个直属分公司，代理项目达数十个，进一步提升了江苏市场的覆盖面和占有率。

随着楼市回归理性，代理业也迎来新的发展契机和阶段。在没有盲目狂热和疯狂占有的支持下，行业的发展将更需要专业代理公司的积极推动和促进。南京中原及子公司常州中原，以自身高企的业务水平和专业的服务理念，将有望在未来创造更大的业绩成果。

红皮书问世已然 7 个年头，成为凸显中原行业领域专业性的招牌之一。随着南京及常州的加盟，进一步扩大了红皮书的覆盖范围，同时也为南京及常州公司提供了一个宝贵的展示空间。秉承中原集团一贯的研究风格，真实准确地反映市场真相，是我们始终努力的方向。借此机会，在全面翔实的数据支撑下，我们将真实、客观地呈现南京及常州市场的特征表现与起落变化，为《中原红皮书》贡献一份力量。

南京中原、常州中原董事总经理

2012 年 09 月

目录

城市

楼事

第 13 章 上海滨江豪宅战 风起云涌

第 14 章 当年地王今日景象 地王是否一去不复还

第 15 章 上海创意地产发展

第 16 章 杭州副城舍价换量 地铁利好后市乐观

第 17 章 滨江房产逆市操盘策略初探

第 18 章 2011 绿城房产危机

数据

公司

附录
图表目录

插图目录

表格目录

城市 Market

長三角

长三角

上海城市主线：调控政策全面升级 量价交换抬升交易

上海行业格局偏冷 绿地销售连获首位

土地市场退烧 上海地价渐回归理性

楼市调控阶段性筑底 上海住宅市场量价齐升

上海写字楼市场回归平淡 市场前景向好

上海商业物业市场低位盘整 价格持续上扬

杭州楼市 绝处逢生

南京城市主线：调控政策持续 市场震荡回升

南京外来企业逆市占优 产品战略应市调整

南京土地市场低迷 政府积极推地

政策立竿见影 南京住宅市场探底回升

常州调控效果明显 回暖蓄势待发

第 1 章 上海城市主线：调控政策全面升级 量价交换抬升交易

2011—2012 年上半年，以“限购”、“限价”、“限贷”为核心的最严厉楼市调控政策全面升级，上海楼市历经长期供求冷淡后交易再度升温，房价上涨势头消褪完又显抬头迹象。按照调控政策出台进程及市场交投表现，将 2011—2012 年上半年分为“政策趋紧市场降温”、“政策持稳市场复苏”及“政策微调市场回升”3 个阶段。第一阶段，2011 年 1 月底，“新国八条”等一系列政策先后落地，上海楼市顿时进入“快速降温”通道，成交量低位震荡而房价仍未切实松动。第二阶段，历经大半年的僵持博弈，二级市场库存压力加大及融资成本增长，促使开发企业在 2011 年 10 月份率先扬起“降价促销”大旗，“量价交换”市场复苏。第三阶段，2012 年 3 月份以来，楼市地方政策“定向微调”暖风频频，宽松信贷政策引发楼市调控放松预期，前期积压刚性需求及改善型买家积极入市，2012 年 6 月份月度交易量创 2011 年 2 月份以来新高。楼市“回暖”引发管理层重视及准备动作，预计下半年楼市调控仍以“稳”字当头，坚守从严不变。

第一阶段，2011 年 1—9 月，调控政策陆续升级，供求再现长期冷淡，房价上涨势头终见消褪。随着“新国八条”、“全国版限购令”、上海市房产税试点细则等重大调控政策陆续出台，大量买家购房资格受限，购房成本大幅提高，市场投资类客群逐渐流失。住宅供求总量在 1 月冲高后，2 月迅速下滑，3、4 月份交易量维持低位，房价增长幅度迅速减弱，楼市进入“量滞价稳”的局面。5 月份政策初步消化，多数开发企业保持相对乐观心态，开盘量连续攀升，开盘价格“不降反升”。而购房者在经过一段时间的心理过渡后，加上放量明显的推动下，入市意愿增强，成交量出现短暂回升。7 月份，全国“限购令”再度升级，上海也推出强化版限购令，非沪籍购房者补缴税不得购房，加重买方观望氛围。9 月份，政策调控的进入深度消化期，面临巨大库存压力，部分开发企业为求突破开始试探降价，然而“金九”成色明显不足，上海楼市仍显交易低迷。

第二阶段，2011 年 10 月—2012 年 2 月，调控政策毫不放松，开发企业率先降价，“量价交换”市场积极复苏。2012 年四季度，品牌房企调转方向，由价格“假摔”转为“真摔”，推出阶段性降价的举措，包括龙湖、中海、绿地、万科等一线房企均传出降价消息。如龙湖地产位于嘉定新城的“龙湖郦城”推出价格优惠和附赠空间的超值赠送活动；同板块的绿地“秋霞坊”降幅超过 20%；南翔板块“新城公馆”加推新房源对外报价 19000 元 /m^2，比前期房源直降 7000 元，降幅高达 28.3%；中海位于周康板块的“御景熙岸”加推 370 多套房源，团购价为 1.6~1.7 万元 /m^2，较该项目前期推盘价格降幅近 30%，而另一种由 3 套公寓拼起来的联排别墅，均价由前期的 3 万元 /m^2 直降到 1.75 万元 /m^2，降幅达 40%。

年底降价风潮不断蔓延，11 月 21 日，万科位于新场板块的“清林径”新一期房源开盘，在售均价为 1.3~1.4 万元 /m^2，较前期的 1.7~1.8 万元 /m^2 低 20% 左右。与此同时，青浦“万科尚源”最新一批房源备案价最低仅 1.12 万元 /m^2，较之 7 月份推出的精装房源，降幅幅度逾 30%。到年底收官之时，降价潮已从环线外蔓延到市中心乃至豪宅，甚至星河湾宣布给购房者 8~8.5 折的优惠，并对老客户贴补 6 亿元。

降价风波冲击二手市场，急于出售房源的卖家不得不重新调整姿态，并逐步接受小幅议价，这一态势由外围至中心城区、由低端向高端蔓延。在价格的调整配合下，2011 年 11 月、12 月，连续 2 个月住宅市场交易缓慢上升。“量价交换”启动交易复苏步伐，三级市场报价逐月走低，2012 年春节前后价格“探底”。

第三阶段，2012 年 3~6 月，政策“微调”鼓励刚需入市，楼市成交量价触底回升。中央管理层坚持调控方向不变，2012 年 3 月，全国“两会”召开前后，温家宝总理表态：目前房价还远远没有回到合理价位，调控不能放松。此后在 4 月 13 日，温总理在国务院常务会议上讲话“坚持房地产调控政策不动摇，决不让调控出现反复”。5 月 19 日，温家宝总理在鄂调研，再次要“稳定房地产市场调控政策，严格实施差别化住房信贷、税收政策和限购政策，采取有效措施增加普通商品房供给”。

与此同时，针对首套置业的各地方政策“定向微调”却暖风频频，2 月底上海楼市传言“外地户籍居民持长期居住证满三年可购二套房”引起轩然大波，但随后上海市政府办公厅发文迅速叫停。3 月 1 日，上海普通住房标准大幅放宽，外环外价格标准调整幅度高达 63%，前期积压刚性需求及改善型需求积极入市，市场迎来期待已久的“阳春三月”。4 月份，中央及地方先后重申强调“坚持房地产调控政策不动摇”，房价继续下行的预期被强化，部分自住需求再次转移到观望之中，住宅市场成交量均现回落。首套房信贷“85 折”重新开闸，宽松信贷政策引发楼市调控放松预期，稍作观望的自住需求再度释放，5 月份市场交易快速反弹，6 月份继续上扬，月度交易量创 2011 年 2 月份以来新高。楼市已经暂时脱离了调控冰点，市场交易情绪得到很大的放松。卖方信心得到较大提振，房价出现“止跌回稳”迹象。

“稳增长”放至更重要的位置，6 月 7 日及 7 月 5 日，央行先后宣布年内两次降息，连续举措引发部分人士放大预期“想入非非”。但是楼市调控红线鲜明，上海地方“限购”政策更出现实质性收缩。5 月中旬，沪籍单身被限制购买第二套房。6 月底，非本市户籍居民家庭通过补缴社保购房不予认可。自住需求正趋于平稳，价格博弈观望延续，交易恐将面临进一步收缩。

展望 2012 年下半年，仍是“稳”字当头。从 6 月 6 日—7 月 19 日，住建部、发改委、央行、银监会、国务院、国土资源部等连续 9 次表态，将坚定调控政策不变。年中，各地市房价纷纷开始反转向上，明显挑战了中央打击楼市投机、抑制房价上涨的调控努力，也直接动摇了中央对限购令、限贷令有效性的信心。针对近期房地产市场出现的新情况、新问题，国务院决定从 7 月下旬开始，派出 8 个督察组，对 16 个省（市）贯彻落实国务院房地产市场调控政策措施情况开展专项调查。相比较其他各地近期出现的“微调”动作，上海仍保持着较严格的执行力度，甚至出现了操作实质性收紧，据此推测督察结果可能对上海楼市的短期影响并不明显。

从上海住宅市场来看，6 月份虽然出现成交量价抬升，但 7 月份“价升量跌”已成定局。即使在 2012 年月度成交量最高的 6 月份，成交面积仅占 2009 年月均面积的 53.5%，住宅交易量仍然处于低位。在稳字当头的调控方向预期下，预计住宅市场仍有望步入“平稳”运行通道，下半年住宅市场交易量整体上有望和上半年持稳。7、8 月份自住需求放缓，可能会蓄积至“金九银十”集中释放，但这种释放的力度估计有限，11~12 月份，交易流量会归于平淡。从价格走势来看，新房大幅降价促销的概率很低，小幅折扣依然可期，二手住宅市场报价整体维持平稳，维持微幅议价空间，价格出现较大波动的概率也很低。

延伸至2013年楼市来看，管理层出现政策反复的可能性很低，新一轮政策可能会适时出台，而此时的楼市也将面临新的价格平台的筑底和夯实。从管理层动向来看，遏制房价上行势在必得，这既是维护本届政府形象的需要，也是楼市长效执行、稳定市场预期的需要。新一轮政策方面，管理层可能会在长效执行"限购"、"限贷"政策的同时加快房产税试点的步伐，可能在现有征收城市范围和征收尺度基础上进一步扩大，如原来仅涉及上海、重庆，可能会扩大至其他价格上涨较快的城市，原来上海的征收适用税率暂定为0.6%，这个比例可能有所提高等。在这种背景下，预计2013年楼市分化的机会将会加大，巨大库存压力下开发企业降价尺度可能会再度调整至2成，二手住宅市场跟进的态度也会相对积极，一个新的价格平台逐渐实现筑底夯实。

图1-1 上海市一手住宅量价走势图（2009年1月—2012年6月）

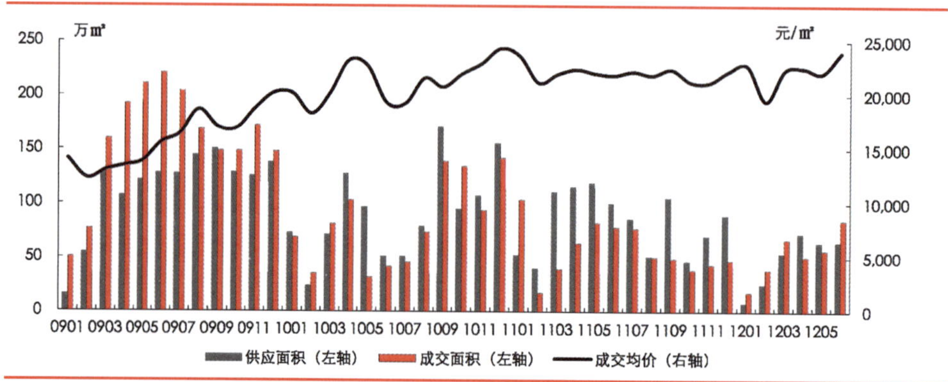

注：统计数据已剔除动迁配套部分

数据来源：上海房地产交易中心，上海中原研究咨询部

图1-2 上海市二手住宅量价走势图（2009年1月—2012年6月）

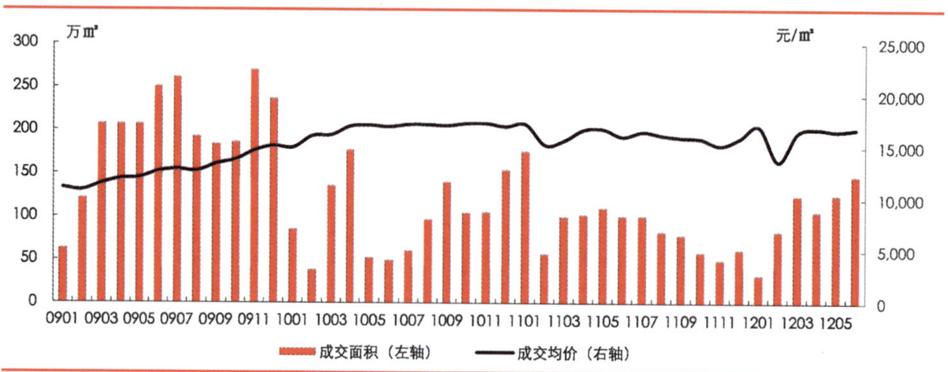

数据来源：上海房地产交易中心，上海中原研究咨询部

城市 Market

楼事 Story

数据 Data

第 2 章
上海行业格局偏冷
绿地销售连获首位

2.1 房企购地热情不再 结构调整局面难改

受到近两年楼市调控政策的影响，市场交易持续低迷，房地产行业格局面临重新“洗牌”，在紧锣密鼓的政策调控下，开发商必然寻找转变，以房地产为本业的开发商趋于保守，在一线城市的拿地速度明显减缓，行业兼并重组现象加剧。而 2011 年与 2012 年的情况有所不同，从 2011 年全年来看，虽然销售业绩较往年略有下滑，但大型房企拿地热情仍较为高涨，全国布局的大型开发商仍纷纷看好未来的上海土地市场，2011 年 9 月 15 日，象屿置业以 14.50 亿元的高价竞得松江区北场 1 号地块，高出底价 1.8 亿元，地块所位于的松江九亭板块近年来已经较少有住宅用地推出，且此地块具备一定建筑规模，因此吸引不少开发商的关注，而中标企业上海象屿置业目前开发的项目主要有象屿都城、象屿郦城和象屿名城等，这些楼盘销售情况均较理想，因此增添了房企进一步开拓市场的信心。

到了 2012 年上半年，由于受土地市场供应减少的影响，大多数房企对于拿地仍表现得十分谨慎，绿地集团仅拿了两宗地，分别为虹口的商办用地和嘉定区的动迁安置地；同时，万科全国范围内拿地 13 宗，但在上海没有拿地，一线城市中仅在广州拿地 2 宗；而近年来保利加紧在二、三线城市布局，在上海布局同样有所放缓，今年上半年在上海未有拿地记录；此外，除万达、绿地外，2012 年上半年再无大型房企出手上海土地市场。

但随着 2012 年上半年后期政策面的微调，刚需的入市，成交量的好转，上半年后期房地产的投资增速略微有所回升，但整体累计增速始终在近几年的低位徘徊。而开发投资规模的萎缩，将对市场的后续供应能力产生不利影响，如果保障房不能及时入市，长远看来将会推动商品房价格的继续上涨。同时，近两个月保障房的投资增速持续的上升，一定程度上对房地产开发投资有所支撑，弥补商品房投资下降的亏空。

大型房企在沪拿地不完全统计（2011—2012 年）　　表 2-1

中标企业	地块名称	类型	占地面积（万 m^2）	建筑面积（万 m^2）	中标价（亿元）	楼面地价（元 /m^2）	中标日期
绿地地产集团有限公司	新城 18 号一期地块	综合	10.60	14.31	7.73	5,339	2011-01-30
绿地地产集团有限公司	新城 18 号二期地块	综合	11.70	15.21	6.05	3,977	2011-01-30
远洋地产（上海）有限公司	杨行镇西城区北块 G-2-1 地块（A 块）	居住	13.77	27.54	31.34	11,378	2011-01-30
绿地地产集团有限公司	临港泥城社区 DE03-K-3 地块	商办	2.50	3.51	0.89	2,538	2011-01-30
上海万科房地产有限公司	乐都路 8 号 B 地块	综合	6.79	10.87	4.68	4,306	2011-02-01

续表

中标企业	地块名称	类型	占地面积（万 m^2）	建筑面积（万 m^2）	中标价（亿元）	楼面地价（元 /m^2）	中标日期
上海景瑞投资有限公司	浦兴社区 Y000902 编制单元 19-04 地块（原金东小区 D-2 地块）	居住	1.72	3.09	6.61	21362	2011-02-12
上海瑞龙投资管理有限公司（宝龙）	曹路新市镇 A4-8、A4-9、A4-13 地块	商办	7.12	11.86	6.10	5143	2011-02-05
上海恒大投资有限公司（上海恒大地产）	奉贤区航南公路南侧、远东路东侧区域地块	居住	1.63	2.61	2.09	8000	2011-03-25
绿地地产集团有限公司，上海红星美凯龙房地产有限公司	漕浦 1 号 G1-19 地块	商办	10.40	18.71	7.20	3845	2011-03-30
旭辉集团股份有限公司	漕浦 1 号 G1-20 地块	商办	7.24	13.02	5.05	3879	2011-03-30
旭辉集团股份有限公司	嘉定区高台路以南、裕民路以东地块 (C13-1)	商办	1.99	3.97	1.03	2594	2011-06-09
上海瑞龙投资管理有限公司	华新镇新府中路东侧地块	综合	14.74	26.53	9.95	3749	2011-07-27
上海朗华置业有限公司（朗诗地产）	祝桥新镇 E6 地块	居住	7.46	10.44	5.75	5505	2011-08-17
绿地地产集团有限公司	白鹤镇吴淞江北侧地块	居住	12.02	12.02	5.23	4351	2011-08-25
旭辉集团股份有限公司	嘉定区嘉定新城高台路以南云谷路以西地块 (A14-1)	综合	2.64	5.28	2.74	5181	2011-08-25
中国中建地产有限公司	嘉定区横沥河以东、嘉程路以北地块	居住	8.13	16.25	11.86	7300	2011-09-01
上海象屿置业有限公司	松江区北场 1 号地块	居住	12.07	18.10	14.50	8011	2011-09-15
中粮地产（上海）有限公司	奉贤区南桥新城 09 单元 02A-02A 区域地块	居住	3.88	6.20	3.47	5599	2011-10-12
中粮地产（上海）有限公司	奉贤区南桥新城 09 单元 03A-04A、06A-01A 区域地块	居住	6.84	14.03	7.40	5276	2011-10-12
上海紫宝房地产开发有限公司	惠南新市镇 17-11-05、17-11-08 储备地块	综合	10.70	20.32	7.22	3552	2011-11-10
大连万达商业地产股份有限公司	国际生态商务区 9 号地块	商办	9.27	23.17	6.21	2680	2012-01-04
绿地地产集团有限公司	东大名路 1060 号地块	商办	0.97	3.86	8.89	22999	2012-06-06
上海新湾投资发展有限公司（佳兆业）	嘉定区马陆镇 28-01 地块	居住	2.33	5.83	4.07	6990	2012-06-06
上海恒大投资有限公司	奉贤区南桥新城 04 单元 11-02（2）区域地块	居住	1.33	2.14	0.89	4166	2012-06-27
上海新湾投资发展有限公司（佳兆业）	奉贤区庄行镇 B-08-02 区域地块	居住	7.03	8.44	4.05	4799	2012-06-27

数据来源：上海中原研究咨询部

2.2 优势互补屡见不鲜 中小型房企崭露头角

正处于调控通道中的住宅地产业，单一的“开发 - 销售 - 开发”模式已难以为继，因此住宅地产业应突破传统的单一住宅开发模式，选择抱团进行行业转型，万科、保利、绿地和龙湖等住宅地产公司皆纷纷涉足商业地产，远洋、华润置地、旭辉等则早已在相关领域布局，此举可以满足他们分散风险的需求，在市场普遍低迷的状态下，房企优势互补的情况也时有发生。值得一提的是，由于开发项目较少，销售压力普遍不大的中小型房企，在 2012 年加快拿地节奏，如甘肃路得房地产有限公司分别在 2012 年 5 月和 6 月竞得余苑路 2 号地块、嘉定区嘉定新城 B25-1 地块，两幅均为商办用地，成交总价高达 2.71 亿元。

土地市场的冷热变化或许可以透露出房地产市场走势的蛛丝马迹。在当前市场低迷情况下，2011 年 2 月份以来，房企大多采取保持现金、减缓拿地的举措，一些地方土地出让多次出现底价成交，之前开发商拼抢地王的热火场景不再；前两年的土地盛宴中，“吃”进大量土地的许多房企土地储备已足够 3 年甚至更长时间开发，纷纷减缓拿地步伐，静待土地市场走势明朗，但从另一方面来说，对于中小企业来说反而有了更多机会，库存压力明显弱于大型企业，整体资源变相地朝中小型企业靠拢，被大企业垄断的市场格局悄然转变。

上海市典型中小型企业及房企联合中标地块（2012 年） 表 2-2

中标企业	地块名称	类型	占地面积（万 m^2）	建筑面积（万 m^2）	中标价（亿元）	楼面地价（元 /m^2）	中标日期
广东世纪城集团有限公司 广东宏远集团有限公司	莘庄商务区 19A-04A、19A-05A 地块	商办	2.40	9.01	5.88	6518	2012-01-19
文汇新民联合报业集团	七宝生态商务区 19-02 地块（19A-01A 东地块）	商办	2.32	6.97	4.78	6860	2012-01-19
上海古杉投资管理有限公司 上海元景投资管理有限公司	马桥镇元江路南、曙光路东 06B-06/07 地块	商办	9.58	4.79	3.82	7973	2012-02-08
上海馨堃投资管理有限公司 领弘有限公司（星浩资本）	真如城市副中心 A1、A2 地块	综合	6.93	20.52	17.00	8283	2012-02-23
越富投资有限公司 远裕国际有限公司	青浦区 C-04.C-07 康欧路西侧地块 2	商办	10.75	15.05	2.58	1714	2012-04-25
甘肃路得房地产有限公司	余苑路 2 号地块	商业	1.47	1.47	0.58	3922	2012-05-17
甘肃路得房地产有限公司	嘉定区嘉定新城 B25-1 地块	商办	3.98	7.97	2.13	2672	2012-06-06
建发房地产集团有限公司 厦门建发集团有限公司 厦门建发股份有限公司	杨浦区 1 街坊地块	商办	0.91	3.18	6.40	20113	2012-06-06

数据来源：上海中原研究咨询部

2.3 绿地可建面积蝉联首位 市场应变能力较大

从 2010—2011 年各开发企业拿地情况来看，绿地集团以 87.63 万 m^2 的可建面积稳居第 1，拿地时间多集中于 2011 年，且住宅用地占集团全年拿地面积的比重仅为 30.18%，商办及综合类用地比重达到 69.82%，而 2012 年上半年，仅拿下虹口区一幅小面积商办用地。2011 年以来，多数房企都采取了收缩的土地策略，拿地总量均较往年出现大幅下降，而最近两年拿地最多的绿地集团也不例外，但即便如此，作为本土企业，拿地比重仍远高于其他企业。

排名第二的宝龙地产可建面积 38.39 万 m^2，仅为绿地集团的 4 成左右。公司在 2011 年拿下 2 幅以综合为主要用地性质的土地，且楼面地价普遍较低，作为一家领先的商业地产上市企业在上海的发展势不可挡。而港城、龙湖、远洋、复地、万科等大型房企减缓本土拿地速度外，商办及综合类地块成为企业的首选。余下的联创汽配、堡创投资、紫宝多以 1 幅大面积地块问鼎排行榜，但地块多处于偏远地区，且企业均未在 2012 年出现激烈的竞地场景。

图 2-1 上海市主要房企占比（2011—2012 年上半年）

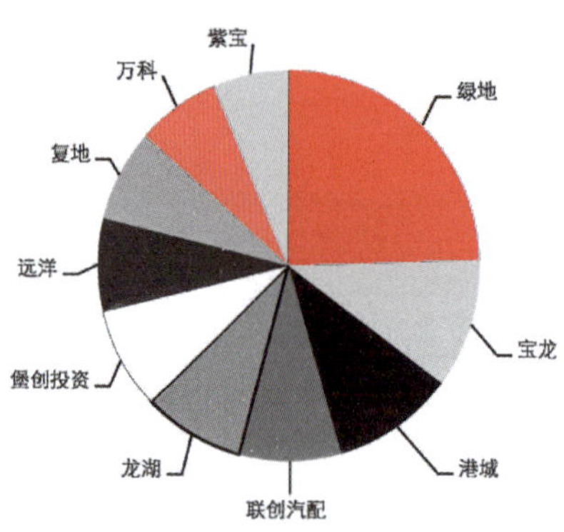

注：统计数据为可建面积排名前 10 的房企占比
数据来源：上海中原研究咨询部

2.4 绿地集团稳坐第一 中海销售金额居前

从近两年销售金额排名前 10 的各大房企统计数据来看，绿地、万科、大华、保利等大型房企仍为房地产销售行业的领军企业，其中前 3 的排名在 2012 年上半年发生改变，大华集团赶超万科近 10 亿元，排名稳居第 2。而中海、方兴、中华、兴辉等开发商在 2012 年上半年首次挤入前 10 名。

绿地集团作为上海本土最大房企，凭借其布局优势，销售业绩在上海市场一直位于领先。2011 年全年销售总额达到 172.16 亿元，同比下滑 1 成，领先第 2 名万科 90 亿元；2012 年上半年也不示弱，集团在上海市场有 36 个项目成交，销售金额 90.68 亿元、销售面积 37.58 万 m^2，稳坐上海房企销售金额、销售面积双榜冠军宝座。就项目来看，绿地在项目布局上具有绝对优势，中高端、刚需市场均有涉及，住宅、办公市场两手抓。仅绿地“海珀旭晖”豪宅部分成交金额已占集团上半年整个上海市场销售业绩的 40.16%。

而 2012 年上半年在上海有 8 个项目成交的大华集团，销售金额 47.38 亿元，在上海房企商品房销售金额排行中位居第 2，已达到 2011 年全年的 6 成。大华集团成立于上海，目前项目主要集中在上海和少量二线城市，项目布局比较薄弱，在上海做得比较成功的是“大华锦绣华城”、“中环 1 号欧泊花郡”，这 2 个项目在商品住宅项目销售面积排行榜中分别位居第 2、第 3 位。

值得一提的是，中海集团历经 3 年，终于在 2012 年上半年首次入围前 10，且排名居然达到第 6 名。尽管中海是去年少数几个完成年度销售目标的房企之一，然而面对 2012 年的市场，中海依然显得较为谨慎。然而进入二季度之后，中海销售额一路高歌，连续 3 个月单月销售额连连突破。截至 2012 年上半年，中海集团累计实现房地产销售额 26.28 亿元。

上海市房企销售金额 TOP10（2011—2012 年上半年） 表 2-3

2011 年全年			2012 年上半年		
排名	房企	销售金额（亿元）	排名	房企	销售金额（亿元）
1	绿地集团	172.16	1	绿地集团	90.68
2	万科集团	78.25	2	大华集团	47.38
3	大华集团	58.67	3	万科	37.06
4	金地集团	56.35	4	保利地产	36.40
5	保利地产	54.95	5	星河湾	27.51
6	新城地产	45.85	6	中海地产	26.28
7	仁恒置地	40.70	7	新城地产	26.02
8	恒盛地产	38.33	8	方兴地产	24.35
9	华润置地	37.73	9	中华企业	23.65
10	星河湾	36.61	10	兴辉置业	21.28

数据来源：上海中原研究咨询部

第 3 章
土地市场退烧
上海地价渐回归理性

2011 年第三轮房地产调控启动，楼市交易量普遍走低，土地市场也未曾幸免。加强和改善房地产调控、启动土地违法问责机制等细则虽轮番上阵，但仅停留于强调重申，执行力度偏弱助长房企侥幸心理徘徊，2011 年上半年高地价、高溢价现象仍层出不穷。地价与房价休戚相关，地价高企不下意味着调控失效，国土部连续发文要求建立健全异常交易地块上报制度、全国县级以上城市对地块进行清理、新闲置土地处置办法尘埃落定，土地市场在受到政策持续高压下，伴随楼市交易逐现疲软后终于难以承受，2011 年第三季度至 2012 年上半年，流拍和底价成交成为市场主旋律。房地产调控常态化格局已注定，房价快速飙升景象褪去后，地价回归理性亦不远。

3.1 上海宅地供应放量 多分布于郊区

3.1.1 上海住宅用地供应放量 计划完成率有待提高

2011 年，上海市土地供地规模创下历史新高，住宅、商办、工业 3 类土地供应量都有一定幅度增长。值得注意的是工业用地供应规模庞大，比重逐年放大，幅数和面积供应比重分别占到整体出让的 63.4%、56.7%。商办用地供应数量增长较大，但规模增长有限。虽然 2011 年住宅用地（包含经济及动迁用地）供应计划放大，但实际完成仍未达标。2011 年计划住宅供地 1200hm^2，实际完成 989hm^2，完成计划的 8 成，其中经济适用房、动迁房和中小户型供地占到 6.5 成左右，基本达到年初制定的 70% 的要求。2012 年上海住宅土地供应计划量有所放缓，计划出让 1000hm^2，但截至到上半年仅完成出让 185hm^2，完成指标的 18.5%，下半年市场回暖，政府供地步伐虽有提速，但受制于调控不放松的政策环境，房企拿地热情复苏乏力，预计 2012 年完成年度计划依旧困难。

上海市土地公告情况（2005—2012 年上半年） 表 3-1

	2005 年	2006 年	2007 年	2008 年	2009 年	2010 年	2011 年	2012 年上半年
出让幅数（幅）								
总体	82	94	444	445	525	599	768	193
住宅用地	3	40	64	29	103	58	72	16
经济及动迁用地	—	—	—	—	11	66	95	14
商办用地	79	50	69	38	89	77	114	25
工业用地	—	4	311	378	322	398	487	138
出让面积（万 m^2）								
总体	419	681	1914	1573	2412	2443	3005	707
住宅用地	42	470	591	225	862	420	444	103
经济及动迁用地	—	—	—	—	78	464	545	82
商办用地	377	141	225	91	289	300	314	78
工业用地	—	71	1099	1257	1182	1259	1703	444

数据来源：上海中原研究咨询部

3.1.2 上海土地供应区域转向郊区 中心城区基本绝迹

由于拆迁成本过高，市中心近年来供地速度明显放缓，相对地郊区已逐渐成为供应主力，且有不断上升之势。住宅用地中，2011 年和 2012 年上半年郊区所占土地出让面积比重分别达到 96.40% 和 94.10%。细分区域来看，2011 年嘉定区、浦东新区、青浦区、崇明县、松江区出让面积居前，出让规模在 120~160hm² 左右，其中嘉定区供应量达 159.30hm²，其次是浦东新区为 153.00hm²。值得注意的是崇明县进入前 3 行列，供应规模 147.34hm²。2012 年上半年住宅用地出让靠前区域中，浦东新区、嘉定区仍榜上有名，供应规模分别为 45.14hm²、26.56hm²，而青浦和松江出让规模有所放缓。

商办土地出让中，2011 年和 2012 年上半年郊区出让比重分别为 83.03%、93.47%。分区域来看，2011 年闵行区、浦东新区两区出让比重占到商办用地出让总量的 6 成，其中闵行区出让规模 126.67hm²，占据 4 成。2012 年上半年青浦区和闵行区出让规模超过 6 成。其中，闵行区出让地块主要集中在浦江镇和虹桥商务区，浦江镇已建设多个万人级动迁居民区，区域内人口基数较大，但商业配套匮乏尚未形成较成熟的商务区，近年来商办地块的大规模集中开发形成的商业区对于周边居民来说将带来极大的便利。而虹桥商务区开发正在提速，核心区在成功出让多幅地块之后，规模效应初现。

图 3-1 上海市土地出让区域分布（2011—2012 年上半年）

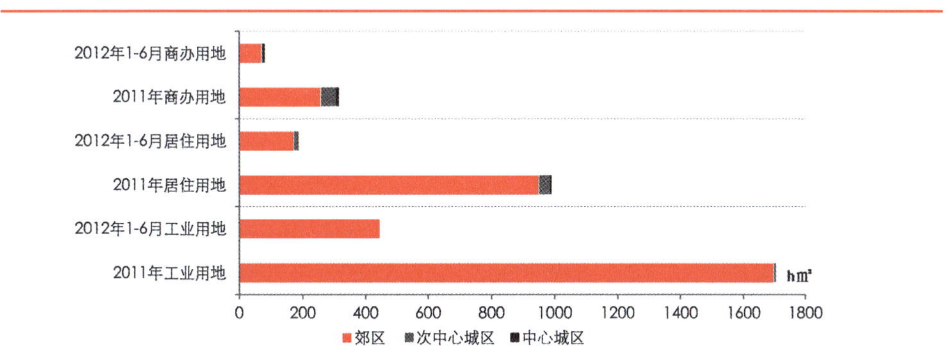

资料来源：上海中原研究咨询部

3.2 交易热情降温 底价成交成为常态

3.2.1 土地市场由热转冷 房企试水保障住房

2011 年，上海土地市场经历了冰火两重天，上半年尽管一系列调控政策已几乎全部指向住宅市场，成交量下滑、退房潮渐起，但土地市场表现仍异常活跃，住宅用地溢价居高不下，商办地块备受关注。下半年国务院常务会议传递出新一轮调控信号，上海迅速出台了更为严厉的“新沪四条”，限购政策得到强化，各大商业银行进一步收紧房贷。楼市从 6、7 月份开始进入下滑通道，不少新盘加大了促销打折的力度，房价调整的预期也随之增强。楼市成交降温迫使开发商资金回笼更加艰难，为应对长时间持续的严厉调控政策，开发商拿地开始趋于谨慎，土地市场降温成为必然。

2011 年，上海筹建 1500 万 m^2 保障性住房，而且中央对保障房实行严格问责制，在现有的土地资源上，挤压普通商品住宅用地的供应，保障性住房用地作为宅地供应主力的现象贯穿全年。在此态势下，部分房企积极相应政府号召，顺势拿地。2011 年 1 月万科和合景分别摘得嘉定大型居住社区城北基地霍城路的两地保障房地块。在政府明确加大力度建设保障性住房的思路下，房企若能积极配合参与建设，能增加政府心中的可信赖程度，也为企业将来进行综合的城市运营提供机遇。另外，品牌房企们在销售不断创出佳绩的情况下，建立良好的公众形象也是很必要的。2011 年 8 月保利集团在闵行区马桥基地也获取一块动迁安置房用地；绿地集团在 2011 年 7 月和 2012 年 6 月在嘉定区也分别拿下 2 幅动迁用地。

上海市土地成交情况（2005—2012 年上半年） 表 3-2

	2005 年	2006 年	2007 年	2008 年	2009 年	2010 年	2011 年	2012 年上半年
成交幅数（幅）								
总体	53	71	359	387	452	567	750	208
住宅用地	3	27	56	37	79	68	64	11
经济及动迁用地	—	—	—	—	4	58	95	15
商办用地	50	44	67	33	77	84	102	22
工业用地	—	—	236	317	292	357	489	160
可建面积（万 m^2）								
总体	340	785	1936	1978	2610	3485	4048	1168
住宅用地	65	546	648	491	908	859	656	111
经济及动迁用地	—	—	—	—	49	657	944	152
商办用地	275	239	338	277	428	654	638	121
工业用地	—	—	950	1211	1225	1316	1809	784

资料来源：上海中原研究咨询部

3.2.2 上海地价显著下滑 底价成交比重加大

虽然调控从紧的氛围强烈，但鉴于近几年政策调控收效甚微，2011 年上半年，房企对市场走势仍沉浸在自我判断中。2011 年 2 月纯住宅地块溢价高达 95%，商办用地溢价同样不菲，位于闵行莘庄和浦东川沙等部分商业用地溢价都超过 100%。地价居高不下意味着房价难以回归，上半年高地价景象引起中央高度重视，国土资源部发文，凡可能出现“高价地”的地区，必须事前评估，采取有效措施，防止出现“高价地”，与此同时楼市也进入了传统淡季，在二、三级市场低迷影响下，加之受到部分土地苛刻要求所限第三季度地价开始出现回落，多幅地块溢价率或是楼面地价与往年相比显著下降。2011 年第四季度土地平均溢价仅在 1%~3% 之间。2012 年上半年，土地市场继续延续低迷态势，居住地块底价成交率高达 50% 以上；退地项目底价成交，部分流标地块政府也调低底价以吸引开发商关注，部分中标价甚至出现了低于市场预期的现象，折射出房企前所未有的谨慎心态。

图 3-2 上海市土地溢价月度走势图（2011 年 1 月—2012 年 6 月）

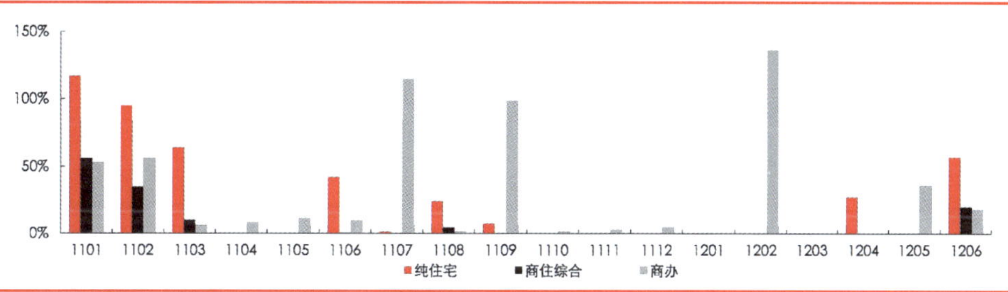

资料来源：上海中原研究咨询部

上海市典型地块成交情况（2011—2012 年上半年） 表 3-3

时间	区域	地块名称	溢价率（%）	楼面地价（元 /m²）	说明
2011-01	崇明	新城 18 号一期综合用地	143	5399	楼面地价刷新区域记录
2011-02	浦东	浦兴社区 19-04 号住宅用地	47	21362	楼面地价接近区域房价
2011-02	崇明	城桥商品房基地 1、2 号住宅用地	115	6451	总价楼面地价再度刷新区域记录，后退地
2011-02	闵行	莘庄商务区 27A-05A 商业用地	178	13798	高溢价
2011-05	浦东	C02-18 地块商业用地	146	8980	高溢价
2011-08	嘉定	博园路、米泉南路商住用地	11	3346	溢价率与 2009 年板块内高溢价有明显回落
2011-12	青浦	赵巷镇特色居住 16 号住宅用地	0	9559	比 2010 年板块内楼面地价回落 5 成
2012-03	崇明	城桥商品房基地 1、2 号住宅用地	0	3450	比 2011 年 2 月楼面地价回落 46%
2012-06	奉贤	南桥新城 04 单元 11-02 住宅用地	16	4167	底价比原先出让下调 35%

资料来源：上海中原研究咨询部

上海市不同性质用地成交情况（2009—2012 年上半年） 表 3-4

年份	2010 年			2011 年			2012 年上半年		
用地性质	居住	商办	工业	居住	商办	工业	居住	商办	工业
底价成交	17.65%	50.70%	94.11%	36.54%	54.55%	63.37%	54.54%	57.14%	95.63%
溢价成交	82.35%	49.30%	5.89%	63.46%	45.45%	36.63%	45.46%	42.86%	4.37%

资料来源：上海中原研究咨询部

3.3 宏观调控成为常态 上海地价回落众望所归

2012 年上半年以来，上海土地市场供需低迷。土地挂牌量与成交量的双双萎缩只是土地市场低迷景象的侧面，而土地价格的合理回落才是调控延伸的靶心。国土资源部发文要求做好房地产用地管理，对违法违规出让土地行为，依法严肃查处；新土地闲置办法颁布，细化闲置土地定并对处置方法进行明确规定……持续不断的楼市调控，很难再次开启房企对后期超乐观预期，更为重要的是控制房价已从行业政策上升到政治需要层面，地价作为房价的重要组成部分对未来房价影响显而易见，土地高价盛宴或将暂时终结。

第 4 章 楼市调控阶段性筑底 上海住宅市场量价齐升

在“限购”、“限价”和“限贷”的共同作用下，2011 年第四季度起，上海楼市进入下行通道，至 2012 年方才缓慢复苏。2012 年上半年，上海楼市可以分两个阶段来看，第一季度供应量和成交量均逐月大幅回升，第二季度供应量较稳定，成交量逐月小幅上升。同时，2012 年上半年成交均价维持稳中有升的态势。预计后市将进入传统淡季，加之调控政策的延续，楼市继续回暖的可能性不大，量价均有望小幅回落。

4.1 上海新房供应平稳 成交逐步回暖

2011 年春节后，开发商连续 3 个月保持较高的推盘量。后 3 个月逐渐减少，至 9 月再次加大推盘力度。由于 7 月“新国五条”出台对楼市影响显现，“金九”没有再现以往的高成交量，10 月供应回落。然而，随着年底去化压力的增大，供应量连续两月回升，促成年底成交翘尾态势。2012 年上半年，上海新增商品住宅供应量为 377.47 万 m^2，比去年同期减少 29.83%，其中有 4 个月供小于求。开发商的推盘节奏更趋谨慎，没有出现往年的大幅波动。

2012 年上半年，全市商品住宅成交量为 476.28 万 m^2，较去年同期微幅减少 1.33%。2012 年前 3 个月成交量稳步回升，3 月成交量达到高位，此时市场已连续 3 个月供小于求。4 月起开发商加大了推盘力度，5 月中高端产品积极入市，其“以价换量”的策略取得了较好的销售业绩。6 月 8 日，央行 3 年来首次降息，加大了市场对调控松绑和房价反弹的恐慌。当月成交量即冲破百万大关，为 2011 年 2 月调控以来的高峰，成交均价也成为自 2011 年 1 月以来的最高值。

上海市新建商品住宅市场供求量（2003—2012 年）　　表 4-1

	2003 年	2004 年	2005 年	2006 年	2007 年	2008 年	2009 年	2010 年	2011 年	2012 年
批准预售面积	3150	2547	2580	2198	2144	2064	2042	1714	1894	1480
预售登记面积	2711	3036	1794	2141	2691	1560	2658	1790	1312	1189

注：2012 年数据为上海中原研究咨询部预估值；单位：万 m^2

数据来源：上海房地产交易中心

图 4-1 上海市新建商品住宅供求走势图（2011 年 1 月—2012 年 6 月）

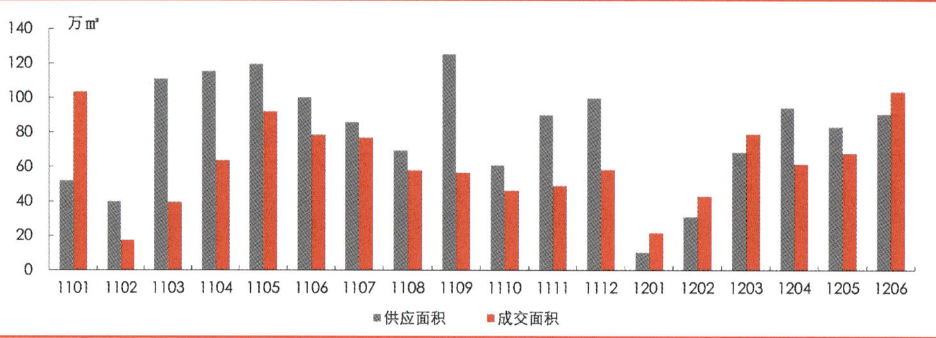

注：统计数据已剔除动迁配套部分

数据来源：上海房地产交易中心、上海中原研究咨询部

4.2 改善型需求逐渐释放 上海成交均价结构性微涨

2012 年上半年，全市商品住宅的成交均价为 22563 元 /m²，较 2011 年同期相比上升 2.07%。其中 1、2 月份，受传统淡季的影响，上海商品住宅成交均价分别为 22541 元 /m² 和 19824 元 /m²，2 月均价环比下滑 12.02%。但在 3 月"小阳春"带动下，成交均价回升至 22140 元 /m²，刚需释放渐显疲态。随后几个月，开发商加大了中高端楼盘的推盘量，配合较低的定价策略，改善型需求大量释放。受结构性交易因素影响均价上升，6 月成交均价达到了 24071 万元 /m² 的高位，成为 2011 年 1 月以来的最高值。

从成交总价结构来看，2012 年上半年，总价在 200~400 万元区间的住宅，其成交面积占到了全市一手住宅成交比重的 30.50%，与 2011 同期相比增加了 3.12 个百分点。其中，第二季度该比重比第一季度增加了近 10 个百分点，可见，改善型需求在第二季度的释放态势明显。同一时期，70~150m² 的住宅产品在整体交易结构中的比重呈现显著减小的趋势，而 150m² 以上的大户型的占比有所增加，再次说明第二季度起，改善需求对市场成交的推动作用。

根据环线位置分布，2012 年上半年上海内环以内、内中环间、中外环间商品住宅成交均价与 2011 年同期相比，分别上涨 21.36%、7.88%、1.71%，外郊环间、郊环以外商品住宅成交均价分别下滑了 9.70%、1.74%。由内至外，各环线商品住宅成交均价分别为 58309 元 /m²、39296 元 /m²、26631 元 /m²、17828 元 /m²、13462 元 /m²。

按行政区划来看，2012 年上半年上海有 13 个区商品住宅成交均价（剔除动迁配套）同比下滑。其中，次中心城区虹口区涨幅最大为 30.49%，中心城区卢湾区跌幅最大为 29.04%。黄浦区以 82806 元 /m² 的成交均价位列首位，而金山区以 9910 元 /m² 的成交均价垫底。

图 4-2 上海市新建商品住宅成交面积段分布（2011 年 1 月—2012 年 6 月）

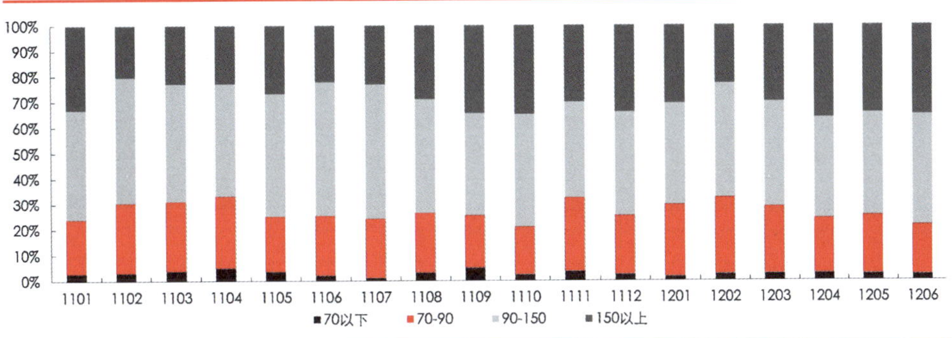

注：统计数据已剔除动迁配套部分，单位：m^2
数据来源：上海房地产交易中心、上海中原研究咨询部

图 4-3 上海市新建商品住宅成交总价结构（2012 年上半年）

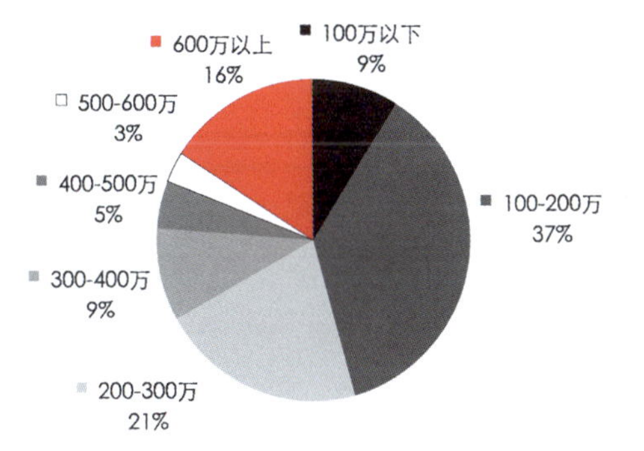

注：统计数据已剔除动迁配套部分
数据来源：上海房地产交易中心 上海中原研究咨询部

图 4-4 上海市新建商品住宅供求对比图（2011—2012 年上半年）

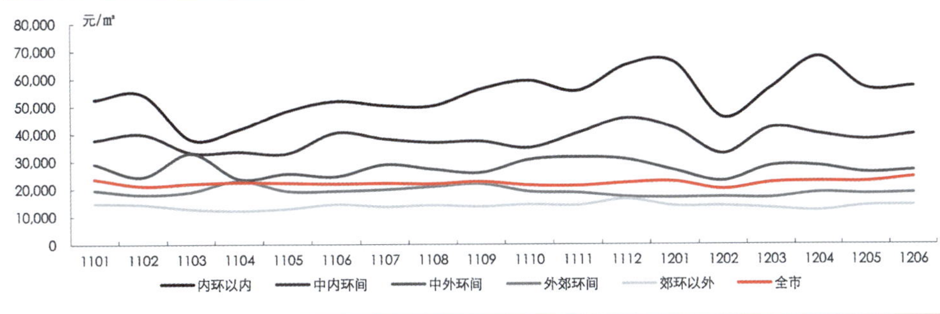

注：统计数据已剔除动迁配套部分
数据来源：上海房地产交易中心 上海中原研究咨询部

4.3 “以价换量”显成效 上海后市去化压力大

虽然“以价换量”给市场带来了局部繁荣，但同时不可忽视积压的库存对市场的压力。2012年上半年，上海新增商品住宅（剔除动迁配套性住房）供应量及成交量为分别为377.47万m^2、476.28万m^2，供求比为0.97:1，此类供小于求的局面在中心城区和次中心城区更为明显。截至2012年6月30日，全市商品住宅存量为1077.67万m^2、71864套房源。按照近一年月均成交量60.73万m^2计算，预计去化时间可达17.74个月。

图4-5 上海市新建商品住宅供求对比图（2011—2012年上半年）

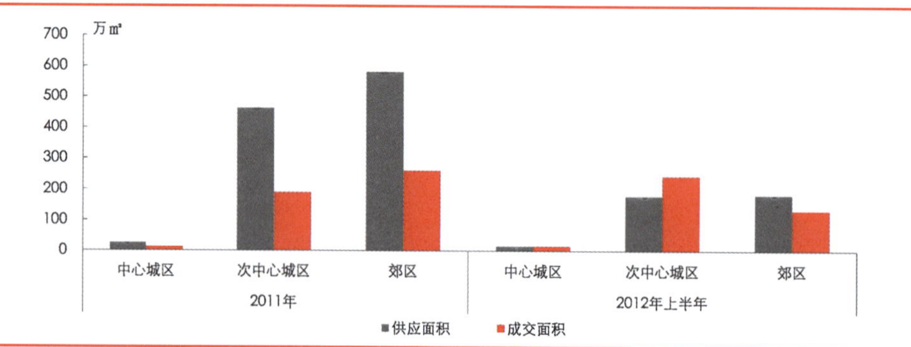

注：统计数据已剔除动迁配套部分
数据来源：上海房地产交易中心 上海中原研究咨询部

7、8月是楼市的传统淡季，加上中央稳定房价的多次表态对市场影响持续发酵，预计第三季度，上海住宅成交量会有小幅回落，价格涨幅维持稳中有降的态势。从户型面积看，2012年下半年推出的新盘主要以70~100m^2的小户型和130m^2左右的三房为主，刚性需求与改善型需求仍将是市场的成就主力。

上海市住宅市场新增供应不完全统计（2012年下半年） 表4-2

区域	板块	代表性楼盘	预期开盘价格（元／m^2）	户型面积	物业类型
黄浦	黄浦滨江	中福浦江汇	待定	45~70m^2 1~2房、90~120m^2 3房	公寓
普陀	桃浦	智富名品城一期	35,000	89~138m^2 2~3房	公寓
闸北	大宁	慧芝湖花园三期	38,000	79~88m^2 1~2房	公寓
杨浦	五角场	盛世新江湾	待定	80~130m^2 1~4房	公寓
静安	南京西路	协和城	110,000	40m^2 1房、96~100m^2 2房	公寓
浦东	周康	康桥半岛秀溪	待定	40、96~148m^2 1、2房	公寓
青浦	赵巷	合生御廷园	140万元/套	110~170m^2	联排别墅
嘉定	新城	天居玲珑湾	待定	83m^2 2房、120m^2 3房	公寓
闵行	惠南	绿地香斐河谷	12,800	91m^2 2房	公寓
宝山	淞南高境	保利悦城	待定	95m^2 2房、133m^2 3房	公寓
	共康	旭辉依云湾	待定	200~300m^2	联排别墅

注：统计数据已剔除动迁配套部分
数据来源：上海房地产交易中心 上海中原研究咨询部

4.4 上海二手住宅成交趋升 价格博弈持续加深

2011 年，上海市二手住宅市场总体呈现缩量观望、房价松动的特征。“新国八条”等政策出台并正式实施，1 月份交易量冲高后迅速回落，二手住宅市场步入调控下“降温”通道。3~7 月，二手住宅市场反应相对平稳，月度成交量一直维持在 12200~13500 套之间，成交均价也徘徊于 15670~16800 元 /m^2。8~11 月，市场进入深度观望，买家预跌心态强，二手住宅成交量连续 4 个月震荡下降，成交均价逐月下滑。管理层调控基调从严，投资客逐渐退市，刚性自住需求开始主导成交走势。四季度一手住宅降价风潮冲击二手市场，房东强势心态有所转弱，议价空间逐渐放大，由外围至中心城区、由低端向高端蔓延。

2012 年，“量价交换”启动，二手住宅市场由交易低谷复苏转向平稳运行。2 月份，央行下调存款准备金率，上海降低共有权门槛等政策的下发执行，普通住房标准上调并于 3 月份实施，外环外价格标准调整幅度达到 63%。二手房房源报价继续下调，议价空间不断扩大，自住需求开始大量入市，“量价交换”全方位启动。2012 年 3~5 月，月度成交量保持在 13300~15700 套，成交均价维持在 16400~16800 元 /m^2。6 月份央行 3 年来首次降息，市场弥漫乐观预期，形成月底一小波交易量冲高。6 月二手房市场呈现前低后高的状态，房价成交量全线上涨。事实上，中央屡屡释放房地产调控从紧信号，上海地方政府发布《关于进一步严格执行房地产市场各项调控政策的通知》，7 月份成交量已出现收缩态势，后续价格的上行缺乏实质支撑。

4.4.1 上半年成交量逐月回升 与去年基本持平

2012 年伊始，中央重申房市调控不动摇。“限购”不仅有效地剔除了投资者，还吸引到了一部分刚需入市。除 1 月份受元旦春节等淡季因素影响成交量低迷外，2 月份成交量迅速拉高，此后的 3~6 月份成交量一直保持在 15000 套左右，在 6 月份甚至达到了 18292 套。根据上海中原研究咨询部调查结果，2011 年调控力度再次加码后，二手房价量齐跌，刚需购房比重放大，中低端房源支撑二手市场，户型面积 200m^2 以下的产品为主导。2012 年上半年，上海二手住宅成交套数、成交面积、成交金额、成交均价分别为 78187 套、646.05 万 m^2、1006.07 亿元、16272 元 /m^2，与 2011 年同期相比分别下降 2.1%、4.3%、5.5%、1.2%。

图 4-6 上海市二手住宅月度成交套数及均价（2011 年 1 月—2012 年 6 月）

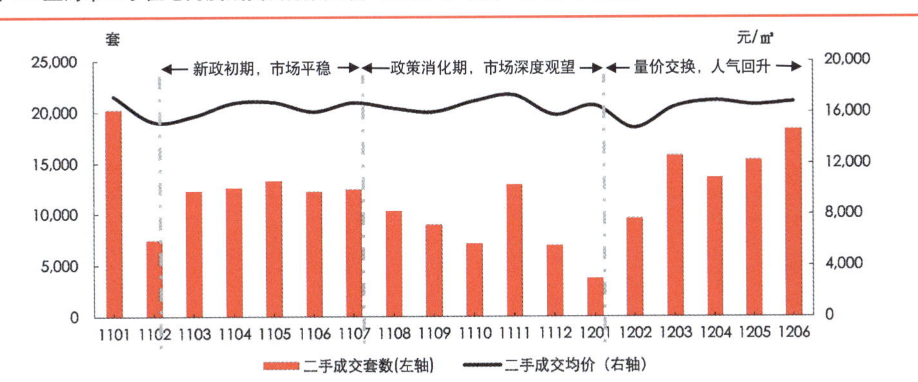

数据来源：上海房地产交易中心、上海中原研究咨询部

2012 年 1 月，在元旦春节的季节性影响下，以及调控政策的余温中，最终 1 月份上海二手住宅成交 3780 套，是近 3 年来交易量最为惨淡的一个月。

2012 年 2~5 月，普通住宅标准调整，政策微调定向宽松。由于上海市下调了共有房的权限，且上调了普通住宅标准，使得二手房市场微微回暖。因此，自 2 月份开始，环比 1 月份成交量和总面积分别上涨 1.6 倍和 1.5 倍，3 月份就达到了本年度二手房市场的小高潮，月度成交量达 15691 套，同比 2011 年 3 月，增加了 27.4%。接下来的 4、5 月份成交量也一直在 15500 套上下浮动。

2012 年 6 月，央行 3 年来首次降息，楼市信心重新回归。6 月上旬央行近年来首次降息，楼市投机者又开始蠢蠢欲动，整个 6 月二手房市场呈现前低后高的翘尾行情。整个 6 月二手成交量为 18292 套，总面积为 147.1 万 m^2，环比 5 月分别上涨 19.9%、17.6%；比 3 月高峰期也分别上涨了 16.6%、17.8%。

市场在调控的作用下发生变化的不仅仅是价格和成交量，在供应量上也得到了体现。2012 年 1 月，全市二手住宅挂牌量 16.8 万套，到 7 月底这一数据已经降低到 15.6 万套。政策上的微调，使得卖家惜售心态抬高，据上海中原研究咨询部调研显示，6 月份中低端房源交易时，有部分卖家提价，涨幅普遍在 5% 左右。

4.4.2 上半年成交价格微涨 短期内追涨困难重重

从 2004 年 5 月开始，中原（上海）二手房价格领先指数总体呈现不断上涨趋势。至今出现过 3 次比较明显的价格回调，起始点分别为 2005 年 5 月、2008 年 6 月、2010 年 5 月，最终都实现反转上行。综合 2011 年下半年和 2012 年初的指数走势，可以发现限购政策余威仍在，对于市场价格仍存在限制作用，价格上涨依然缓慢。2012 年上半年，中原（上海）二手房价格领先指数从 257.0 点上涨到 269.9 点，涨幅 5.0%。而 2011 年调控后的低谷到 2012 年降息之前，中原（上海）二手房价格领先指数从 2011 年 2 月份的 263.7 点上涨到 2012 年 5 月份的 264.8 点，涨幅仅 0.4%。

从均价数据上来看，2012 年 1 月上海二手住宅成交均价为 16513 元 /m^2，环比上月增长了 4.5%，由于元旦和春节的影响，供应方挂牌积极性持续下滑，需求方购房行为也基本陷入停滞。随后的 2、3 月份，市场交易气氛明显缓和，成交均价迅速回弹至 16000 元 /m^2 以上。6 月份，在央行正式宣布降息以后，市场交易气氛更显缓和，均价也被拉高到 16818 元 /m^2。至 7 月份，从上海中原地产二手中介门店所获得信息显示，房东报价维持坚挺，议价空间开始收缩，二手住宅市场价格出现止跌回升的势头。

图 4-7 中原（上海）二手住宅价格领先指数走势（2004 年 5 月—2012 年 6 月）

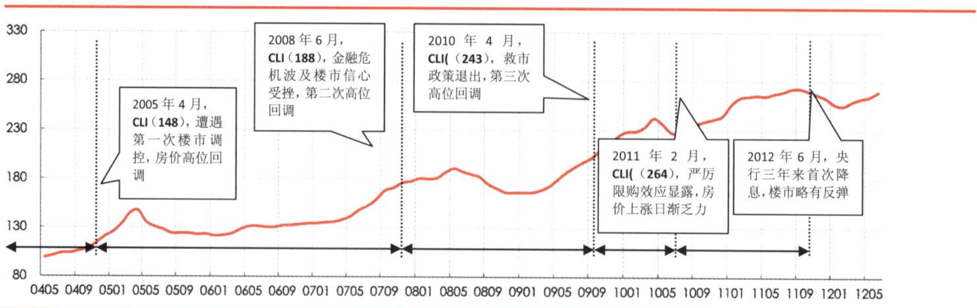

数据来源：中原领先指数系统

■ 次中心外围区域 二手住宅成交集中

2011 年 1 月—2012 年 6 月，上海二手住宅集中最多的在次中心区域，宝山、闵行、嘉定 3 个区域的成交套数占到全市总成交的 28.5%；其次是崇明区，占到了 21.1%；浦东新区为 18.9%，而 8 个中心区域成交套数却仅仅为 13.1%。原因在于中心区域品质较好的房源价格在自 2009 年以来，涨幅已达 50% 左右，普遍预期目前进入不具备保值增值潜力；前期银行流动性充裕的局面得到扭转；同时次中心区的房价相比中心区要低很多，而随着轨交的布局、商业配套的完善、各层次楼盘供应充足，带动了次中心区域二手房成交比重的上升。

图 4-8 上海市二手住宅成交区域占比（2011 年 1 月—2012 年 6 月）

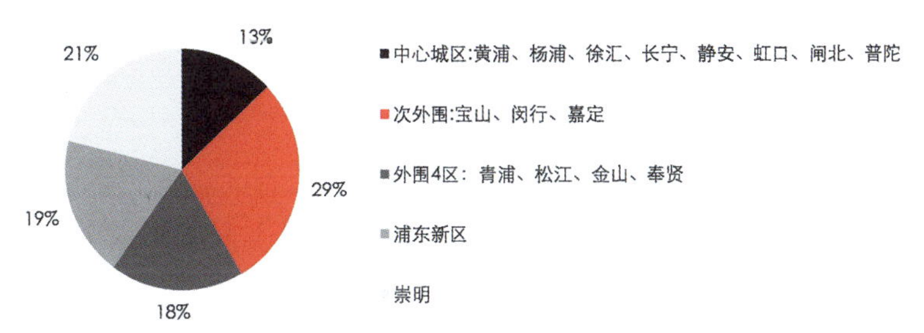

数据来源：上海房地产交易中心 上海中原研究咨询部

■ 低总价房源持续走俏 中小套型占多数比重

受持续调控的影响，1—6 月份市场需求绝对主力仍为自住客群，市场主力需求进一步向低总价以及中小户型房源集中，市场购买力持续维持 2011 年的状态。

2012 年上半年，二手住宅成交总价结构中，单套总价在 200 万元以下的占到了全市二手住宅成交比重的 87% 以上，其中总价 80 万～200 万元的成交量占到 54%，80 万元以下的占到 33%；而总价在 300 万元以上的比例只占到 7%。目前的成交结构与 2011 年同期相比，总价 80 万元以下比例减少 1 个百分点；80~200 万元的成交比重增加 3 个百分点，300 万元以上房源成交占比略有增加。成交结构整体呈向下倾斜。

2012 年上半年，70m^2 以下的中小户型的成交百分比是 49%，70~90m^2 的占比为 22%，90~140m^2 的占比为 24%，140~200m^2 的占比为 4%，200m^2 以上的占比为 1%。目前的成交面积结构与 2010 年同期相比，70~90m^2 提高 1 个百分点，90~140m^2 以上房源占比增加 4%。但在总价和面积段上，均出现

图 4-9 上海市二手住宅成交结构图（2012 年上半年）

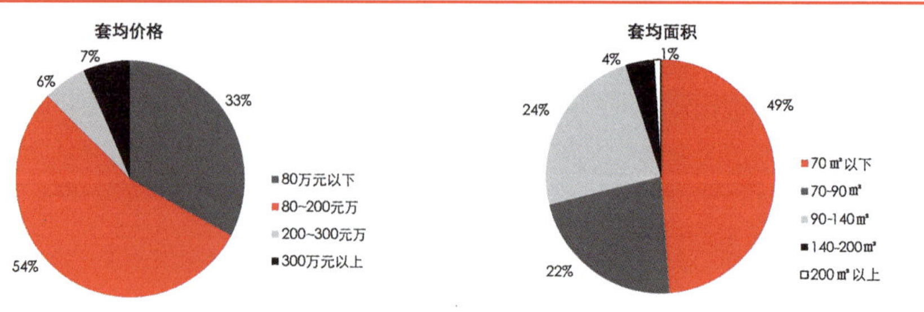

数据来源：上海房地产交易中心 上海中原研究咨询部

类似的向下偏移的特征。

4.4.3 下半年调控风险仍在 上海住宅成交价格或下跌

6 月份以来，央行连续两次降息，各地政府楼市“微调”政策持续，卖方市场预期受到较大影响。近来二手房市场挂牌量略有缩水，卖家惜售心理抬头，报价止跌回升，外围刚需集中的区域还多次出现临时“跳价”现象。但管理层多次重申坚持调控政策不动摇，一再表明了政府调控的决心，房价下调势在必行。从上海地方政府的执行力度来看，操作层面不断收紧，严把“限购”关口。

从卖方角度出发，二手房房价下降还面临一些压力，背后主要基于几个方面的原因：（1）二手房屋持有成本低廉，部分房屋还被业主挂牌租赁，在持有过程中还得到一定贴补。（2）业主资金状况普遍良好。经过较长期的限购调控，广大业主对调控的应对有更充分的准备。（3）交易量走出低迷阴霾，业主心态开始由弱转强。根据上海中原门店的日接待客流量可以发现，7 月看房者相对于 6 月份来讲，仍然维持了一定的热度。因此，卖方普遍对房价保有信心。

但是在政府对楼市的不断施压下，银行对楼市的支持力度不断缩水，开发企业资金周转更多要依赖项目销售回笼。6 月房价小幅反弹引起刚性需求购买力下降，导致新房促销难度加大。只有更大尺度的价格让步，才能吸引到购房者的目光。然而新房持续打折，意味着对二手房价刺激的不断增强，最终会戳破以散户为主的二手房东缺少实质依托的保价信心。在 2012 年，政策调控和新房价格对二手房价格引导的能量或将在某个时间点显现。

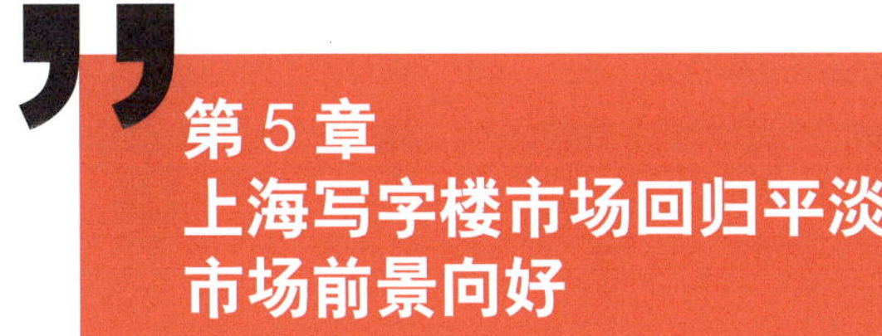

第 5 章 上海写字楼市场回归平淡 市场前景向好

2011 年初，住宅地产调控再次加码，住宅地产投资者得到有效挤出，同时，住宅销售的降温对房企资金链的影响不断加大，在此背景下，写字楼开发企业推盘积极，大量投资资金涌入写字楼市场，全市供求双双大幅升温。而进入 2012 年后，写字楼市场进入盘整期，市场回归平淡。我们认为这是阶段性的回落，成熟商务区空置率的持续走低，新兴商务区的不断崛起，这都为上海写字楼市场发展奠定了良好的基础。另外，随着上海经济结构的不断调整优化、对境外企业吸引力的不断增强，我们有理由相信，未来写字楼的市场需求仍将保持旺盛局面。

5.1 上海写字楼供求现平淡 整购涉及金额近 200 亿

5.1.1 供应量回归平淡 大体量写字楼供应抢眼

2011 年，开发企业资金链问题日益凸显，这加速了其商业地产的推盘力度，其中 2011 年全年写字楼新增供应呈现旺盛局面，与 2010 年相持平，而进入 2012 年后，办公市场陷入冷淡，新增供应大幅回落。2011 年，上海市写字楼新增供应面积达到 235.76 万 m^2，相比 2010 年小幅下降 1.40%；2012 年上半年，全市新增供应量为 73.03 万 m^2，相比去年同期遭遇显著下挫，降幅达到 27.74%。

分环线来看，2011 年，内环内、外郊环供应量最为突出，供应面积分别为 79.25 万 m^2、78.73 万 m^2，分别占全市比重 33.58%、33.37%；到 2012 年上半年，内环内的供应比重出现大幅萎缩，降至 27.53%，而外郊环的供应比重则大幅提升至 57.01%，取代内环内成为全市供应绝对主力。 另外，分行政区来看，宝山、嘉定、浦东 3 个区的供应面积居全市前 3 位，分别为 50.06 万 m^2、47.37 万 m^2、41.20 万 m^2，占全市比重分别为 16.21%、15.34%、13.34%。

图 5-1 上海市写字楼供求关系月度走势图（2011 年 1 月—2012 年 6 月）

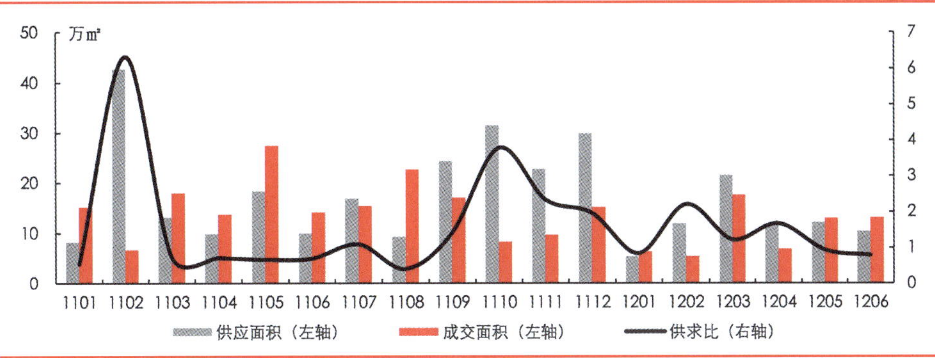

资料来源：上海中原研究咨询部

供应面积超过 3 万 m^2 的写字楼项目共有 29 例，合计供应总面积达到 159.15 万 m^2，占全市比重达到 67.51%。其中甲级写字楼供应案例达到 9 例，值得关注的是，“上海环球金融中心”、“新世界长宁商业中心”的供应面积均超过 10 万 m^2，分别为 22.65 万 m^2、10.08 万 m^2。

上海市甲级写字楼项目（2011 年 1 月—2012 年 6 月） 表 5-1

上市时间	区域	楼盘名称	地址	供应面积（万 m^2）
2011-01	打浦桥板块	日月光中心	瑞金二路 411 号	3.61
2011-02	不夜城板块	长泰企业天地广场	塘沽路 962 号等	3.08
2011-02	陆家嘴商圈	上海环球金融中心	世纪大道 100 号	22.65
2011-05	新华路商圈	新世界长宁商业广场	中山西路 1065 号	10.08
2011-11	陆家嘴滨江板块	东方金融广场	世纪大道 1168 号	4.77
2011-12	北外滩板块	上海国际航运服务中心（西块）项目	公平路 18 号	5.35
2012-02	四川北路板块	中信泰富申虹广场	四川北路 1350 号	4.05
2012-03	不夜城板块	隆宇国际商务广场	恒丰路 329 号	5.42
2012-06	南京西路板块	华敏帝豪大厦	北京西路 968 号	4.75

注：以上新增甲级写字楼项目面积均超过 3 万 m^2

资料来源：上海中原研究咨询部

城市 Market

楼事 Story

数据 Data

5.1.2 优质写字楼成交活跃 整购涉及金额近 200 亿

得益于市场供应的突出表现，特别是其中优质办公物业的供应抢眼，2011 年全市写字楼成交量大幅提升。而到 2012 年，供应主力环线的转变——内环内供应萎缩、外围区域则大幅增多，影响了投资者投资热情，同时，国内外经济大环境的不佳也降低了企业的扩张意愿，全市办公成交趋于平稳。2011 年，上海市写字楼成交面积达到 183.28 万 m^2，相比 2010 年大幅上涨了 20.73%；2012 年上半年，全市成交量为 62.59 万 m^2，相比去年同期则大幅滑落，降幅达到 33.93%。

分环线来看，2011 年，内环内、外郊环成交量最为突出，成交面积分别为 57.83 万 m^2、54.28 万 m^2，分别占全市比重 31.55%、29.62%；到 2012 年上半年，内环内的成交占比呈现小幅下滑，至 27.92%，外郊环的成交比重则提升至 31.22%，取代内环内成为全市成交主力区域。另外，分行政区来看，嘉定、浦东、宝山三个区的成交面积居全市前 3 位，分别为 27.23 万 m^2、24.99 万 m^2、23.33 万 m^2，占全市比重分别为 11.08%、10.16%、9.49%。2011 年 1 月—2012 年 6 月份，全市成交的整购案例有 13 例，共涉及金额高达 197.51 亿元人民币，这其中内环内写字楼项目共有 8 例，中外环 3 例，内中环、外郊环各 1 例。

上海市写字楼收购案例（2011 年 1 月—2012 年 6 月） 表 5-2

收购时间	项目名称	项目位置	建筑面积（万 m^2）	总价（亿元）
2011-05-18	新世界长宁商业中心	内环内	11.30	32.00
2011-07-22	中铁中环时代广场	中外环	2.36	3.85
2011-08-06	嘉瑞国际广场	内环内	2.95	12.60
2011-08-10	漕河泾现代服务业集聚区 W19 地块（二期一）二区（总部区）	中外环	2.39	3.20
2011-08-17	上海港国际客运中心商业配套项目 1	内环内	2.49	15.01
2011-09-22	二十一世纪中心大厦	内环内	2.21	22.72
2011-12-08	上海九久青年城二期	外郊环	2.19	2.85
2011-12-30	海之门（外滩 8-1）50% 权益	内环内	—	50.00
2012-01-14	臣风大厦	内中环	2.11	6.87
2012-03-01	华银大厦	内环内	2.10	3.78
2012-03-15	上海国际航运服务中心（西块）项目	内环内	3.52	23.20
2012-03-28	隆宇国际商务广场	内环内	5.42	19.42
2012-05-17	上海国际研发总部基地	中外环	2.01	2.01

资料来源：上海中原研究咨询部

5.1.3 全市存量触底回升 去库存“压力山大”

2011 年 8 月份是全市库存变化的分水岭，2011 年 2 月—8 月份，办公物业市场持续供不应求的局面导致库存量的持续下滑，而 2011 年 9 月份以后，市场新增供应的不断加码、成交量平淡冷静，供过于求推动全市库存持续上扬至高点。

截至 2012 年 6 月底，全市写字楼物业库存量达到 450.33 万 m^2，相比 2011 年 1 月份累计增加了 72 万 m^2，增幅达 19.02%。从月度数据来看，2011 年前 3 季度，虽然市场供应力度较强，但成交热情持续旺盛，导致全市库存量持续下滑至低位水平，然而到第 4 季度开始市场供应力度再次加码，而成交量显著回落，全市写字楼库存不断攀升至高位水平，这种局面也一直持续到 2012 年年中。

图 5-2 上海市写字楼月度存量走势图（2011 年 1 月—2012 年 6 月）

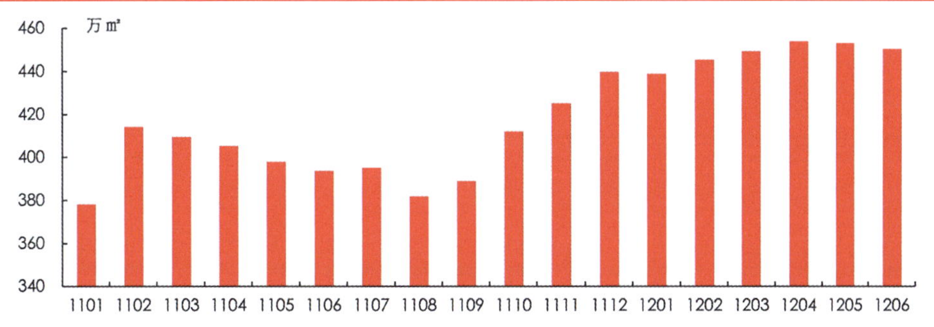

资料来源：上海中原研究咨询部

5.1.4 上海写字楼价格稳步上升

全市写字楼价格继续保持上扬的态势，2011 年，上海市写字楼成交价格为 26916 元 /m^2，同比大幅上涨 35.78%；2012 年上半年，全市成交均价为 24020 元 /m^2，这虽然比去年同期有 6.41% 的下滑，但相比 2010 年同期上涨幅度超过 2 成。

图 5-3 上海市写字楼月度成交价格走势图（2011 年 1 月—2012 年 6 月）

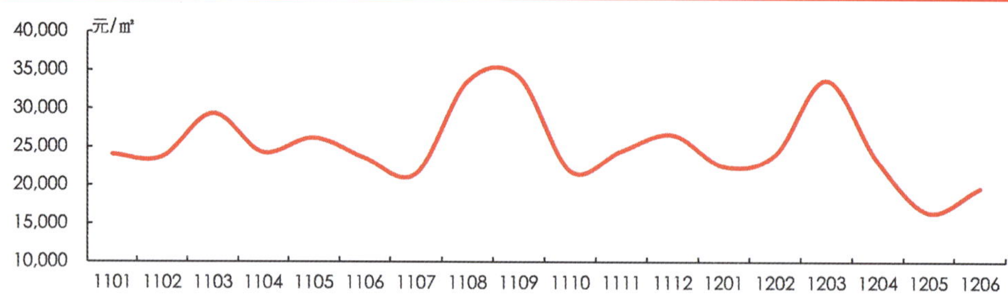

资料来源：上海中原研究咨询部

5.2 上海甲级写字楼租金平稳上升 空置率再创新低

2011 年上半年，上海市甲级写字楼租金保持平稳上升的趋势，到下半年这一上涨趋势表现强劲，而进入 2012 后，这一增长趋势再次放缓。截止 2012 年 6 月份，上海 6 大核心商务区大多已经接近满租。由于未来新增甲级写字楼供应持续不足，我们预计未来上海甲级写字楼市场将持续保持空置率低位运行。

从租金水平看，截至 2012 年 6 月，上海甲级写字楼租金为 9.25 元 /（m^2• 天），相比 2012 年年初微幅上涨 0.95%，但较 2011 年 1 月的涨幅已经达到 16.27%。空置率上看，2012 年 6 月，全市甲级写字楼空置率为 4.72%，相比 2012 年年初小幅减少了 0.45 个百分点，相比 2011 年初则降低了 4.92 个百分点。

图 5-4 上海甲级写字楼租金和空置率走势图（2011 年 1 月—2012 年 6 月）

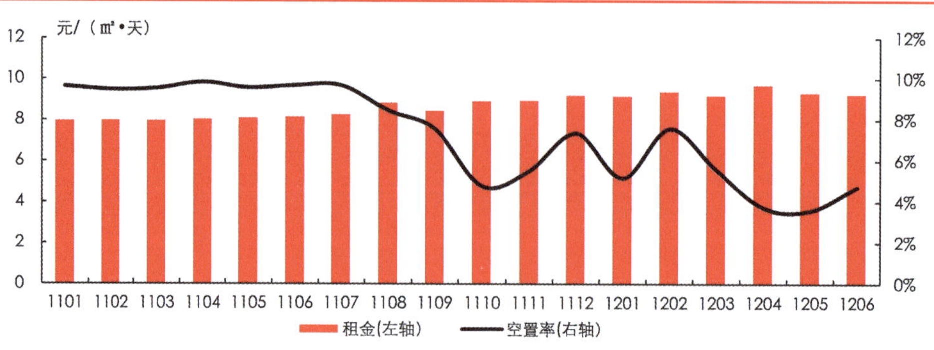

资料来源：上海中原研究咨询部

截止 2012 年 6 月，上海 6 大核心商务区中，淮海中路、南京西路、小陆家嘴是全市甲级写字楼租金最高的 3 个区域，分别为 10.58 元 /（m^2• 天）、10.11 元 /（m^2• 天）、9.81 元 /（m^2• 天），相比 2011 年初，分别增长了 23.82%、18.30%、14.90%。同时，这 3 个商务区的空置率也是全市最低的区域，分别为 2.90%、3.40%、5.22%，相比 2011 年初分别减少了 6.39 个百分点、5.89 个百分点、4.46 个百分点。此外，徐家汇的租金增幅亦表现突出，增长了 20.03%，空置率也降低至 5.22%。

5.3 上海写字楼市场展望

5.3.1 大环境支撑办公物业的市场前景向好

随着中国在世界经济中扮演着越来越重要的角色，在国家“十二五”上海国际金融中心建设规划中明确提出在 2015 年要将上海建设成为人民币创新、交易、定价和结算中心。其背后，酝酿着庞大的产业拉动与升级战略，上海办公物业市场中长期上需求会继续增长，其投资潜力亦值得看好，特别是内环内的办公物业稀缺性将长期存在。

另外，受到境外消费疲软的影响，中国正逐步减低对出口依赖，这成为中国零售市场大幅发展的良机。从未涉足中国市场的国际品牌开始谋求在国内消费市场分得一杯羹，不断涌进中国市场，这也直接推动了一线城市办公物业需求的增长，未来这种局面仍将持续。

5.3.2 新兴商务区的崛起

中央商务区写字楼日益稀缺，可租房源不断减少，这将迫使部分企业开始向新兴商务区扩张。相比中央商务区写字楼不断上扬的租金，新兴商务对中小企业更显“亲和”。同时，其拥有良好的轨道交通和商业配套，对成长性企业具有较强的吸引力，我们认为其增长性在未来将会加速。

5.3.3 园区办公物业的机遇

2010 年—2012 年上半年，有 6 例整栋成交案例为科技园区、工业园区办公物业。相比常规办公物业，此类办公物业拥有更为灵活舒适的办公空间，更为健全的综合服务功能，较低的价格，得到了部分投资者及企业的追捧，正在成为上海办公物业市场的新亮点。然而，园区办公物业的交通及商业配套是其面临最大的生存弊端，在此前提下，其与产业的良好衔接仍是其获得短期生存的有效手段，我们对此类物业持谨慎乐观。

第 6 章 上海商业物业市场低位盘整 价格持续上扬

2011 年，住宅市场调控力度加码，住宅投资渠道进一步受阻，商业物业投资凭借不限购的政策优势，有效吸纳了大量的物业投资资金，同时，受惠于上海新城对人口导入速度的加快，商业物业需求持续增长，2011 年全年商业物业维持高位水平。然而进入 2012 年，商铺市场陷入低位盘整，供求双双降幅达 5 成，但随着信贷政策趋于宽松，下半年商铺成交有望显著回暖。另外，全市成交价格持续上扬，攀升至历史新高。

6.1 上海商业物业供应大幅收缩 外郊环占全市 5 成

随着外围区域轨道交通的日趋便利，住宅人口的导入速度在不断加速，也带动了外围商业开发力度的增加。2011 年全市商铺新增供应 224.59 万 m^2，同比减少了 4.57%，而 2012 年上半年新增供应 58.83 万 m^2，仅为去年同期的 58.72%

2011 年 1 月—2012 年 6 月，上海新增供应主要集中在外围地区。其中，外郊环间共推出 141.30 万 m^2，占全市总供应量的 49.69%。分区域来看，新增供应主要集中在嘉定、浦东和宝山三个区，占比均超过 12%。其中，嘉定区新增供应面积 40.28 万 m^2，嘉定主城区板块、蓝翔板块、江桥板块分别有 8~15 万 m^2 的供应。浦东新区的新增供应 36.43 万 m^2，其中成交量最为突出的三林板块、川沙板块、陆家嘴滨江板块成交总面积占据了 58.11%。另外，宝山区新增供应 34.65 万 m^2。

上海市商铺新增供应面积的区域分布（2011 年—2012 年上半年） 表 6-1

区域	长宁区	长宁区	崇明区	奉贤区	虹口区	黄浦区	嘉定区	金山区	静安区	卢湾区
2011 年										
面积	12665	0	110929	103524	49323	32951	362198	132558	940	0
套数	31	0	919	510	59	25	3194	1388	2	0
区域	闵行区	南汇区	浦东新区	普陀区	青浦区	松江区	徐汇区	杨浦区	闸北区	
面积	68180	210354	290701	118679	150358	194191	58111	35745	16103	
套数	283	1406	1432	689	750	1059	417	152	67	
区域	长宁区	长宁区	崇明区	奉贤区	虹口区	黄浦区	嘉定区	金山区	静安区	卢湾区
2012 年上半年										
面积	1098	0	6677	12831	29586	1307	40603	41528	0	0
套数	8	0	76	177	36	11	453	553	0	0
区域	闵行区	南汇区	浦东新区	普陀区	青浦区	松江区	徐汇区	杨浦区	闸北区	
面积	85399	33942	73596	12613	31588	90359	19642	29315	39875	
套数	325	308	262	28	127	595	120	135	12	

面积单位：m^2

数据来源：上海中原研究咨询部

6.2 上海商铺物业价格持续攀升 低总价商铺市场主力地位难改

6.2.1 成交量持续走低 难阻价格节节攀高

2011 年，央行 6 次调高银行存款准备金率，同时 3 次上调存贷款基准利率，增大了投资成本，拉低全市一手商铺成交量的大幅下滑。2011 年，全市商业市场成交面积达到 186.28 万 m^2，环比大幅下滑 20.96%。结合本年度的供应来看，整体呈现供过于求的状态，供求比为 1.21:1。分行政区来看，松江区、浦东新区、嘉定区的商铺成交量居全市前 3，均超过 20 万 m^2，分别为 22.25 万 m^2、22.24 万 m^2、20.61 万 m^2，分别占全市比重为 11.84%、11.84%、11.07%。

2012 年上半年，全市商业物业成交面积同比大幅下滑 53.80%，至 50.70 万 m^2。中心城区商铺新增供应持续下滑，外围新兴城区商业则迎来商业地产发展良机，商铺需求者及投资者的资金投放力度不断增加。就区域来看，成交量主要分布在松江、金山和宝山，分别为 6.59 万 m^2、6.31 万 m^2 和 5.27 万 m^2，占全市比重分别为 13.00%、12.44%、10.39%。2012 年上半年，住宅地产成交触底反弹，同时，得益于银行信贷环境的放松，物业投资市场信心回升，商铺物业成交量呈现温和上升，预计 2012 年下半年回暖加速，但受上半年商铺物业成交持续低位的影响，全年成交量难以超越去年水平。参照 2012 年上半年月均 8.45 万 m^2 的成交量计算，预计 2012 年全市商业市场的成交量在 110 万 m^2 左右。

图 6-1 上海市商铺年度成交面积及变动情况（2007—2012 年）

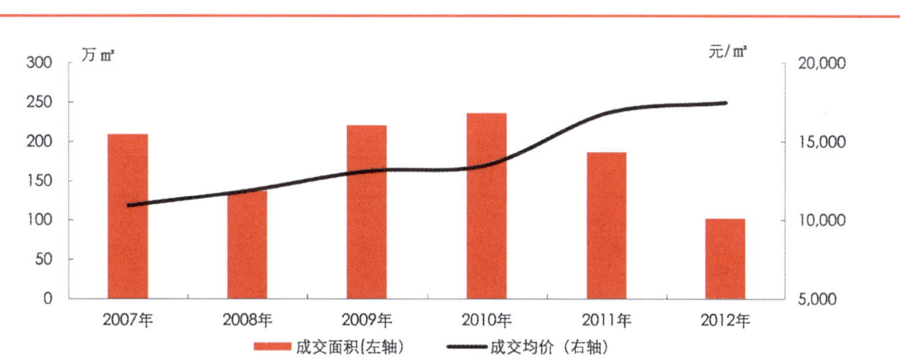

注：2012 年数据为中原预测值
数据来源：上海中原研究咨询部

上海市商铺市场成交情况（2011—2012 年） 表 6-2

	供应面积（万 m²）	供应套数（套）	成交面积（万 m²）	成交套数（套）
2011 年	194.75	12383	186.28	14558
2012 年（估）	110.00	—	115.00	—

资料来源：上海中原研究咨询部

成交均价方面，进入 2011 年以来，住宅调控力度持续不放松，住宅投资客群被有效挤出住宅市场，商铺市场凭借政策宽松、增值潜力大，受到投资者的大力追捧，成交均价也呈现出持续上扬的态势。2011 年全市商业市场成交均价环比大涨 24.31%，至 16814 元 /m²。2012 年上半年，全市商业市场成交均价达到 17478 元 /m²，较去年同期上扬 5.79%。

从区域来看，2011 年成交均价较高的是黄浦、长宁和徐汇，成交均价分别为 59272 元 /m²、34897 元 /m² 和 31339 元 /m²。成交均价最低的几个区域有金山、崇明和奉贤，其中金山的成交均价为 7414 元 /m²，其他两区域分别在 10997 元 /m² 和 11127 元 /m²。

2012 年上半年，商业物业成交价格较高的区域是卢湾、长宁和黄浦，其中卢湾的成交均价为 63155 元 /m²，其他两个区域也都在 50000 元 /m² 以上。成交均价最低的几个区域分别是金山、崇明和奉贤，其中金山的成交均价仅为 7352 元 /m²，另外两区域的成交均价都在 10000 元 /m² 上下。

6.2.2 中小投资客群带动低总价商铺持续走热

2011 年，100m² 以下的商业物业成交 9247 套，占全市总成交套数的 63.52%，占比较去年减少了 8 个百分点；按总价来看，总价在 100 万元以下的商铺成交 5989 套，占总成交套数的 41.14%，较去年的占比大幅下滑近 18 个百分点。

图 6-2 上海市商铺月度成交走势图（2011 年 1 月—2012 年 6 月）

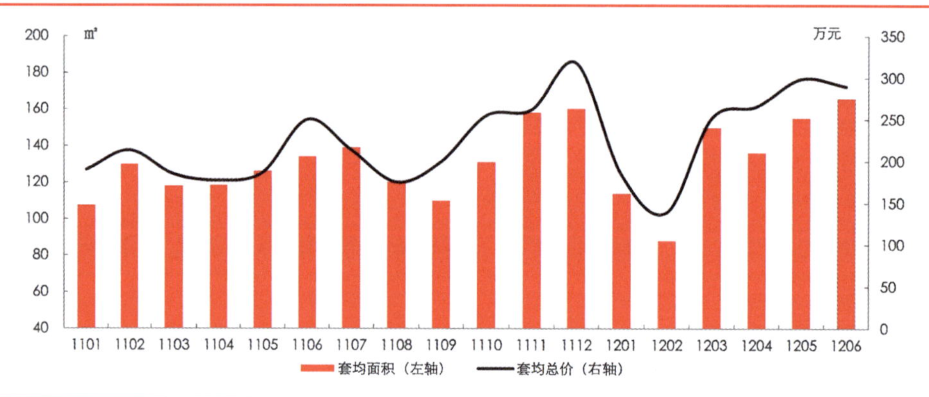

数据来源：上海中原研究咨询部

城市 Market
楼事 Story
数据 Data

在进入 2012 年后，面积 100m^2 以下的商铺仍是成交的主力，但成交占比呈现小幅下滑，同时，住宅调调控对中小投资者的挤出下，总价 100 万元以下商铺成交占比显著提升。2012 年上半年，面积 100m^2 以下商铺成交 2385 套，占比为 60.75%，虽有小幅下滑但仍是市场的主流。总价 100 万元以下的商铺成交 1851 套，占比仅为 47.15%，总价在 100~200 万元之间的商铺成交 787 套，占总成交套数的 20.05%。

6.3 上海中心区商业物业价值攀高 外围区域商业氛围待成熟

全球金融危机、欧债危机对世界经济的影响仍在持续，中国经济虽然同样出现放缓迹象，但增长速度依然位居前列，这对于外国零售企业而言，进军中国市场是危机下获得生存或持续增长的必然选择，特别是以上海、北京为例的一线城市，其拥有较为成熟的商业氛围，极具购买力的消费客群，成交空间大。2011 年，Abercrombie&Fitch、Tory Burch、Forever 21 等品牌纷纷在上海积极选址，同时 H&M、优衣库、ZARA、GAP 等一线快消服装品牌也在一线外围区域、二三线城市寻找扩张机遇。国外一线品牌的积极拓展上海市场不断将会加剧中心区商业的竞争，也将推动商业物业价值的不断攀升。同时，外围区域在人口倒入积极、交通日趋便利的利好下，商业物业发展正在提速，然而，由于此类新兴商业区的商业氛围较为欠缺，一线零售品牌的入驻仍显谨慎，这对外围区域商业发展造成一定制约。

第 7 章
杭州楼市 绝处逢生

2011 年始，全国房地产市场进入史无前例的限贷限购调控期内，各地陆续出台地方性的调控政策。作为风口浪尖的杭州，在本轮调控中被关注程度仅次于北上广深 4 大城市。2011 年 1 月—2012 年 6 月期间，杭州楼市经历了置之死地而后生的一轮变化，而致使成交量反转的一个根本原因正是房价的回落。

2011 年 3 月 1 日，杭州房管局公布了《杭州市房产管理局关于贯彻执行住房限购政策有关事项的通知》，为杭州楼市后续两年的走向定下了基调，随后金融政策叠加出台、市场规范性政策覆盖房地产的一、二、三级市场，且呈现出愈收愈紧的态势。市场陷入观望中，首次置业及本地首次改善的刚性需求成为市场中有效购买群体，而中高端楼盘所对应的多次改善群体及外地投资需求皆被限制购买，政策特征愈加明显。

这一政策面的主动调整，是放在一个经济结构调整、经济发展与社会稳定、民生改善的高度来进行的。这种动机决定了调控不会一撮而就，房产结构的调整必将会是一个有步骤的、持续性、多元化的过程。调整的方向不仅在于房价表象，更是在于产业结构、发展方向、驱动因素等更为深刻的方面，从这个方面来说，2012 年“限贷”、“限购”政策不会有大的转换，但经济环境的恶化致使银根放松，利率降低。2012 年上半年，随着越来越多楼盘价格的破冰以及金融政策放松的推波助澜使得市场成交量触底反弹，杭州楼市绝处逢生，走出反转行情。

2012 年下半年，调控环境仍将继续，中央维稳的决心不会动摇，但不排除有微幅调整，市场在价格、预期、需求结构调整下成交量有所放大的可能性。

7.1 标杆房企：杭州本地大鳄濒临绝境 积极应变获生机

2011 年度，杭州的标杆房企在政策重压之下分化加剧：中海、保利、龙湖等外来房企第一时间降价快跑；万科、金地因产品线丰富，适时调整面市产品，稳步发展；而本地大鳄绿城陷入资金困境，由于开发项目以中高端为主，难以去化，资金链紧张，加之金融政策收紧，融资困难。2011 年 9 月份绿城掌门人宋卫平公开宣布，绿城将进行 3 步走：一为努力卖房，二为转让项目，实在不行再降价卖房，从此退出房地产市场。2012 年 1 月 5 日晚间，绿城集团官方微博连发 4 条项目股权转让消息，分别涉及杭州“绿城兰园”、杭州“新华造纸厂”、无锡绿城以及上海“东海广场”项目。这是继 2011 年 12 月 29 日出售上海外滩地王股权之后，绿城第二次公开发布项目出售信息。据公开数据，这 4 个项目出售之后，绿城将回笼注册资本金 2.95 亿。这波密集出售事件，进一步凸显出绿城启动过冬模式，在逐步兑现宋卫平说的“三步走”策略。就在密集公布 4 个项目股权出售信息的同时，绿城公布了 2011 年的年度销售数据。截至 2011 年 12 月 31 日的 12 个月，绿城集团累计取得销售金额约人民币 353 亿元 (包括人民币 22 亿的协议销售额)，总销售金额中归属于本集团的权益金额约为人民币 233 亿元。同比前一年下滑 34.9%，权益销售额同比下滑 31.9%。

濒临绝境的绿城并未停止求生的脚步，2012 年 3 月，绿城再出奇招，成立绿城联合经纪公司：杭州绿城房地产经纪有限公司、杭州绿建联合房地产经纪有限公司。经纪公司所签约的联合经纪人将承接绿城的销售业务，进行全员营销，为绿城营销开辟出更新更广的渠道。此次绿城的经纪人模式，对整个房地产行业的销售体制而言，或将是一次有意义的探索和尝试。2012 年 6 月 8 日，绿城中国与九龙仓联合召开新闻发布会，宣布双方就九龙仓对绿城进行战略性投资达成合作协议，涉及资金合计约港币 51 亿元。交易完成后，九龙仓将成为占股 24.6% 的绿城第二大股东。这是绿城的又一次腾挪。

2012 年绿城半年报发布。该公司上半年收入 126 亿元，较去年同期的 112.16 亿元增长了 12.3%；净利润 18.1 亿元，较去年同期的 8.92 亿元大增 103%。截至 6 月 30 日，该公司超额完成集团上半年销售任务，合同加协议金额 219.5 亿元。这一次，绿城无疑交出了一份漂亮的答卷。

与绿城的悲壮求生相比，伯仲之间的滨江房产在同样艰难的市况之下却是另一番景象。2011 年，为应对房地产宏观调控带来的压力，滨江房产率先采取“两开源，两节流”的战略。两开源：一是快速销售，回笼资金；二是加快融资。两节流：一是紧密跟进土地市场情况，择时择机理性进行土地储备。二是合理控制经营管理费，节省开支。2011 年 7 月末滨江房产董事长戚金兴高调宣布进军生物医药行业，同时还要做大创投产业，未来要打造一只规模超百亿元的房地产基金。2011 年 12 月 27 日，滨江房产以 10,000 万元收购金都房产公司持有的金都衢州公司 50% 的股权。

事实上，滨江的许多楼盘在销售时，都遇上了国家宏观调控，大环境并非顺风顺水。但这些楼盘都无一例外热销。对此，滨江的法宝，用超高性价比征服消费者，如 2011 推出的非限购限贷产品城市之星、2012 年上半年推出的曙光之城、金色黎明均受到追捧。尤其是在资金并不十分紧张的状况下，仍能顺势而为，调整价格，快速回笼资金，进行再投资，值得同行借鉴。

7.2 杭州土地市场：住宅用地退避三舍 商业用地成主角

调控对于杭州房地产市场链的初始端——土地市场的影响十分明显。2011 年杭州主城住宅用地出让规则调整，地块出让价格设合理上限价格，在竞拍价达到或超过合理上限价格后，直接转入竞投配建保障性住宅房面积程序，地块出让条件中设有最低需配建的保障性住房面积指标，政府希望通过这一方式解决中央 10% 的保障性住房的要求。但保障房在项目中如何设置，是否会影响项目的销售价格，未来项目交付后将面临哪些问题该如何应对，这些在杭州都没有可借鉴的先例。因此对于新的规则，开发企业与资本方都表现出谨慎的态度。

2011 年杭州 8 区土地的成交面积与成交金额同比 2010 年下降 24.5%、28.2%，为 2009 年来土地出让量与出让收入最低，其中主城区成交量下降了 32%、成交金额下降了 36%。而 2012 年上半年，惨淡的行情更胜一筹，杭州 8 区土地的成交面积与成交金额同比 2011 年上半年下降 77%、66.5%，出让地块大多只有 1 家单位报名而直接成交，偶尔有地块引发激烈争夺，最终也淹没于“直接成交”的土地大军里。由于自身资金链紧张使得在土地市场，不管外来还是本土的房地产大鳄基本都不见了踪迹，除了远洋、广宇、凯德外剩下几乎都是清一色的中小开发商和拥有雄厚财力的国企，而国企无疑充当了一把杭州土地市场与财政的救世主，适时适度地挽救了杭州的土地价格。

杭州市 8 区土地成交情况（2011—2012 年 7 月） 表 7-1

用地性质	宗数	成交面积（万 m^2）	可建面积（万 m^2）	成交总额（亿元）	楼面地价（元 /m^2）
住宅	41	148.20	309.70	220.34	6772
商业	178	380.40	1022.80	351.93	3441
商住	25	110.30	306.80	122.36	4387

注：杭州八区含余杭、萧山
数据来源：浙江中原资源中心、杭州透明售房网

调控对于市场的影响不仅止于出让量及出让金额，土地市场成交的结构也发生了根本性的变化，在 2011 年 1 月—2012 年 6 月，杭州成交的土地中，商业用地超过了住宅用地成为了市场的主角。以主城区为例，2011 年，主城区共成交土地 56 宗，其中住宅用地 22 宗，商业用地 34 宗。2012 年上半年，杭州主城区成交的 21 宗地块中，商业用地多达 19 宗。高铁与地铁的开通也加速杭州城东新城与地铁沿线商业的价值凸显。2011 年杭州城东新城的商业用地价格一度高于钱江新城，余杭地铁沿线地块成为余杭土地市场的逆势奇葩，也很好说明了市场对地铁带来的前景充满了信心。

2012 年下半年，杭州将大力推出住宅用地，土地市场注定升温。万科、滨江等标杆房企伺机而动，逢底买入，谨慎为主。土地市场上的厮杀场景很有可能被平和的私下协商所取代，令土地溢价有限。

7.3 杭州商品房市场：以价换量如山倒 房企逆势拼成交

随着 2011 年杭州限购细则应声落地，外来购房及投资性需求被挤出，住宅市场成交量迅速回落，各方陷入观望期。交易量萎缩同时库存量逐日攀升，供求关系开始转变，市场逐步陷入量价拉锯。在二季度末，降价风潮从外围板块向中心蔓延，个别楼盘以价换量入市，部分需求释放。但年内多次加息以及存款准备金率的提高使得信贷环境趋紧，部分需求选择继续观望，房价仍承受着下行压力。岁末年初，杭州楼市加速入冬，成交量一度跌到谷底。

2012 年上半年，杭州楼市真正迎来了降价潮，几乎所有新盘均选择以低开或者降价的方式入市。此轮降价范围广，幅度大，导致杭州众多板块原有价格体系的崩溃，新的价格体系在重新建立，杭州楼市经历了一场前所未有的震荡。外来大鳄、本地房企共推降价潮，保利、龙湖地产和本土实力房企德信地产共同推动了下沙、以及金沙湖板块降价潮；中海、世茂、天阳共同推动滨江板块的降价潮；杭州本地大鳄滨江房产引领了城东新城的降价活动；嘉凯城、顺发、方正、华盛达等在大桥西板块打起了价格战。

降价力度达 20%~30%，亏本楼盘屡见不鲜。最低如“钱塘帝景”、“西溪郡”、“寰宇天下”、“滟澜山”等相当于在原先售价的基础上打了 5~6 折；以亏本价销售的楼盘有“滨江•曙光之城”、“荷塘月色”、“玺之湾”、“吉祥半岛”等 10 个。而住宅调控之下商业地产机危并存，最终未能独善其身，写字楼、商铺、酒店式公寓 3 类物业当中只有酒店式公寓一枝独秀。2011 年 9 月，下沙板块的 2 个酒店式公寓项目“保利湾天地”与“世茂江滨 cosmo”果断打出“猛降”的先锋旗帜，降价幅度远超同期在售的住宅楼盘，即刻吸引了大批投资客入市，并分别以 557 套 /5.86 万 m^2 和 341 套 /1.92 万 m^2 的销量登上 9 月份成交排行榜的冠亚军。

杭州市主城住宅成交前 10 位楼盘（2012 年 1—7 月）

表 7-2

排名	楼盘名称	套数	成交面积	成交金额（亿元）	成交均价（元 /m²）	热销原因	启动时间	降价幅度
1	中海寰宇天下	1408	14.2	26.69	18762	降价	2012 年 3 月	约 40%
2	滨江金色黎明	1225	13.5	21.39	15837	低开	2012 年 4 月	楼面地 11,238 元 /m²
3	金地自在城	1195	12.2	20.03	16469	降价	2012 年 3 月	约 30%
4	滨江曙光之城	937	11.0	19.63	17852	低开	2012 年 3 月	楼面地价 12,684 元 /m²
5	昆仑天籁	859	8.5	8.16	9607	降价	2012 年 4 月	约 20%
6	天阳半岛国际	846	8.8	16.50	18797	降价	2012 年 4 月	约 15%
7	龙湖滟澜山	824	8.5	12.74	15056	降价	2012 年 1 月	约 40%
8	宋都东郡国际	808	7.2	6.69	9240	低开	2012 年 5 月	楼面地价 5,259 元 /m²
9	世茂钱塘帝景	785	8.0	15.60	19519	降价	2012 年 3 月	约 20%
10	德信泊林印象	590	6.6	10.20	15461	降价	2012 年 1 月	约 25%

注：杭州八区含余杭、萧山

数据来源：浙江中原资源中心、杭州透明售房网

如此大幅度的降价也的确换来了不错的成交量。“龙湖•香醍溪岸”2011 年低价首开成为“日光盘”，2012 年加推再度热销。虽然降价效果明显，但同一楼盘的降价活动的边际效用却在递减。相同的价格条件下，多数楼盘后一次开盘的销售率不及前一次开盘的销售率。如“荷塘月色”2 月 15 日和 2 月 23 日先后两次推盘，价格一致，第一次开盘销售率达到 96%，而第二次开盘销售率为 80%。购房者对价格下降幅度的期望和要求越来越高。除此之外，降价引发老业主不满及过激行为。除了全额补偿之外，均引起了老业主的不满，甚至有未降价的楼盘也受波及，售楼处纷纷被砸，开发商开盘困难重重。

2012 年上半年，杭州主城区共成交 22085 套房源，仅次于 2009 年上半年。其中，6 月份成交量高达 6747 套，创调控以来新高，杭州楼市可谓绝处逢生。从成交结构来看，首次置业产品仍是成交主力，首次改善产品逐步上扬。同时不能忽视的是存量积压严重，2012 年下半年的去化形势严峻。

7.4 杭州二手房市场：重创之下见谷底 借助契机重回暖

纵观 2011 年 1 月—2012 年 6 月杭州二手楼市发展，也未脱离从低迷到谷底而后反弹的轨迹。2011 年初，“限购”、“限贷”政策等一系列调控政策的严格执行，二手房市场所遭受的冲击大过商品房市场。调控政策中，关于营业税的相关规定再度从严，而这一、二手房买卖环节中所涉的最高一笔税赋却是商品房不涉及的。买卖成本的提高令多数购房者在选择观望的同时，将目光逐渐游移至商品房市场。二、三级市场客户的争夺战在悄无声息的进行着，同时供方因市场下行且无资金压力也多数选择由售转租规避市场，供需同时观望带来的结果不言而喻。

据中原监测数据显示，杭州2011年主城区二手市场共成交11965套、月均997套，同比下跌13637套、跌幅53.2%，是近5年来的最低点。2012年年初，受元旦、春节假期影响，二手房成交受假期影响大幅萎缩；此外，限购限贷政策继续严格执行，以及后市房价将继续回落预期的不断增强，加重了节假日期间购房人群的观望情绪，所以虽然房价出现了明显回落，但浓重的观望氛围造成了1月份杭州二手房成交量的大幅下挫，成交仅400余套。此后一手房成交带动二手房逐步回暖，特别是房价的继续回归，2012年2月交易均价已经跌至18150元/m^2，创近2年来的低位。以及部分银行对于首套房贷利率从上浮10%~15%恢复至基准利率，消费者的购房意愿也出现回暖，有着地段及配套优势的二手房重新回到首次置业者的视线，二手房的交易量也出现明显的回升。

2012年4月，浙江省教育厅发布强令，要将公办初中小学择校率控制在5%以下。省会城市杭州随即跟进，4月宣布公办义务教育完全按学区来招收学生，即“零择校”，被称为“史上最严格的择校限制令”。这一看似与房产并无直接关系的择校限制令却直接触动了二手房市场中学区房的成交。杭州一些热门小学如“学军小学”、“求是小学”、“采荷二小”等学区房一时间被不少望子成龙的父母追捧，市场价格水涨船高，成为了3、4月份部分区域二手房价格上涨的重要因素。

2012年上半年杭州市主城区二手房市场交易总量9434套，与2011年同期相比上升29.80%；其中90m^2以下的小户型房源仍是市场的主力军，交易比重占到总交易量的73.83%，与去年同期相比基本持平。而2012年下半年，面临一手楼盘层出不穷的营销策略及二手房成交价格的回升，杭州二手房市场或将降稳。

第 8 章 南京城市主线：调控政策持续 市场震荡回升

2011 年 1 月 26 日，国务院颁布了“新国八条”，南京紧跟中央于 2 月 19 日正式出台了南京的限购细则，加上中央政府收紧了信贷。这些严厉的调控政策有效地遏制了市场价格的上涨趋势，南京房地产市场呈现量价齐跌的下行势态。

提高二套房首付比例和贷款利率、调整个人住房转让营业税、“限购令”等政策的出台，极大地抑制房地产市场需求，挤压了房地产市场的投资需求，同时提高了购房门槛、增加了购房成本，导致南京房地产市场成交量一路下滑。根据南京中原 DRC 监测，2011 年 2 月，南京一手住宅仅成交 2205 套，23.78 万 m^2，成交量一下跌至谷底。随后的几个月，南京一手住宅一直处于低迷状态，月成交量维持在 2000~3000 套的水平。即使在“金九银十”期间，南京单月的成交量依然仅处于 3000 多套的水平。

调控政策对成交量产生了立竿见影的效果，但对房价的影响则略显滞后。2011 年上半年南京一手房价不仅没有下降，反而在曲折中上升。但是随着政策的逐渐深入，8 月，坚挺的南京房价终于开始出现松动。数据显示，8 月南京一手住宅成交均价 11708 元 /m^2，环比下降 3.93%。随后在传统的销售旺季“金九银十”，南京市场的表现依然惨淡，因此进入 11 月，南京市场的降价潮开始显现，并且有从市郊个别区域扩大到全市范围的趋势。12 月，南京一手住宅的成交均价已跌至 10760 元 /m^2，较 2010 年同期下降 5.41%。

2012 年上半年房地产调控延续，但同时政府开始加强对自住型购房需求的支持，例如：国家发改委、住建部表示完善首套房优惠措施，央行指出满足首套房贷款需求，首套房贷款利率最低可享 85 折优惠等。货币政策方面，上半年两次下调存款准备金率。这些政策很大程度上缓解了楼市观望情绪，进而推动楼市成交量的稳步回升。

2012 年 1 月正逢春节，加上推盘量较少，南京楼市成交量跌至谷底。经历短暂的低潮之后，2 月楼市成交量迅速飙升，成交量由 2272 套涨至 3701 套；3 月份推盘量激增的同时也拉开了降价的序幕，当月成交 6860 套，房源库存量也首次跌破 5 万套；4 月份受“总理喊话”影响，南京新房成交量下跌至 5531 套；开发商以价换量，换来了“红 5 月”，成交量再次攀升至 6031 套。6 月初，央行降息以及各银行陆续重新放开首套房利率优惠等消息激活了市场，成交量一路攀升至 7555 套。在各种利好政策的影响下，2012 年上半年南京楼市探底回升，成交量屡创新高。

图 8-1 南京市一手住宅供求量价走势图（2010 年 1 月—2012 年 6 月）

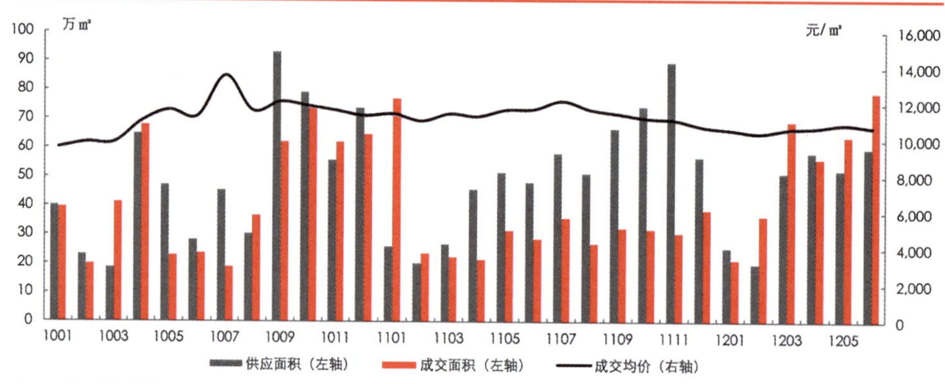

数据来源：南京中原 DRC

在经济存在下行趋势的背景下，政府很难再次出台新一轮的楼市调控政策。但在金融政策放宽和地方政府微调政策出台的影响下，市场预期已经发生了很大变化，大部分购房者已经不再对未来市场持悲观态度，选择果断出手，这是此轮市场复苏的主要动力。因此，在没有新一轮政策影响下，累积两年的刚性需求将开始逐步释放。而开发商在经历了长达两年之余的市场萧条期后，将面临销售和资金的双重压力。在库存高企的情况下，为维持企业的正常运营，开发商必须制定吸引消费者的产品策略或营销策略。毫无疑问，“出货”、“走量”是最直接、最有效的去库存和缓解资金压力的方式。

综合判断，2012 年下半年南京楼市将继续保持“量升价稳”的运行态势。不过亦不能排除随着开发商库存的减少，价格逐渐上涨，进而政府出台新的调控政策以抑制房价的可能性。

第 9 章 南京外来企业逆市占优 产品战略应市调整

2011 年，受“限购”、“限贷”政策和信贷持续紧缩的影响，南京房地产市场成交量大幅萎缩。在这场没有硝烟的战争中，不管是资金雄厚的大型品牌开发商还是小型开发商，都在调整自己的市场营销策略以求度过此次危机。

9.1 外来企业逆市占优 本地企业夹缝生存

2011 年，万达集团无论销售收入还是成交面积均排名第 1。这一年中，万达仅 1 个在售项目“南京万达广场”，以 35.38 亿元的销售总收入和 20.34 万 m^2 的成交量，分别位列销售收入和成交量排行榜的第 1 位。由于其产品主要是商办性质，不受“限购”影响，因此成交较其他项目而言是有优势的。保利地产凭借旗下 4 大楼盘（“保利香槟国际”、“保利紫晶山”、“保利罗兰香谷”、“保利梧桐语”）以 26.74 亿元的业绩荣获销售收入亚军。本地标杆房企苏宁环球以年销售 26.07 亿元的成绩单成功上榜销售收入季军，旗下“天润城”以个盘的优势位居销售面积和销售套数第 2 名，“威尼斯水城”也跻身前 10。从销售排行来看，前 10 的房企大部分是外来房企，本地房企只有 3 个，市场份额占比要远小于外来房企。

2012 年春节过后，南京市场开始复苏，成交量屡创新高。南京本土房企也开始发力，苏宁置业、金浦集团、翠屏国际也挤入前 10。央企由于旗下楼盘大多为品质较高的项目，因而在成交量方面依然领先。

南京市房企销售金额排行榜（2011 年）

表 9-1

2011 年				2012 年上半年			
排名	房企	开发商性质	销售金额（亿元）	排名	房企	开发商性质	销售金额（亿元）
1	万达集团	外地民营	35.38	1	中海地产	央企	22.34
2	保利地产	央企	26.74	2	苏宁环球	本地民营	20.92
3	苏宁环球	本地民营	26.07	3	金地集团	央企	15.09
4	中海地产	央企	18.89	4	保利地产	央企	14.86
5	苏宁置业	本地民营	18.87	5	仁恒地产	外资	14.03
6	朗诗地产	本地民营	14.39	6	万科集团	国企	13.71
7	万科集团	国企	13.45	7	弘阳集团	港资	11.57
8	弘阳集团	港资	12.97	8	苏宁置业	本地民营	7.84
9	仁恒地产	外资	12.56	9	金浦集团	本地民营	7.60
10	金地集团	央企	12.12	10	翠屏国际	本地民营	6.93

数据来源：南京中原 DRC

9.2 南京楼市探底回升 房企入市购地

2011年南京房地产市场惨淡也波及了土地市场。在这样的行情下，开发商拿地都非常谨慎，市场活跃度较低。但是进入2012年，由于项目去化量大，且前期储备用地不足，致使开发商们纷纷开始寻找优质地块。

2012年上半年，南京推出的地块多为主城区的优质地块，与去年推出的多为六合区或郊县区域的地块相比，明显更具吸引力。据中原DRC统计，2012年1—7月南京共出让土地33幅，与2011年同期相比，减少3幅；成交面积162.61万m^2，同比减少35.33%；成交金额140.37亿元，同比减少27.87%。地理位置优越的地块吸引了不少标杆房企的注意，万科地产、朗诗、保利、金浦集团、栖霞建设纷纷出手拿地。其中，6月的一场土地拍卖会上，位于河西中部的G16地块更是引来了万科、保利、朗诗、莱蒙国际等大牌房企的争夺。

9.3 产品策略调整 小户型受追捧

楼市的调控政策，抑制了投资性和部分改善型客户的需求。南京市场目前以刚需客户占主导，因此市场上大面积房源销售情况不容乐观，开发商为适应市场的变化，满足主力购房群体的需求而调整产品策略。世茂地产旗下“世茂外滩新城”的6号楼已完成规划变更，将原来200m^2以上的豪宅户型，改成主力户型为106m^2的2房和143m^2的3房。招商地产也传出调整河西G53地块的产品定位的消息，将原计划的精装大平层调整为刚需产品。而万科地产相关负责人表示万科6月在南京竞得的地块项目的结构将进行调整，力争控制总价让更多刚需客户能消费得起。金地地产也表示，目前公司大户型产品开发计划已基本全部停止，主攻刚需产品。

2012年上半年，南京住宅投资339.5亿元，同比增长10%，其中90m^2以下投资额达146.61亿元，同比增长48%，占全部住宅投资比重的43.2%。对刚需户型的投资快速增长，显示未来刚需产品是市场的主力。开发商只有努力适应市场变化，满足主要消费群体的需求，才能在市场中占有一席之地。

第 10 章 南京土地市场低迷 政府积极推地

楼市调控政策造成的市场低迷由二级市场逐渐传导至一级市场，南京土地拍卖降温，延拍、停拍、流拍现象频繁出现，同时成交土地的溢价率降低。虽然拍卖过程呈现低迷状态，但在供地计划的压力下，2011 年南京土地挂牌量和成交量并没有下跌，反而出现了明显上涨。由土地成交结构可见，政府刻意减少了住宅用地的供应量，从而导致住宅用地成交占比明显下降，未来住宅供应量将出现萎缩。

2012 年上半年，南京土地市场依然延续了 2011 年的低迷，政府完成土地供应计划的压力较大。在此情况下，近期国土局预公告了一大批地块，公告数量之大、公告时间之长，反映出政府欲通过延长土地预公告时间降低土地流拍率的意图。

10.1 南京土地市场低迷 后市或好转

2011 年，南京挂牌土地 94 幅（不包括工业用地），挂牌面积 569.11 万 m^2，供应量较 2010 年增加 26.19%。成交土地 79 幅（不包括工业用地），成交面积 468.66 万 m^2，成交量同比增加 5.38%，整体成交规模较 2010 年略有增加。其中，住宅用地成交 42 幅，约 351.78 万 m^2，成交面积同比去年下降 12.23%；商办用地成交面积上涨明显，2011 年南京商业用地成交 22 幅，约 70.04 万 m^2，成交面积同比去年上涨 96.85%，达到了 2010 的 2 倍。

2012 年上半年，南京土地挂牌量为 28 幅，共 153.18 万 m^2，与 2011 年同期相比下降 26.75%。成交 26 幅，成交面积 137.35 万 m^2，与 2011 年同期相比下降 31.52%。虽然挂牌量和成交量双双下跌，但从政府近期的供地节奏来看（国土局在一个半月的时间里一口气预告了 64 幅土地，总占地面积达 323 万 m^2，且预公期长达 1 个多月），2012 年下半年将成为完成全年供地指标的关键时期，预计 9、10 月份的南京土地市场将出现逐渐回暖的势态。

图 10-1 南京市土地供求对比图（2009—2012 年上半年）

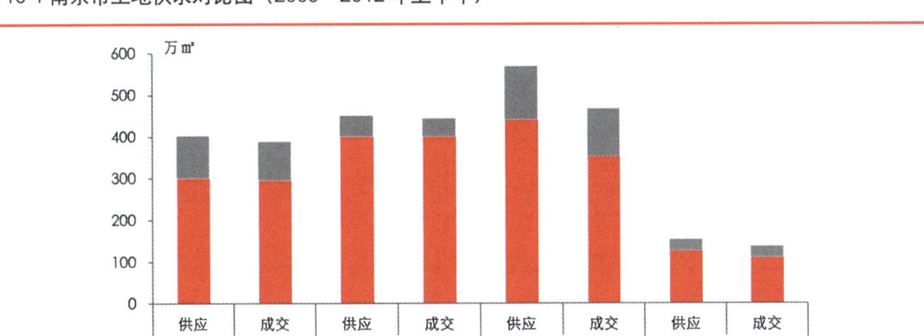

数据来源：南京中原资源 DRC

10.2 南京江北板块领跑 大型房企争相购地

2011 年，南京成交土地 79 幅，共 468.66 万 m^2，其中住宅用地成交 42 幅，共 351.78 万 m^2。江北板块以 212.72 万 m^2 的成交面积位居南京市第 1，其中六合区成交土地占江北成交土地的 71.19%；江宁板块位列第 2，116.64 万 m^2 的成交面积较 2010 年缩水 20.79%；随着青奥会的临近，河西南部成为重点的土地成交区域之一，成交量是 2010 年的 3.79 倍；城北成交 9 幅地块，成交面积 29.54 万 m^2，较 2010 年有较大的跌幅；城中依然保持着低成交量，仅成交 13.95 万 m^2；城南、仙林各成交 1 幅商业用地，无住宅用地成交；城东零成交。

2012 年上半年，南京市成交土地 26 幅，比 2011 年同期减少 3 幅，总成交面积 137.35 万 m^2。其中，江北依然是土地市场的主角，成交 8 幅共计 50.89 万 m^2；江宁成交 5 幅，仅次于江北板块，但由于地块较小，总成交面积仅 13.34 万 m^2；城北成交 4 幅地块，成交面积 31.78 万 m^2；仙林成交 2 幅，共计 7.96 万 m^2，其中 G96 地块被栖霞建设竞得，这是本土大型房企沉寂良久之后再次拿地；城南成交 3 幅，成交面积 21.74 万 m^2，其中南京南站区域的 G15 地块，由万科竞得；河西成交 1 幅，成交面积 6.08 万 m^2，该地块吸引了万科、保利、朗诗、莱蒙国际等各大房企的眼光，最终被莱蒙国际以 10275 元 /m^2 的价格拿下；城东成交 2 幅地块，共计 3.92 万 m^2，其中位于大光路附近的 G05 用地因其稀缺性而成为了上半年土地市场的一大亮点，经过 14 轮竞拍由港企嘉里置业以溢价率 25% 取得，楼面地价高达 14145 元 /m^2。

图 10-2 南京市商品房用地分板块成交情况（2010—2012 年上半年）

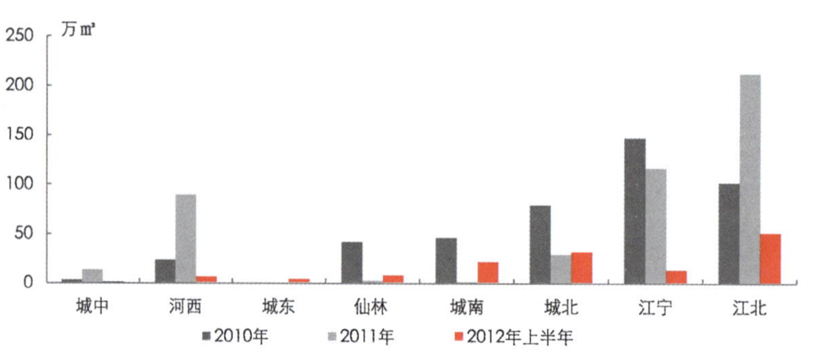

数据来源：南京中原资源 DRC

10.3 南京宅地成交比重下降 核心区域土地依然遭抢夺

2011 年，南京住宅用地成交量 351.78 万 m^2，同比减少了 49.06 万 m^2，其占总成交的比重仅为 75%，创 2009 年以来的新低。

2012 年上半年，南京市成交的 26 幅地块中有 18 幅为住宅用地，共计 1 10.86 万 m^2。从成交区域来看，江北、江宁是主力，共计成交 12 幅地块，成交面积 61.51 万 m^2，约占总成交量的 55.48%。虽然成交的大多数住宅用地在近郊，但部分城市核心地段亦引起开发商的激烈竞争。这些地块位于河西与城东，成交楼面地价均超过万元，且均被外地开发商摘得。

随着楼市的逐步回暖，开发商紧绷的资金压力逐渐得以缓解，已有不少开发商开始到处寻找合适的地块。同时，政府部门也加大了“吆喝”的力度，土地预公告中不乏核心地段的稀缺用地。预计 2012 年下半年，南京土地市场也将随着住宅市场的回暖而逐渐解冻。

图 10-3 南京市住宅用地分板块成交量情况（2010—2012 年上半年）

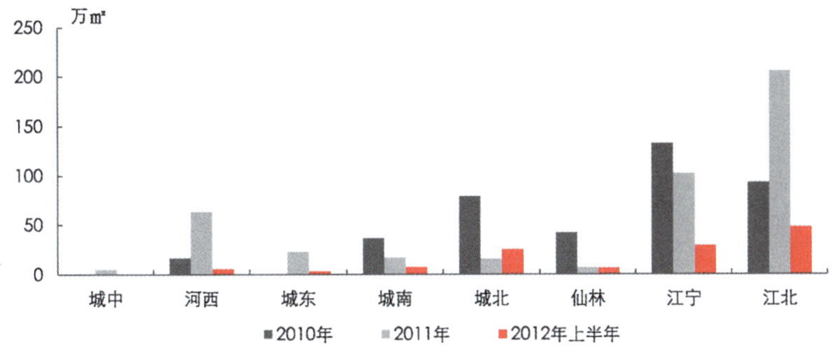

数据来源：南京中原资源 DRC

10.4 南京土地出让金锐减 低价成交当道

2011 年，南京土地出让金为 345.19 亿元，同比下跌 38.11%，其中，住宅土地出让金占比 72.76%，较 2010 年下降 20.45%。2011 年，南京楼面地价为 3177 元 /m^2，同比下跌 37.54%，其中住宅用地楼面地价下降尤为明显，仅为 2978 元 /m^2，与 2010 年的 5426 元 /m^2 相比，大幅下滑 45.12%。

2012 年上半年，南京土地出让金为 131.64 亿元，与 2011 年同期相比，下降近 2 成。其中，住宅用地成交金额为 103.61 亿元，同比下降 23.96%。虽然，土地出让金总额同比有所下降，但由于上半年南京推出了众多优质的地块，使得楼面地价抬升至 4227 元 /m^2，同比上涨 43.62%。其中，住宅用地楼面地价为 4947 元 /m^2，同比涨幅高达 66.12%。

在土地出让金收入大幅下降的情况下，地方政府的“土地财政”难以为继。在土地市场低迷的情况下，政府有意识地拉长地块的预公告时间，给予开发商充分的时间考察地块。并且通过适时的推出主城优质地块来引起品牌开发商的关注，希望以此激活土地市场的热情，从而缓解财政上的压力。

图 10-4 南京市土地出让金及楼面地价走势图（2007—2012 年上半年）

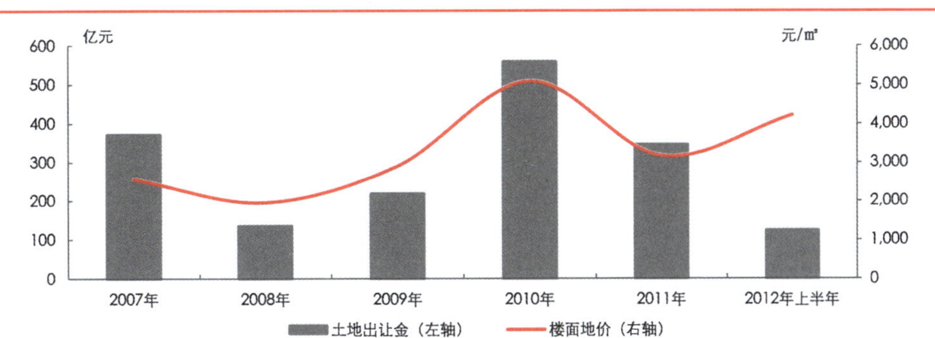

数据来源：南京中原资源 DRC

10.5 南京土地市场预测

2012 年上半年，南京市土地市场延续着 2011 年的低迷，南京国土局推地节奏缓慢，开发商拿地依然谨慎。为了扭转颓势，南京国土局通过延长预挂牌时间来降低流拍率，预公告已经成为南京市土地市场的一大特色。公告显示，南京的郊区板块将依然是土地市场的主力。

借楼市回暖之际，开发商的拿地热情似乎也再次被点燃。鉴于补充土地储备的需要，如果遇到优质地块，开发商的拿地意愿还是十分强烈的。

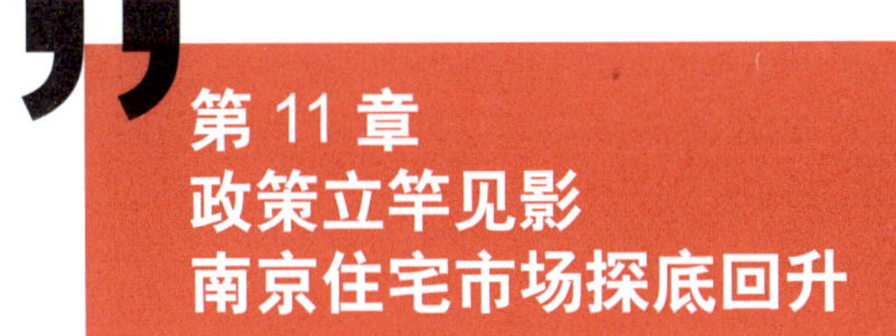

第 11 章 政策立竿见影 南京住宅市场探底回升

11.1 南京一手住宅供应探底回升 成交明显回暖

供应方面，2011 年，南京一手住宅新增供应面积 614.72 万 m^2，同比增长 2.57%，与 2010 年基本持平。2011 年新增供应主要集中在下半年，开发商为了缓解销售压力，开始集中推盘，导致市场供应量激增，2011 年下半年的供应量较上半年增长了 81.93%。

2012 年上半年，南京一手住宅新增供应面积合计约 267.36 万 m^2，同比上涨 22.62%，但是与去年下半年相比下降 32.60%。

成交方面，2011 年，南京一手住宅成交面积 403.16 万 m^2，成交套数 39494 套，成交面积较 2010 年下降 24.84%，市场成交受调控影响较大。1 月份新政公布后，成交量应声而落，跌至市场最低点。新政后单月成交量持续低迷，始终保持在 2000~3000 套的水平，毫无起色。令南京 2011 年全年一手住宅成交低迷，

2012 年上半年，南京一手住宅成交面积 327.41 万 m^2，成交套数 31950 套，成交面积较 2011 年同期相比上涨 59.13%。2012 年春节过后，南京楼市成交量打破颓势，单月成交量逐步回升，6 月更是突破近 2 年最高峰。伴随"金九银十"供应潮的到来，成交量或再度上扬。

图 11-1 南京市一手住宅供求月度走势图（2011 年 1 月—2012 年 6 月）

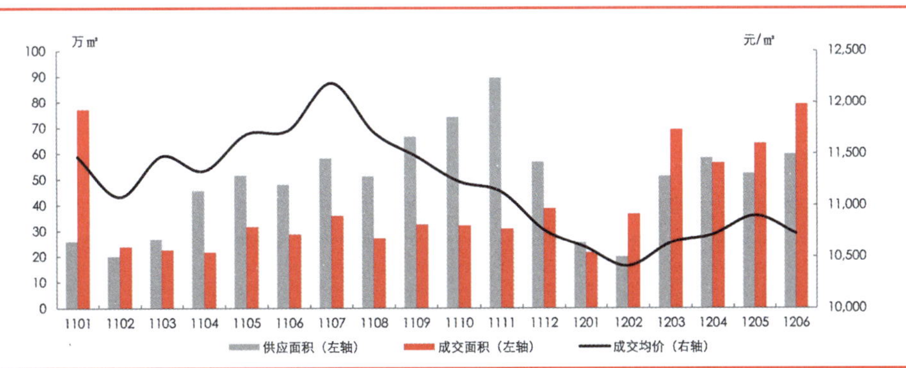

数据来源：南京中原资源 DRC

价格方面，2011 年，南京一手住宅成交均价 11442 元 /m²，环比微涨 0.92%。如果考虑到通胀因素，2011 年南京房价已出现实质性下调。

进入 2012 年，南京一手住宅价格在 1、2 月短暂回落后振荡回升。2012 年上半年，南京一手住宅成交均价 10693 元 /m²，环比下跌 6.22%。预计 2012 年全年价格水平与 2011 年持平或略有下调。

图 11-2 南京市一手住宅价格年度走势图（2006—2012 年上半年）

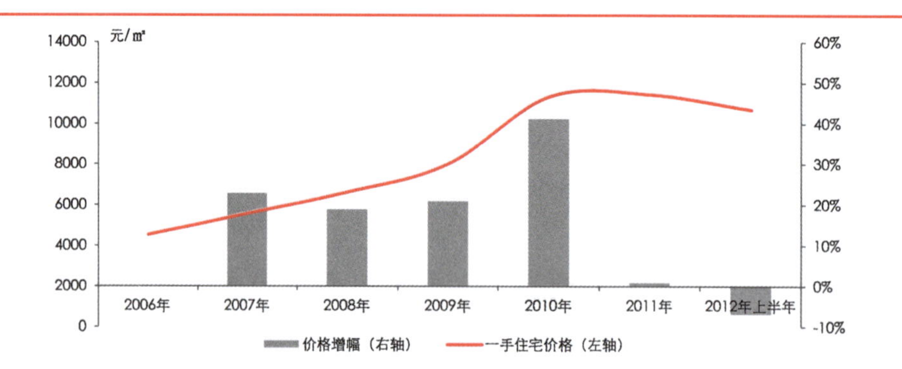

数据来源：南京中原 DRC

自“新国八条”出台后，南京房地产市场成交量开始萎缩，导致市场长期处于供大于求的态势，库存压力不断攀升。进入 2012 年后，虽然住宅成交情况有所转好，但是住宅库存量依然巨大。2012 年下半年，随着中央政府实施降息、降低存款准备金率等扩张性的货币政策，刚性和部分改善性需求有望进一步释放。后期能否跑赢市场，还要取决于开发商是否能适应市场及时调整产品策略和营销策略。从目前的形势来看，2012 年下半年开发商的销售和资金依然面临考验，缓解库存压力依然是开发商年内面临的艰巨任务。

11.2 南京二手住宅市场走势平稳 后市稳中有升

成交方面，2011 年 1 月出台的“新国八条”，无论对投资性需求还是自住型需求都产生不同程度的压抑。自 2 月起，南京二手住宅成交量低位运行，单月成交量始终在 3000 套左右徘徊，表现惨淡。据南京中原 DRC 统计，2011 年南京二手住宅成交 37239 套，同比下降 34.39%。在严厉的政策之下，南京二手住宅市场表现低迷。

2012 年春节后，随着信贷放宽及公积金首付比例的下调，积压已久的刚需逐渐释放，二手房市场成交量大幅反弹，价格亦止跌回升。据南京中原 DRC 监测，2012 年上半年，南京二手住宅成交 21831 套，环比上涨 40.29%，较 2011 年同期亦微涨 0.71%。

图 11-3 南京市二手住宅成交套数及挂牌均价月度走势图（2011 年 1 月—2012 年 6 月）

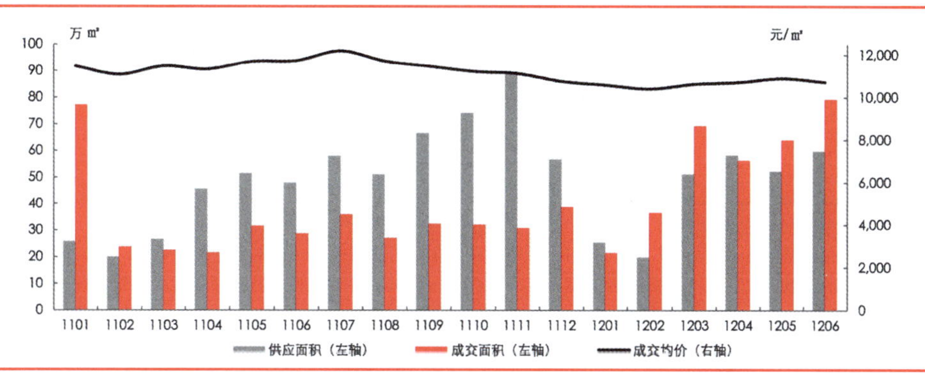

数据来源：南京中原 DRC

挂牌方面，2011 年，南京二手住宅挂牌量 268094 套，与 2010 年同期相比基本持平，微降 1.40%。随着调控政策的延续，加上南京对 50m^2 以下小面积二手房的停贷措施，市场出现惜售现象。部分业主转售为租，静待市场回暖，致使挂牌量出现下行的趋势。

2012 年，由于受春节传统淡季的影响，1 月挂牌量跌至谷底，但随着后期各项利好政策的出现，南京二手住宅挂牌量在曲折中回升。

图 11-4 南京市二手住宅挂牌量走势图（2011 年 1 月—2012 年 6 月）

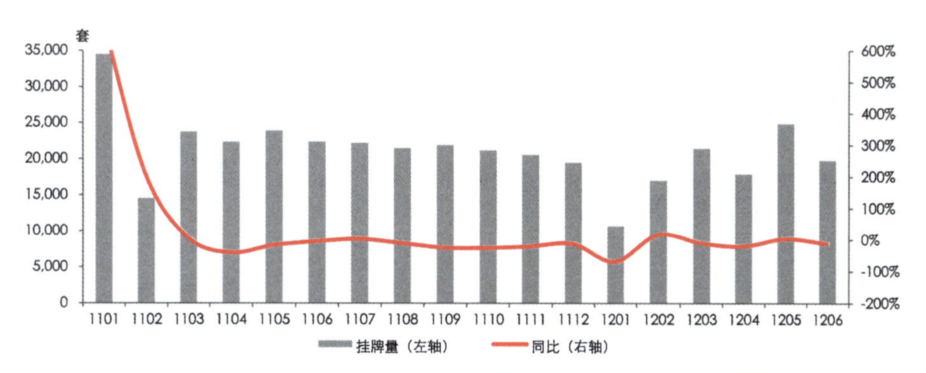

数据来源：南京中原 DRC

报价方面，自 2011 年 4 月起，南京二手房市场持续低迷，二手挂牌价格被迫下调，至 11 月份，南京二手挂牌价格出现大幅降价。

2012 年春节后，南京一、二手住宅成交双双回暖，又加之银行信贷的支持和央行降息等利好因素，使得业主对后市的预计进一步转好，二手住宅报价开始止跌回升。据南京中原 DRC 监测，2012 年 6 月南京二手住宅挂牌均价为 12932 元 /m^2，接近 2011 年 6 月的价格水平。

图 11-5 南京市二手住宅挂牌均价走势图（2010 年上半年—2012 年上半年）

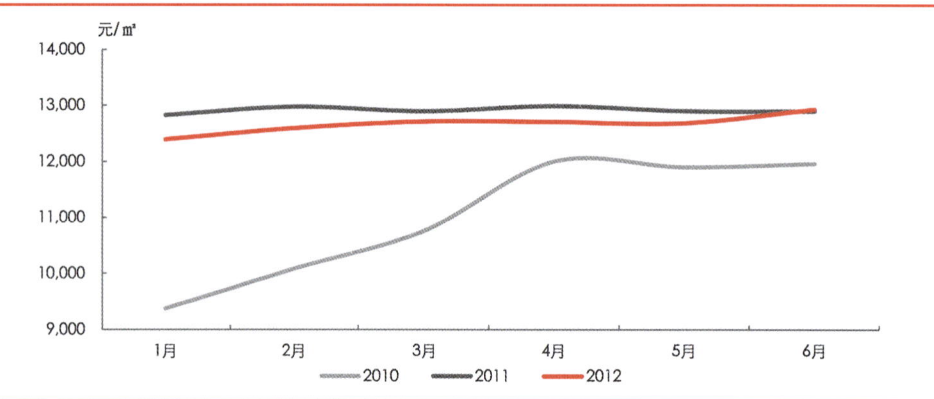

数据来源：南京中原 DRC

在整体经济下行的前提下，中央对房地产的调控转为平稳为主。预计短期内，中央政府既不会出台更严厉的调控政策。也不会放松现有的调控尺度。另一方面，由于政府对刚性需求持积极的态度，在成交结构上仍以自住型需求为主。在此背景下，2012 年下半年南京二手住宅市场依旧保持活跃，预计成交量将稳中有升，成交套数有望超过 2011 年，但较 2010 年将仍有一定的差距。

第 12 章 常州调控效果明显 回暖蓄势待发

12.1 常州房地产投资增长遇阻 比例下降

从 2002 年开始，常州房地产投资开始了一轮持续上涨的行情，除 2009 年受国家调控回落调整外，其余年份均保持 20% 以上的涨幅。2011 年，常州市房地产开发投资金额 565.91 亿元，环比增长 26.61%。此外，房地产开发投资金额占固定资产投资比例的 24.2%，环比上升 2.95 个百分点。

2012 年上半年，全市固定资产投资额累计 1333 亿元，其中房地产开发投资 277.7 亿元，占固定资产投资金额的 20.83%。同期相比，房地产投资金额占固定资产投资金额的比例上涨 5.8%。从投向上看，商品住宅投资有所增长；从资金来源看，房地产企业开发资金国内贷款涨幅明显；从投资层面看，房地产行业处在回升之中。

常州市城市固定资产及房地产投资金额统计（2002—2012 年上半年） 表 12-1

	2002 年	2003 年	2004 年	2005 年	2006 年	2007 年	2008 年	2009 年	2010 年	2011	2012 年上半年
固定资产投资额	250	447	589	770	952	1204	1448	1705	2104	2339	1333
房地产投资额	41	53	99	114	171	225	309	306	447	566	278

单位：亿元
数据来源：常州市统计局

图 12-1 常州市房地产投资额占固定资产投资额比例走势图（2002—2012 年上半年）

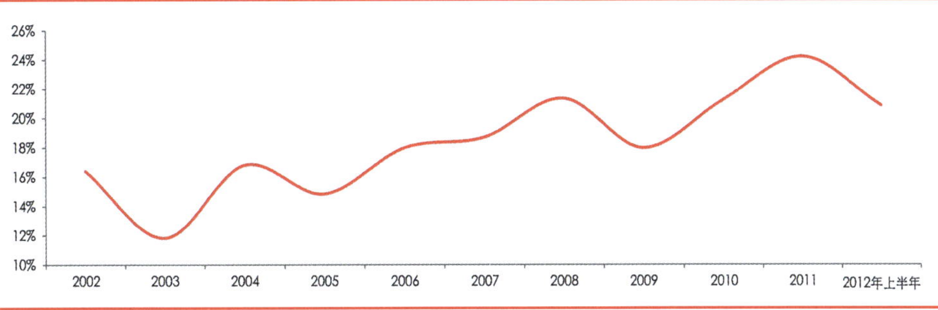

数据来源：南京中原 DRC

12.2 常州土地市场遇冷 供需下降

受“国八条”、“常七条”的影响，原本火热的常州土地市场至2011年5月戛然而止。2011年，常州市（不含金坛、溧阳）共挂牌181幅地块，成交168幅地块，成交面积870.31万m^2。其中住宅用地成交10幅，共81.03万m^2，同比下降近7成；商业类用地成交68幅，共248.53万m^2，同比上涨110.27%。

2012年上半年，常州市（不含金坛、溧阳）共挂牌110幅地块，约412.83万m^2，其中流拍14幅地块，流标数量创近年新高。截止6月底，全市共成交91幅地块，约378.91万m^2。

受调控影响，常州土地市场自2011年5月起进入寒冰季，优质地块的流拍，溢价率的大幅回落，各大房企的谨慎观望均昭示着土地市场的冷清，底价成交几成常态。2012年上半年，常州土地市场，居住用地平均溢价率仅为0.41%，6月成功出让的新北区高新商务区02地块，也仅以4.58%的溢价率成交，楼面地价仅2250元/m^2，相较于前两年2800~3000元/m^2的楼面地价，下跌明显。

12.2.1 常州居住用地超跌反弹

2011年，居住用地楼面地价与2010年相比下跌明显。然而进入2012年，在地方政府加大融资拿地的背景下，各区经营性用地楼面地价全面反弹，除戚墅堰区外，常州市（不包含金坛、溧阳）其余4区涨幅均超过10%，其中，新北区涨幅甚至达到150.63%。

常州宅地楼面地价走势（2010—2012年上半年） 表12-2

	全市	天宁区	钟楼区	戚墅堰区	新北区	武进区
2010年	2346	1914	2715	1009	2560	1566
2011年	1182	2430	1598	8333	689	2095
2012年上半年	2119	3508	1970	513	1727	2309

单位：元/m^2
数据来源：常州市国土资源局、常州中原市场研究部

12.2.2 常州区域热点板块转移

分区域看，武进区2012年上半年共成交经营性用地44块，成交面积147.09万m^2，平均楼面地价为2309元/m^2，较2011年全年上涨10.22%。武进区土地资源丰富，整理成本较低，适宜获取大规模可持续发展地块。近年来供需旺盛，土地价值被逐步挖掘。2011年，位于武进区的西太湖板块无疑为常州最热门的土地市场板块，成交的15幅地块平均溢价率达76.83%。得益于花博会的申办成功，西太湖板块规划的出炉，使得世盈、侨裕、星河、新城万博、百兴、金新等开发商集体抢滩。未来将成为与苏州金鸡湖住宅区相比肩的高档生活区。进入2012年土地市场全面降温，西太湖板块也在所难免，2012年上半年共成交3幅地块，平均溢价率仅为7.07%。

天宁区由于其配套设施完善，热点板块规划（青龙生活区、凤凰新城）的不断出炉，土地资源炙手可热，因此近几年土地价格出现了较快的提升。相较于武进区的大规模出让可持续开发地块，天宁区更倾向建设基础设施带动土地市场的成交，从青龙生活区规划的成功，到今年凤凰新城规划建设的全面启动，天宁区势必会吸引更多像龙湖，新城，大和房屋这样的有实力的房企入驻。

常州市青龙生活区板块土地出让一览表（2009—2011 年）

表 12-3

地块名称	出让面积（万 m^2）	用地性质	起始价（万元）	成交价（万元）	溢价率	成交日期	竞得房企
青龙生活区 2-02-03-1、2-03-08 地块	16.49	住宅	50693	50893	0.39%	2009-10-09	龙湖地产
青龙生活区 2-02-03-2 地块	14.40	住宅	44270	44670	0.90%	2009-10-10	常发地产
青龙生活区 QL-030118 地块	9.30	住宅	48900	75000	53.37%	2010-10-20	景瑞地产
北塘河路北侧、横塘河西路西侧 QL-030210-1、QL-030201-2 地块	9.64	办公	11562	11562	—	2011-01-05	恒生科技园
横塘河西路西侧、竹林北路北侧地块	7.45	商业、住宅	60000	72400	20.67%	2011-04-18	大和房屋

数据来源：常州市国土资源局

12.3 常州知名房企集体式微 次中心区显集聚效应

据常州中原市场研究部统计，2011 年外来开发商在常州共竞得 7 幅地块，约 78.17 万 m^2，较 2010 年下跌近 7 成；而本埠开发商共竞得 9 幅地块，约 91.01 万 m^2，较 2010 年下跌 3 成。受 2011 年调控的影响，大型房企流动资金减少，出手谨慎，而小型房企由于在 2009 年的牛市中将项目销售完毕，资金充裕，在 2011 年拿地积极。

2012 年上半年，各房企拿地热情不会太高，除了资金实力雄厚，亟需补充土地资源的房企会抄底拿地外，其余房企依然将持续观望、谨慎出手。5 月挂牌的高新商务区的 2 幅地块，被认为今年挂牌的最优质商住地块，结果一幅流拍，一幅以 4.58% 的溢价率被朗诗地产摘得，楼面地价仅 2249 元 /m^2。朗诗地产的伺机而动被看作是资金充裕的房企巨头的试探性动作，而 8 月恒大地产以地块转让的方式进入常州则表明大型房企对三、四线城市的布局已悄然开始。除此以外，多数地块被有政府背景的公司以底价摘得。

常州市外来开发商与本地开发商土地市场摘地情况（2011—2012 年上半年）

表 12-4

	2010 年	2011 年	2012 年上半年
外来开发商竞得地块数（幅）	25	7	2
外来开发商竞得面积（万 m^2）	246	78	11
本地名企竞得地块数（幅）	13	9	1
本地名企竞得面积（万 m^2）	128	91	2

数据来源：常州市国土资源局、常州中原市场研究部

图 12-2 常州市开发商类型占比（2012 年上半年）

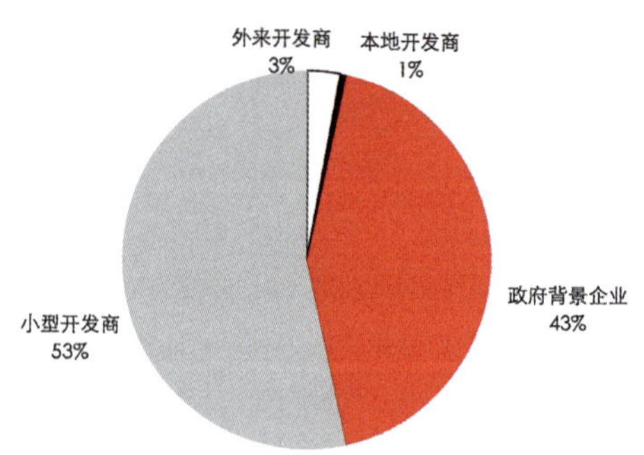

数据来源：常州市国土资源局、常州中原市场研究部

随着中心城区土地的日趋稀缺，开发商投资的重点逐渐转向新北区和武进区，其中新北区已有雅居乐、九龙仓、佳兆业、金地等开发商陆续进驻储备土地，而武进区则有绿地、绿城、星河等知名开发商争相购地，未来城市将在南北 2 个区域形成多个新兴的大型居住社区，开发商集聚效应也将逐步显现。

图 12-3 常州市外来开发商地块分布情况

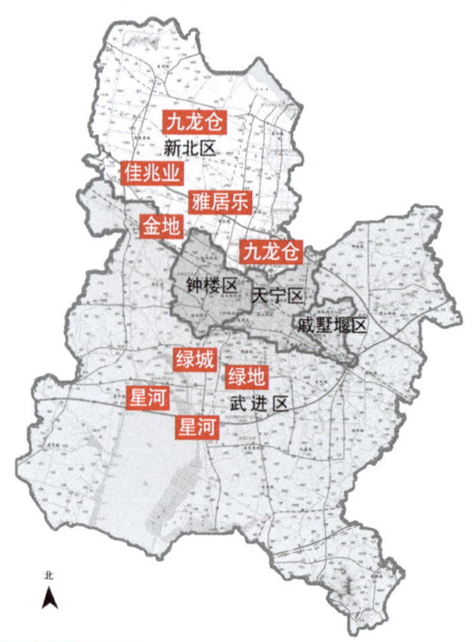

数据来源：常州市国土资源局、常州中原市场研究部

12.4 常州住宅市场回暖 量价齐升

2011 年 2 月，常州出台“常七条”，配合贷款利率与存款准备金率的上调。3 月，常州楼市成交量既应声回落，房价亦在 7 月开始下跌。数据显示，2011 年 11 月，常州商品住宅成交均价为 5591 元 $/m^2$，环比下跌 11.81%。部分房企开始降价促销，引起市场关注。

例如，本地龙头房企新城地产在武进区的“新城域”推出特价房，成交均价 5332 元 $/m^2$，环比下跌 13.84%；路劲地产旗下“御城”项目，亦在 11 月推出 100 套特价房，成交均价 5667 元 $/m^2$，较上月下跌 2000 元 $/m^2$。政策效应逐步显现，“以价换量”成为市场常态。

2012 年一季度，降价蔓延至全市，在成交量逐步回升，楼市回暖之声此起彼伏之时，房价却维持较低的价位。随着贷款利率与存款准备金率的下调，2012 年第二季度常州房地产市场重现“量价齐升”的行情，回暖态势得以确认。

图 12-4 常州市一手住宅量价走势图（2010 年 1 月—2012 年 6 月）

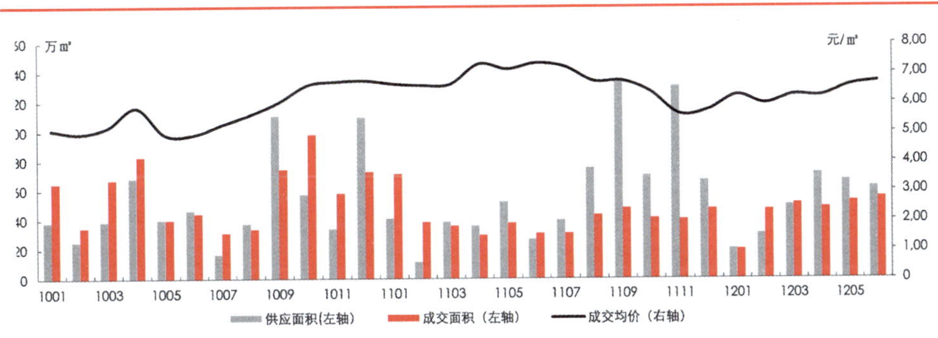

数据来源：常州市房地产信息网、常州中原市场研究部

2012 年上半年在多项政策的作用下，降价楼盘大幅蔓延，常州一手住宅市场企稳回暖，供应量较同期明显上升。2012 年上半年，常州一手住宅市场累计供应 299.12 万 m^2，相比去年同期上涨 45.72%。从供应趋势看，2011 年供应高峰集中在传统销售旺季“金九银十”；而从供应总量上看 2011 年下半年供应量较上半年增长 152.46%，开发商对市场预期的良好，导致了一手住宅市场库存激增，截止 2011 年末，常州一手住宅可售余量达 735.55 万 m^2，按照月均去化 41.68 万 m^2 计算，可售周期达 17.65 个月。

12.4.1 常州次中心区放量供应

从各区的供应可以看出，2012 年上半年次中心区（新北区、武进区）的供应占比上涨，而中心城区（天宁区、钟楼区、戚墅堰区）与城市边缘区（金坛、溧阳）均有所下跌，原因主要有 3 点：第一，次中心区率先拉开了今年降价潮的帷幕，供销较去年同期均出现较大的上涨；第二，中心城区的逐渐饱和，推盘量在逐步下降；第三，城市边缘区的金坛、溧阳库存压力逐渐加大，开发商不得不放缓推盘量，清库存成为首要任务。

图 12-5 常州市各区一手住宅供应情况（2011—2012 年上半年）

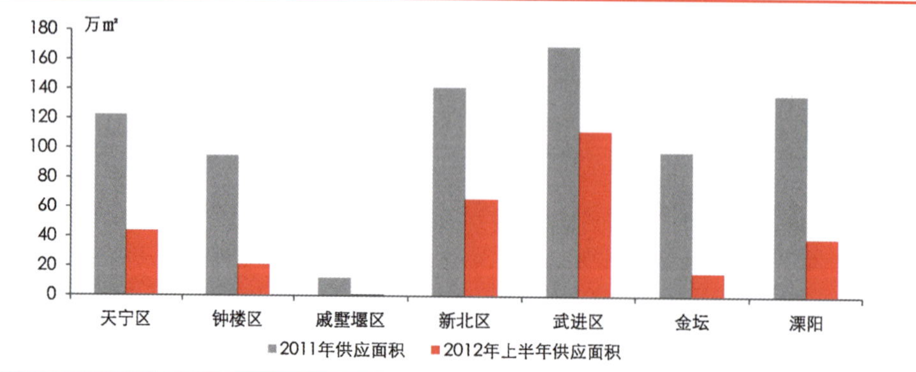

数据来源：常州房地产信息网 常州中原市场研究部

12.4.2 常州刚需改善 相继入市

从季度成交来看，2011 年第 1 季度受 2010 年翘尾因素的影响，成交量依然保持高位。进入第二季度，"国八条"、"常七条"的相继出炉，存款准备金率、贷款利率的连续提高使得成交量大幅下降。"金九银十"的促销挽救了第 3、第 4 季度市场的颓势，但是令常州成交量真正上涨的原因是 2011 年 11 月起"降价房"、"特价房"的蔓延。2012 年第 1 季度受春节影响，成交量有所下跌。进入第 2 季度，信贷放松，前期积压的刚需得以释放，随着改善型房源的入市，市场逐步回暖。

图 12-6 常州市一手住宅量价走势图（2011 年 1 季度—2012 年 2 季度）

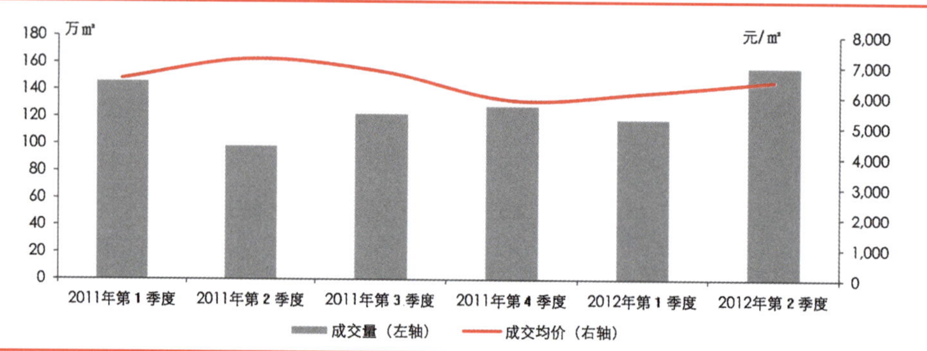

数据来源：常州房地产信息网 常州中原市场研究部

从成交面积段来看，90~144m^2 的住宅始终占据市场成交主力。2012 年以来，此面积段的成交比重逐月攀升，改善型需求释放。相对的，90m^2 以下住宅的成交比重则逐月下滑，显示出刚需后劲不足。

图 12-7 常州市一手住宅成交面积段结构分布（2011 年 1 月—2012 年 6 月）

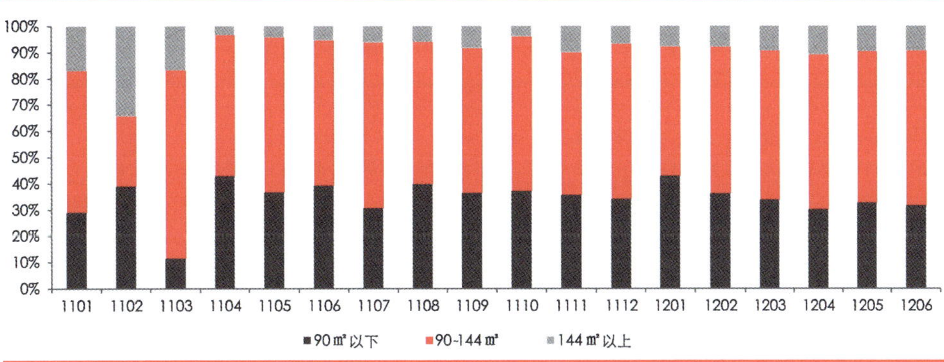

数据来源：常州房地产信息网 常州中原市场研究部

从成交单价结构来看，2012 年上半年，成交单价在 5000~7000 元 /m^2 的一手住宅成交套数占到了全市比重的 67.28%，较 2011 年同期提高 33.63 个百分点。

图 12-8 常州市一手住宅成交单价结构分布（2011—2012 年上半年）

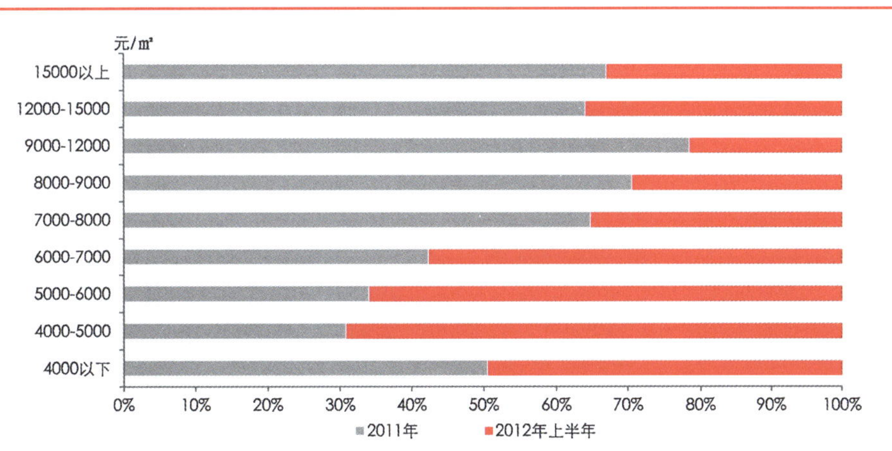

数据来源：常州房地产信息网 常州中原市场研究部

12.4.3 政策从严 常州下半年或量价平稳

从政策方面看，房地产调控从严的思路始终没有动摇，常州房地产市场受较低的住房需求的增长影响，消化库存时间会相对较长；从供应来看，自春节以来，常州一手住宅成交量稳步上升，房企资金链有所好转，存贷款利率逐步下降，开发商推盘量将有所放缓；从需求方面来看，在宽松的货币政策，稳定的经济增长，企业让利促销的多重因素的影响下，居民对房价的上涨预期提高，购房意愿亦有所增加。综上所述，2012 年下半年常州一手住宅市场，在调控从严的政策执行下，房价将稳中有升，成交或将保持平稳。

常州市主要新增楼盘列表（2012 年下半年） 表 12-5

区域	典型楼盘	预计开盘单价（元 /m^2）	户型面积（m^2）)	物业类型
天宁区	御翠园	11000~13000	90~180	高层住宅
钟楼区	京城豪苑	16000	70~140	高层住宅
戚墅堰区	亨达未来城	5000~6000	85~122	高层住宅
新北区	大名城	6000~7500	89~140	高层住宅
武进区	常州红星国际广场	12000~18000	200~1600	别墅

注：2012 数据为常州中原市场研究部预估
数据来源：常州中原市场研究部

12.5 常州商业地产异军突起

2010 年以来，调控政策重创全国房地产市场。虽然对于一直处在长三角楼市“洼地”的三线城市常州来说影响较小，但仍在一定程度上减弱了开发商的拿地意识以及消费者的购买欲望。由于调控政策基本不涉及商业地产，因此政府也是在第一时间加大了商业用地的供应，历经 1~2 年的开发、建设、销售等等，商业地产逐步升温。

12.5.1 楼市调控 常州商业用地升温

2009 年常州土地市场商业性质用地供应量为 24.2 万 m^2，所占比重不及全市出让地块总量的 5%。在 2010 年商品住宅市场调控毫不动摇的形势下，再加上常州市商业网点规划的落实实施，商业地产快速发展，特别是 2010 年下半年开始，土地市场商业性质用地大量供应，同比上涨 413.80%。近两年政府出让地块的计划中，商业用地出让体量基本维持在 200 万 m^2 以上，此数值为 2009 年的 10 倍。

从近几年商业用地供应占全市的比重来看，由 2009 年的 4.25% 上涨至 2012 年上半年的 42.46%，年度增长速度均达到 10% 以上，商业在土地市场中呈现出一番热火朝天的景象。

图 12-9 常州市商业用地出让面积占比图（2009—2012 年上半年）

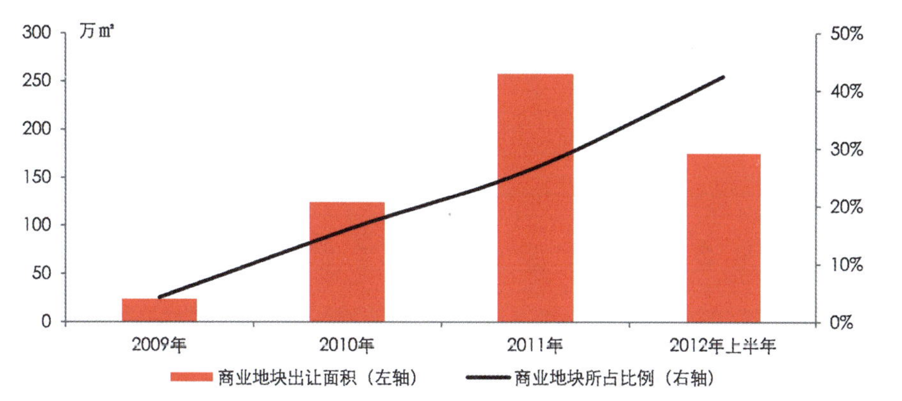

数据来源：常州市国土资源局、常州中原市场研究部

12.5.2 常州商业快速发展 消化库存不容乐观

■ 常州市商业市场供大于求 销售压力大

2011 年 1 月—2012 年 6 月，常州商业物业的供应面积 144.40 万 m^2，成交面积 121.95 万 m^2，供销比为 1.18。在经历了 2011 年上半年商品住宅成交惨淡的情况下，开发商不再坐以待毙，一改以往住宅销售完毕再推沿街商业的策略，提前推出商业产品以求快速回笼资金；同时利用商业的热销带动其住宅产品的销售。在 2011 年 9~12 月期间，商业物业的供应量就占其全年总量的 56%，新增供应的快速上涨致使市场供过于求，2012 年上半年商业物业基本以消化存量为主。

截至 2012 年 6 月，常州市商业物业可售余量为 339.29 万 m^2，占全市商品房存量的比重由 2011 年初的 30.80% 下降至 25.41%。从存量的分布区域来看，3 成以上位于武进区。由于近期商业物业销售速度减缓，可售周期一路上扬至 64 个月，高出商品住宅 4 年的消化时间，未来销售压力较大。

图 12-10 常州市商业物业量价月度走势图（2011—2012 年上半年）

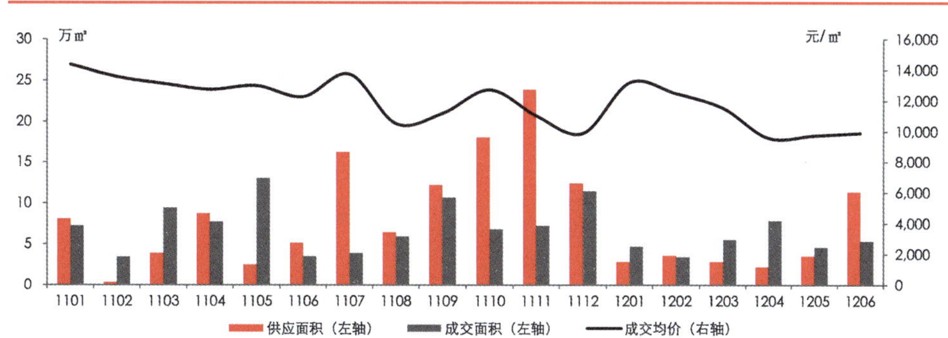

数据来源：常州市房地产信息网、常州中原市场研究部

图 12-11 常州市商业分区域可售余量结构图（2011—2012 年上半年）

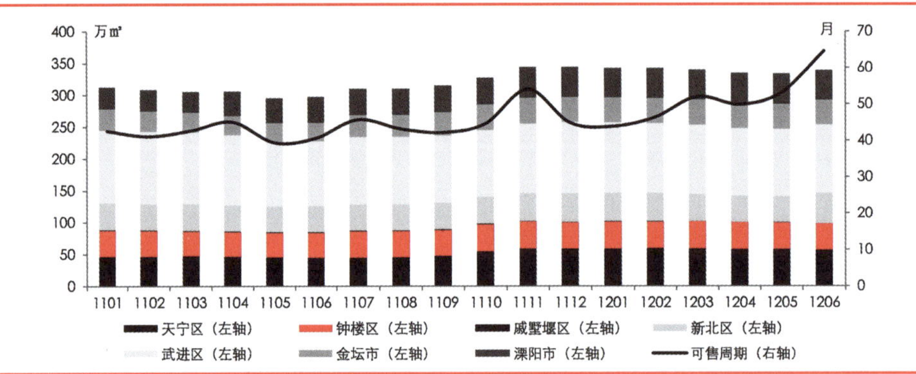

数据来源：常州市房地产信息网、常州中原市场研究部

■ 区域供应均衡 常州多中心商业网点日益形成

从分区域供应来看，中心城区（天宁区、钟楼区、戚墅堰区）、近郊（新北区、武进区）以及远郊（金坛市、溧阳市）3 大区域平分秋色，2011 年 1 月—2012 年 6 月供应量均在 45~50 万 m^2 之间。其中位于常州市中心的天宁区、武进区和溧阳市商业物业推量均占 20% 左右，供应面积分别达到 31.75 万 m^2、30.26 万 m^2 以及 28.60 万 m^2。

常州城市的纵向发展，使得常州商圈从传统的南大街商圈逐渐向外扩展，目前已形成“一主两副”的商业格局（“一主”：包括延陵路、南北大街、和平路、晋陵路等商业街；“二副”：2 个市级副中心为武进区湖塘组团花园街两侧和新北区市行政中心周边商业街）。

图 12-12 常州市商业网点规划图

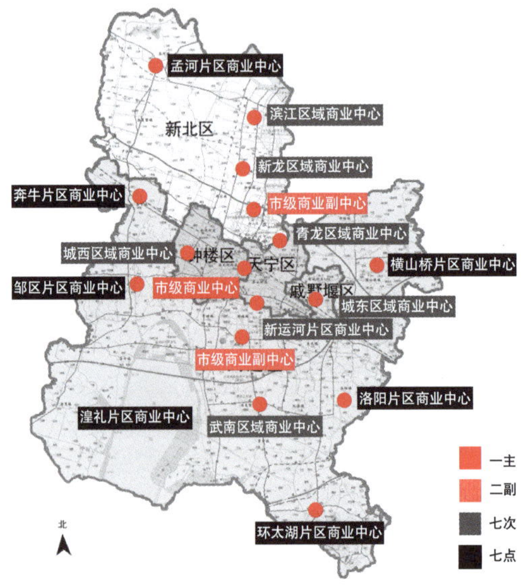

资料来源：常州市规划网

■ 近郊成交比重大 常州商业市场价格走低

随着“两副”商圈规划的逐步落实，周边配套设施不断完善，近郊商业受到追捧，但也在无形中瓜分了市中心的商业市场。中心城区商业因地段好、价格高，消费者开始望而却步。2011 年 1 月—2012 年 6 月近郊商业物业以 35% 的供应竞得 46% 的成交份额，武进区更是成交 40 万 m^2 遥遥领先。在此影响下，商业市场成交均价呈现下滑趋势。2012 年上半年成交均价为 10867 元 /m^2，同比、环比分别下跌 17.60% 和 3.01%。

图 12-13 常州市商业分区域供销结构图（2011—2012 年上半年）

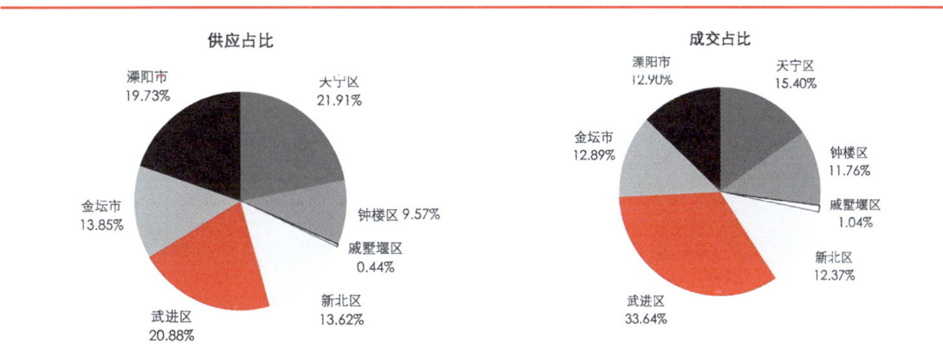

数据来源：常州市房地产信息网、常州中原市场研究部

12.5.3 常州商业市场边缘化发展 机遇与挑战并存

从土地市场来看，商业用地的供应量呈直线上升趋势，供应区域由近郊中心区逐步向近郊边缘发展。随着城市的进一步开发和更多开发商的投入，近期常州商业网点将增设“七次”（城西、城东、新龙、武南、新港五大组团及新运河地区、青龙居住区等 7 个次中心）。商圈的不断外延，新商圈的不断形成，商业的多中心发展趋势愈加明显。

但是一个新商圈的崛起，势必会或多或少的影响到原有的商圈，客户群将被分流。从新建成的“两副”商圈运营来看，多个商业广场人流稀少，目前常州的消费人群还不足以支撑过多过快的商业网点发展。多中心商业网点的形成，给常州商业市场带来的既是机遇也有挑战。

楼事 Story

長三角

长三角

上海滨江豪宅战风起云涌

当年地王今日景象 地王是否一去不复还

上海创意地产发展

杭州副城舍价换量 地铁利好后市乐观

滨江房产逆市操盘策略初探

2011 绿城房产危机

南京青奥会带来的地产价值增长

楼市调控对南京高档房的影响

常州热销楼盘分析

常州恐龙园板块浅析

第 13 章 上海滨江豪宅战 风起云涌

上海中原地产研究咨询部　吴依

滨江板块作为市中心最稀缺的城市景观资源，随着城市版图的扩大，未来将变得更为稀缺，当然也势必进入真正的产品力时代，优胜劣汰后，形成一个理性的市场。而面对持续紧缚的调控政策，上海滨江高端市场成交急速萎缩，但从 2012 年伊始，受少数高端项目价格松动影响，一直以稀缺性为傲的滨江豪宅“抗跌性”亦日渐不稳，或明或暗，以促销为目的，大尺度价格调整暗潮急涌。“伪豪宅”与“真豪宅”之战在 2012 年的滨江领域纠缠激烈，地段论、景观论等高端楼盘的评定标准也开始被越来越多的滨江高端买家重新审视。

13.1 促销态势局部蔓延 上海滨江产品价格“沦陷”

13.1.1 豪宅市场“量升价跌” 上海滨江板块逆势飘红

从调控算来，豪宅项目价格僵持已近一年，远远超过普通住宅项目半年左右的僵持期，企业资金紧张再也无法回避。正是在这样的背景下，在 2012 年的豪宅 [1] 市场中，高端楼盘陆续步刚需的后尘，出现大范围的楼盘促销情况，价格跳水现象增多，由此带来的交易数量可观，库存迅速消耗，这也引发了个别高端房企在这一热潮下推新，但新增总量远不及前两年水平。而在 3 月份普宅成交回暖之际，豪宅市场已然“按捺不住”，交易量在 3 月对应加速回升后，“价格战”继续演绎，房企主动调整市场策略的行为趋多，更多的高端楼盘加入到“以价换量”的行列，降价版图不断扩散；4 月交易小幅回落；5 月、6 月新增供应突破峰值，交易流量止跌回升，回暖走势明显。

豪宅各板块中最为突出的当属滨江板块，其在 2012 年的交易走势与整个豪宅市场相比，似乎更具有可看性。具体来看，2012 年上半年滨江板块高端市场累计成交套数 480 套，与 2011 年同期相比上涨 185.71%，而整个豪宅市场交易涨幅仅为 72.85%。分月来看，在 2012 年 1—2 月滨江豪宅同样遭遇交易困境，进入 3 月，众多产品进入降价行列，滨江楼盘也不例外，因此 3、4 月的交易流量迅速回暖；而 5、6 月在新增供应的带动下，交易基本延续 4 月水平。从长远来看，随着一批降价房源的去化，新增供应将逐渐增多，如果价格配合到位，下半年滨江高端市场将平稳有序。

图 13-1 上海市滨江板块一手豪宅市场月度成交套数走势图（2011 年 1 月—2012 年 6 月）

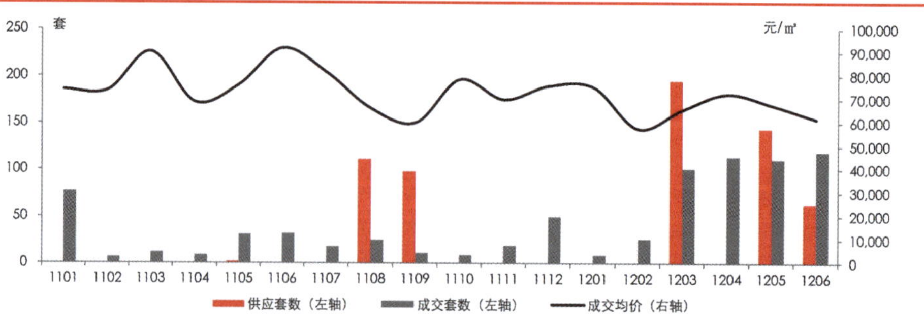

数据来源：上海中原研究咨询部

1. 此篇文章豪宅市场数据由上海中原研究咨询部统一豪宅数据库提供

13.1.2 滨江个案交易突显 降价促销竞争上位

从 2012 年 3 月起，开发商在资金链紧张的压力下新鸿基、绿地、恒盛、华丽家族等一系列房地产龙头企业纷纷加入降价潮，滨江豪宅大战一触即发，放下身段，找准定位，才是当下明智之举。从典型成交个案来看，卢湾滨江的“汇景天地”，销售处坚称均价 7.5 万元 /m^2，最低 85 折，但从成交数据上却显示近期项目其中几套房源单价跌至 3 万元 /m^2，成为并将豪宅首例价格见底产品。而徐汇滨江两大豪宅出现“肉搏战”，在 4、5 月均有良好表现的“海珀府邸”、“尚海湾豪庭”正上演着暗暗较劲的戏码，“海珀府邸”在 8 折销售仍不理想的情况下，3 月加大折扣至 75 折，由此换来了交易冠军的宝座；“尚海湾豪庭”在 4 月上旬一次性推出了 30 余套特价房，最低单价 3.8 万元 /m^2，但此批房源位置不佳，因此产品内部价格差距仍较大，但在“海珀府邸”的逼迫下，该案属于“无奈”之举。此外，浦东滨江的“滨江凯旋门”同样低价入市，“世茂滨江花园”、“白金湾府邸”官方虽没有明折明降，但实际交易价格跌幅迅猛。

上海市滨江板块降价楼盘汇总（2012 年上半年）　　表 13-1

区域 / 板块	楼盘名称	成交套数（套）	成交均价（元 /m^2）	当前折扣
卢湾 / 打浦桥	华丽家族汇景天地	24	39824	官方：85 折；实际：最低 6 折
黄浦 / 滨江	华润外滩九里	12	98297	官方：无；实际：最低 7 折
	绿城黄浦湾	8	90541	官方：无；实际：最低 7 折
徐汇 / 龙华	海珀府邸	196	63325	官方：75 折
	尚海湾豪庭	126	52503	官方：无；实际：最低 5 折（特价房）
浦东 / 陆家嘴	凯旋滨江园	38	115740	官方：低价入市；实际：75 折
	世茂滨江花园	61	73370	官方：无；实际：最低 6 折
虹口 / 北外滩	白金湾府邸	11	89985	官方：无；实际：最低 75 折

数据来源：上海中原研究咨询部

13.2 浦江两岸豪宅云集 产品力比拼势在必行

“外滩”作为上海的标志，也是一种理想生活方式的符号象征，且正在被放大，当 1350m 水岸线总长成为回忆，取而代之的是东外滩、北外滩、南外滩、卢湾滨江、徐汇滨江等新兴的城市地标概念。

随着滨江板块开发的逐渐升温，市中心滨江住宅在可供开发土地资源稀缺和供需矛盾加剧双重趋势下显得格外珍贵。一些在 2007 年、2008 年规划卖 3 万元 /m^2 至 4 万元 /m^2 的滨江住宅，去年每平方米单价一度飙升至 10 万元 /m^2 以上，品质跟不上价值的现象在如今楼市调整中暴露出来。但截至目前，黄浦江两岸已汇集了恒盛地产、鹏欣地产、华润、绿城、新鸿基等房地产巨头，各路豪宅逐鹿滨江，势必进入一场空前的产品力之战。

图 13-2 上海市滨江板块分布图

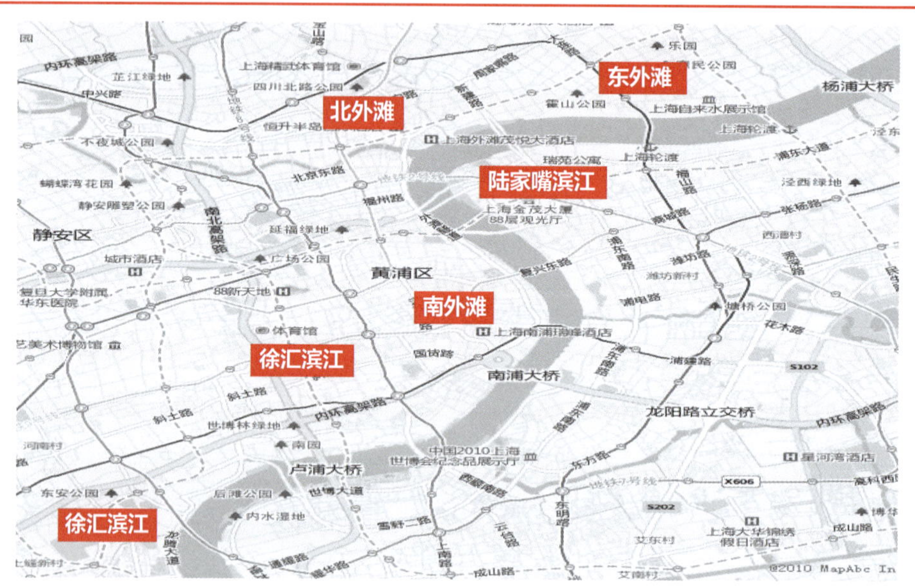

数据来源：上海中原研究咨询部

13.2.1 地段论——南外滩首当其冲

目前南外滩在作为上海金融中心的同时，其地标建筑也颇具特色，根据规划，外滩金融聚集带基本已不会再有大规模可供开发的住宅用地，因此，在外界眼中，目前尚有在售住宅项目的南外滩，不仅是外滩金融聚集带最后的一块豪宅处女地，更是其唯一的豪宅配套区。而由此产生的板块价值提升也无法避免。在让板块内高端住宅占有得天独厚的地理优势的同时，也使得这些高端住宅群之间的竞争更为激烈，南外滩板块“双雄争霸”硝烟四起，品牌豪宅“华润外滩九里”、“绿城黄浦湾”对决。

从外部风格上来看，“绿城黄浦湾”和“华润外滩九里”各有亮点。“外滩九里”延续了外滩万国建筑群的特点，然而外滩沿途的建筑风格与外滩气质一脉相承，唯独缺少了点豪宅应有的独特个性，不免让人审美疲劳；而“绿城黄浦湾”则眼前一亮，全玻璃金字塔般的建筑在滨江一带的豪宅建筑风格上更有创新的前瞻眼光；不过在景观方面，确是“外滩九里”更胜一筹，“临江第一栋”江景御座，拥有整条浦西滨江岸线唯一直面黄浦江的视野景观。即便是坐北朝南的北外滩白金湾腹地，景观的开阔度也无法比拟；从价格来看，两例楼盘的对外报价都高达 15~16 万元 /m^2，但是今年以来的成交价均在 9 万元 /m^2 徘徊。

图 13-3 上海市“华润外滩九里”项目外观图及景观图

数据来源：上海中原研究咨询部

13.2.2 景观篇——360° 饱览浦江美景

说到滨江豪宅，“汤臣一品”首屈一指，楼盘在推出的当年，其价格令人发指。在饱受争议的浪尖，产品曾有望揽下“中国最贵豪宅”的头衔，在一线滨江独领风骚，成为“后起之秀”不断赶超的标杆。就景观而言，“汤臣一品”给我们带来第一眼的震撼，全通透落地玻璃窗设计，再加上大尺度观景阳台，可以全角度享受外滩及黄浦江美景，其景观的开阔度与穿透度无人能及，使得站在边上的“世茂滨江花园”就略显的小家碧玉了一些。

目前陆家嘴滨江聚集了老、中、青三代滨江豪宅，以“滨江凯旋门”为代表的新兴派无论在产品还是定价上都有赶超“汤臣一品”的趋势。且在江景方面，楼盘距离黄浦江直线距离仅在百米之内，“S”型湾造就了项目饱览一线滨江河世博会双重景观，视野更加开阔，这是显著区别于目前滨江两岸在售滨江住宅的一大优势。

图 13-4 上海市“汤臣一品”景观图及位置图

数据来源：上海中原研究咨询部

13.2.3 上海潜力板块——豪宅蜕变进行时

受到后世博效应的影响，徐汇滨江是上海滨江板块的后起之秀，板块内两大豪宅产品——恒盛尚海湾、绿地海铂旭辉近期恰到好处的降价，将这个新兴的豪宅居住板块炒得更加火热了。如今的徐汇滨江，棚户区、市井之气早已绝迹。世博会的举办使其基础建设水平整整提前发展 10 年，各大品牌开发商都在有限的住宅用地上发展大量的城市商业，因此无论是从稀缺性、发展前景、投资价值等来看，都显出巨大的后劲。目前徐汇滨江的开发仍然处于起步阶段，投资前景比较乐观，这是与其他滨江板块最大的不同，也正是其最大的价值所在。

从 6 年前的“中海瀛台”到“百汇园”，再到如今的“恒盛尚海湾”、“绿地海铂旭辉”，徐汇滨江豪宅的演变脉络可谓相当清晰。经过多次蜕变，已渐露极致豪宅的雏形。从最早提出“滨江”概念的“中海瀛台”，到豪宅意识逐渐显著的“百汇园”，再到“尚海湾”，项目比邻龙腾大桥，南区楼王距离浦江不足百米，北区江景资源则更为优越，基本是户户临江；但“海铂旭辉”却差强人意，虽然在产品细节方面考虑的较为周全，但浦江江景已无可观性。

图 13-5 上海市“尚海湾”项目外观图及景观图

“尚海湾豪庭”外观图	“尚海湾豪庭”景观图

数据来源：上海中原研究咨询部

13.3 滨江豪宅“真伪”论

13.3.1 城市豪宅价值标准

真正的豪宅如同奢侈品，应该隐而不显，且无论是在资源、景观、区域、建筑等方方面面体现其独有的“气质”。究其标准，最主要的两方面在于：其一，地段是豪宅之所以能称之为豪宅的最核心价值支撑，因为好地段，要么位居城市的繁华核心，要么占据稀缺的景观资源，其不可复制的稀缺性价值，不仅能够为豪宅提供高品质的生活基础，也为豪宅奠定了十分广阔的升值前景；其二，建筑品质也许不是高端住宅物业的最大特色，但肯定是最坚实的基础。真正的豪宅物业将更注重建筑的表现力和各种细节，且对城市来讲，城市需要标志性建筑就犹如道路需要指示牌一样，一座出色的标志性建筑不但能鲜明地说明和表现出区域特点，更能够为区域增加一抹亮色。

显而易见，豪宅标准不仅仅只停留在以上提及的两方面，但这两方面恰恰是最为关键的因素。在这个城市优质资源越来越缺乏的社会，地段、景观、建筑品质就会显得尤为重要。可悲的是，在如今的房地产市场中，似乎价格才是豪宅产品界定的标准，但“限购”重创，高端置业者的购房资格成为首要条件，在此影响下，对产品的选择也会变得更为谨慎，都希望选择到物有所值的产品，但现实往往并非如此，豪宅定义因此被重新剖析。

13.3.2 “滨江梦”难抵“性价比”

沿着上海唯一的黄浦江流域，以码头转型航运中心的北外滩、拥有浓厚历史文化底蕴的南外滩、百废待兴的卢湾滨江、华丽转身的徐汇滨江、繁花似锦的陆家嘴滨江，浦江两岸荟萃了上海城市景观的精华，也聚集了上海诸多高尚居住区。“滨江”一词，成为一种身份和荣耀的表征，可谓是最早一批的豪宅群，更成为房产增值潜力的保障。但目前市场中标榜着“滨江”的楼盘不在少数，但从地段、景观等滨江豪宅要素来看，无一达到此标准，由此“伪滨江”产生，其价格也普遍较高。

而楼市调控政策突击，高端市场陷入停滞，降价潮犹如多米诺骨牌效应一般在一线滨江延续，但尽管如此，仍不影响其在购房者眼中的特殊地位，居于滨江是很多人追求的居住梦想。而在限购的当下，豪宅置业者更需要“一步到位”，而无论是占据稀缺地段，还是拥有品质物业，豪宅最终讲求的同样是性价比。

价格是豪宅界定的“敲门砖”，而这一点恰恰是高端置业者购房的最后指标，他们需要的是“真正的豪宅”，集地段、景观、潜力等多方面因素为一体的豪宅。在滨江豪宅中，价格之高毋庸置疑，但能集多重优点与一身的并不在多数，有了地段，没有景观；有了景观，开阔度不同，“伪豪宅”比比皆是，更别说那些连“滨江”概念都仍未达到的豪宅群了。

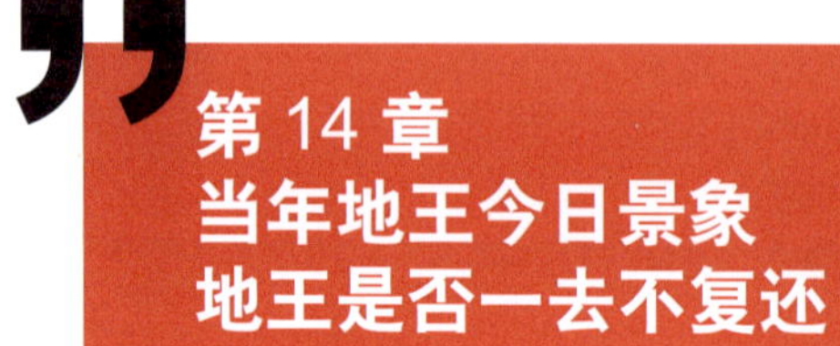

第 14 章 当年地王今日景象 地王是否一去不复还

上海中原地产研究咨询部　龚敏

2008 年经济危机阴霾刚过，上海楼市开始逐步复苏，2009—2010 年间土地市场地王辈出，一派“野火烧不尽，春风吹又升”的景象。根据土地闲置处置办法规定，这些地王在 2 年后不得不面临上市，否则即要被收回。然而自 2011 年开始的限购政策执行至今，交易惨淡，这些地王表现如何？未来地王现象是阶段性终结还是会卷土重来？本文选取 2006—2012 年上半年以来居住、商办及综合性质 3 类用地总价、单价、溢价最高的共 63 幅地块进行分析。

14.1 昔日风光的上海地王

从字面来看“地王”是指在商品房用地拍卖中以极高价被拍得的建筑用地，由于房市一直居高不下，因此地价随房价只涨不跌，地价记录经常被刷新，这些创纪录的高价地便被称为“地王”。

比较发现，2009—2010 年上海楼市交易的持续回暖极大鼓励了房企的拿地热情，在土地市场演绎了一波前所未有的超级行情。总价地王、单价地王、区域地王层出不穷，地价不断被刷新，溢价率连破纪录。两年间，上海诞生了单宗价格均超过 70 亿元的 4 大超级地王，其中 2010 年成交的外滩国际金融服务 (8-1) 商办地块总价更是近百亿，达 92.2 亿。地王溢价在 2009—2010 年 2 年间也刷新至 200% 以上，其中 2009 年 3 幅地块溢价超过 400%，2010 年 3 幅地块超过 300%。

图 14-1 上海市地王项目溢价（2006—2012 年上半年）

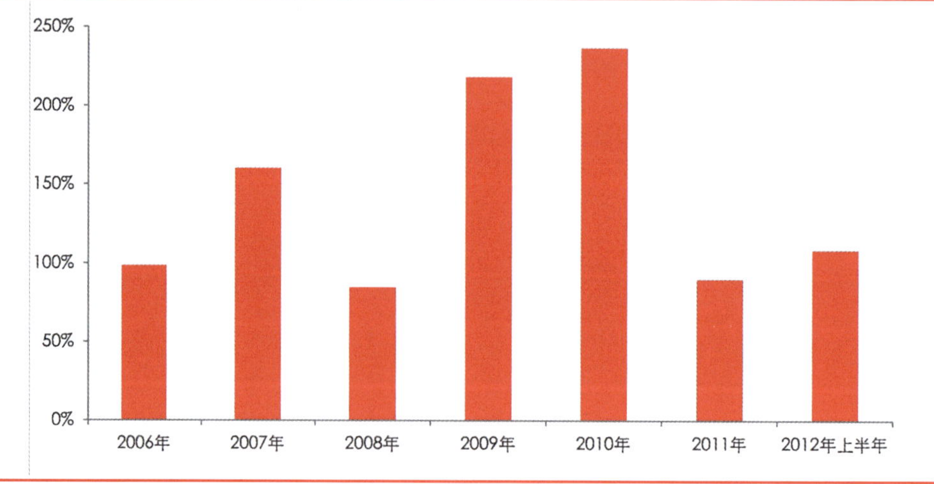

数据来源：上海中原研究咨询部

2006—2012 年上半年间，从中标企业性质来看，近 5 成为民营企业，央企和国企性质的占到 37%，具有外资背景的企业也占到 10%，而港资仅占到 4%。具体来看，居住地王，5.5 成以上分别于郊区；其次是次中心区域，占到近 4 成；中心区域最少，只有 1 幅。民企对居住地块较热衷，近 5 成中标的企业为民企；其次是央企和国企各占到 17.7%；外资和港资共占到 17.7 %。商办地王，位于次中心区域比重最高，达到 4 成，而郊区和中心区各占到 3 成。民企在商办地王中的比重为 45%，国企占到近 30%，而外资、央企共占到 25%。综合用地，郊区和次中心区比重分别为 64.3%、35.7%。民企对综合用地兴趣不亚于居住地块，中标比重达到 5 成，其次是国企，占到 35.7%，央企和港资共占到 14.2%。

图 14-2 上海市地王项目区域分布（2006—2012 年上半年）

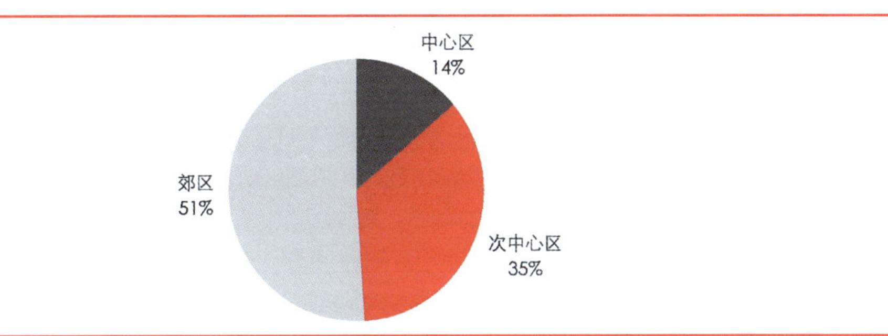

数据来源：上海中原研究咨询部

图 14-3 上海市地王项目中标单位性质（2006—2012 年上半年）

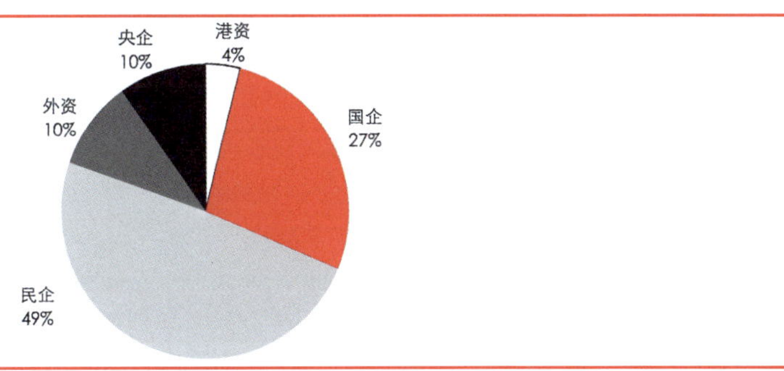

数据来源：上海中原研究咨询部

14.2 上海地王项目进展迟缓

2006—2011 年出让土地中，近 5 成项目在建，在售和土地阶段的各占到 2 成，已竣工的占到 1 成。其中居住用地大部分在建或在售，但仍有 2 幅土地仍处土地阶段；商办用地中处于土地和在建的比重较大，分别占到 3 成和 4 成；综合用地大部分项目在建，25% 项目在售，处于土地阶段的地块最少。

然而，处于土地阶段的项目有 6 成以上为商办项目，共 5 幅、居住项目为 2 幅、综合项目为 1 幅。其中典型案例有：2010 年出让的浦东新区川新市镇 B03-13A 商业地块，位于黄浦区外滩国际金融服务 (8-1) 商办地块等。2010 年浦东新区黄浦江沿岸 E18(9-3) 居住地块。大部分处于土地阶段的地王项目主要是因为前期拿地成本太高，距离闲置土地收回尚有时间，或是地块设计规划迟迟未批复而延迟开发，或是地块面临转让而未开发。如 2010 年证大以 92 亿元取得的黄浦区外滩国际金融服务 (8-1) 地块因房企无资金开发而频繁转让，导致土地开发搁浅。

上海市各类型地王项目进展（2006—2011 年） 表 14-1

	土地	在建	在售	竣工	退地
居住用地	2	6	5	0	0
商办用地	5	7	0	3	1
综合用地	1	7	3	1	0

数据来源：上海中原研究咨询部

图 14-4 上海地王项目进展（2006—2011 年）

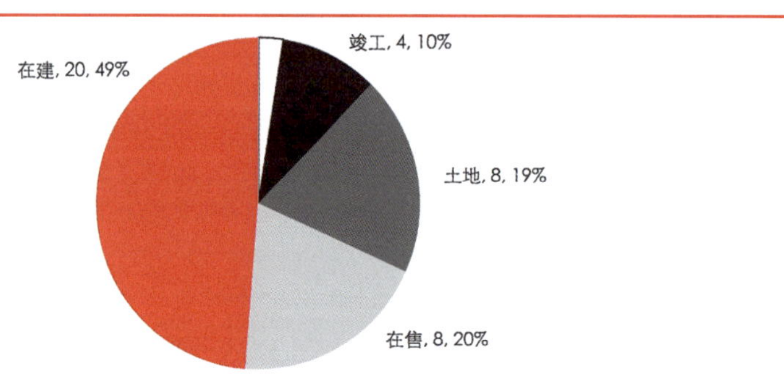

数据来源：上海中原研究咨询部

在售的地王项目总共有 8 个。已开发并在售的地王项目以居住用地为主，2006—2009 年的部分居住地王陆续开盘，其次是商住综合项目，商办地王进展缓慢，至今未有 1 幅销售。地王项目往往是区域标杆，大部分项目在产品规划上尽可能地突出与众不同品质，如“龙湖滟澜山艺墅”是上海不多见的坡地别墅，浪漫园林景观，全冠移植技术，绿化率 50% 以上；而“中海紫御豪庭”作为长风生态商务区首个纯住宅项目、打造稀缺性别墅和高品质精装大平层。尽管如此由于这两个项目拿地成本过高，地价所占房价比重达到 5 成，盈利情况并不理想。相对来说，2006 年和 2008 年取得的地王项目具有较大盈利空间，宝山区的“保利叶城”和嘉定区的“保利海上五月花”地价所占比重仅为 10%~17%，早期拿地的位于杨浦区新江湾城部分地王获利空间也很大。

上海市在售地王项目

表 14-2

区域	地块名称	性质	建筑面积（万 m^2）	楼面地价（元 /m^2）	在售楼盘	最早开盘时间	均价（元 /m^2）	地价比重	备注
普陀	长风 6B（B6）、7C	居住	31.26	22411	中海紫御豪庭	2012-05	38429	58%	2009 年总价地王
宝山	顾村镇陈富路	居住	41.11	3163	保利叶城	2010-12	19085	17%	2008 年总价地王
青浦	赵巷镇特色居住区 8 号	居住	14.45	10673	龙湖滟澜山艺墅	2008-10	21603	49%	2007 年总价 / 溢价地王
杨浦	新江湾城 C2	居住	23.08	6677	华润置地橡树湾城	2008-06	35311	19%	2006 年单价总价地王
杨浦	新江湾城 C6	居住	11.45	32489	中建大公馆	2011-11	69246	47%	2009 年单价地王
杨浦	新江湾城 D3	居住	6.50	20000	仁恒怡庭	2010-10	54408	37%	2007 年单价地王
嘉定	菊园新区 B12	商住	40.55	1520	保利海上五月花	2007-11	14644	10%	2006 年总价 / 溢价地王
崇明	陈家镇滨江生社区 2 号	商住	15.01	1366	滨江生社区 2 号 A	2011-03	36250	4%	2008 年高溢价
崇明	港西镇 1 街坊 133/2	商住办	10.72	2695	昱墅	2010-04	23304	12%	2007 年高溢价

数据来源：上海中原研究咨询部

14.3 上海市典型地王项目

以下选取 2011—2012 年上半年开盘的或待开发的典型地王项目，试图分析近 2 年来地王项目产品开发和盈利空间，及其发展前景。

■ 案例 1：“中海紫御豪庭”贴近成本开盘

2009 年 9 月 10 日，中海地产以 70.06 亿元击败绿城、保利、仁恒等多家实力房企，拿下普陀区长风 6B、7C 地块，溢价率达到 129%，楼板价为 22411 元 /m^2，该地块成为当时的上海总价地王。该盘于 2012 年 5 月 27 日首次开盘推出 156 套 240~300m^2 精装修大平层房源，并推出多项优惠措施。包括在一定期限内认筹的客户可享 50 万元意向金抵扣 130~150 万元房款；规定时间内一次性付款客户可再享 9.6 折优惠，规定时间内到款的贷款客户可再享 9.8 折优惠。算上所有优惠，最低一套房源实际折扣可达 8.8 折。折后最低单价 3.4 万元，最高 4.8 万元。“中海紫御豪庭”地价就达 22411 元 /m^2，装修成本 5000 元 /m^2，建筑安置成本 3500~4000 元 /m^2，各项税费合计占 12%~14%，粗略估算成本至少在 36000 元 /m^2 上下。所以这个售价引起客户高度关注，开盘当天下午，售楼处销控表显示，156 套房源已售出 61 套，一天内销售金额达 12 亿。

上海“中海紫御豪庭”项目销售情况 表 14-3

日期	销售均价（元 /m^2）	销售面积（万 m^2）	销售套数（套）
2012 年 5 月	38981	0.12	4
2012 年 6 月	38135	5.38	199
2012 年 7 月	39163	2.07	77
合计	38429	7.57	280

备注：2012 年 5 月首次开盘，共推出 533 套，14.18 万 m^2，截止 2012 年 7 月销售率 53%
数据来源：上海中原研究咨询部

图 14-5 上海市“中海紫御豪庭”项目位置示意图

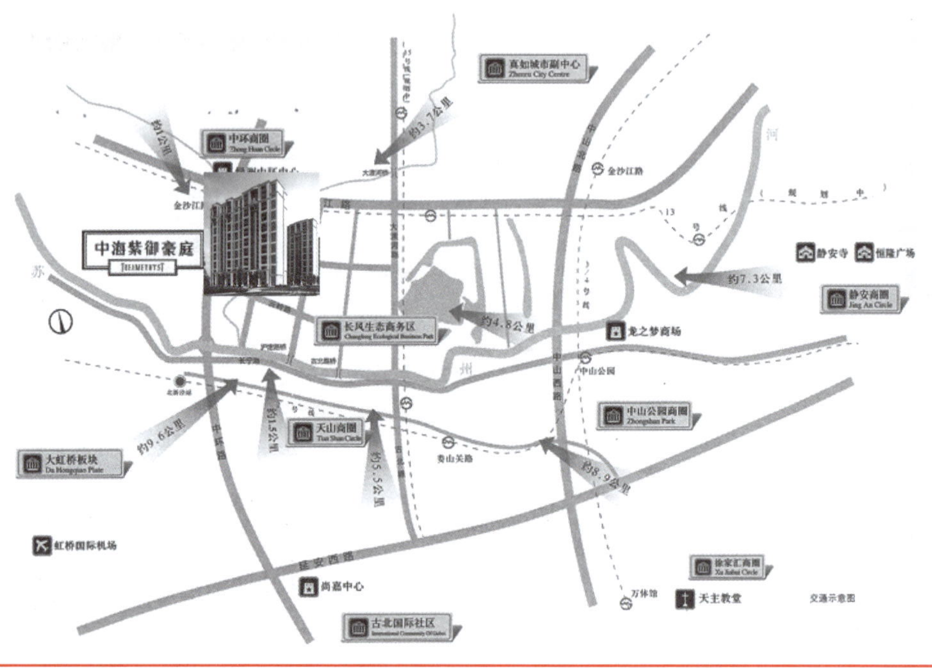

■ 案例 2：“中建大公馆”看似亏本实则不然

2009 年 12 月，新江湾城 C6 地块由中建地产以 37.2 亿元拍得，当时溢价率达 116.6%，楼面地价为 32484 元 /m^2。

项目坐落中环位于新江湾城中央区域，是新江湾城内唯一，上海稀有的低密度纯别墅社区，容积率仅 1.0，占地面积约 12 万 m^2。建筑类型有独栋、类独栋、叠加别墅。叠加别墅 230~260m^2，销售价格 3.7~4.5 万元 /m^2；类独栋 290~350m^2，均价 8 万元 /m^2；独栋别墅均价 12 万元 /m^2 以上。由于不同产品价格差异明显，项目平均销售单价 69246 元 /m^2，地价占房价占比不到 5 成，通过建造不同档次产品，拉高部分产品售价从而分摊成本可降低高地价开发风险，如项目独栋别墅虽然仅售出 7 套，但总价就达 3.75 亿元，而叠加别墅售出 23 套，但总价为 2.05 亿元。

图 14-6 上海市“中建大公馆”项目位置示意图

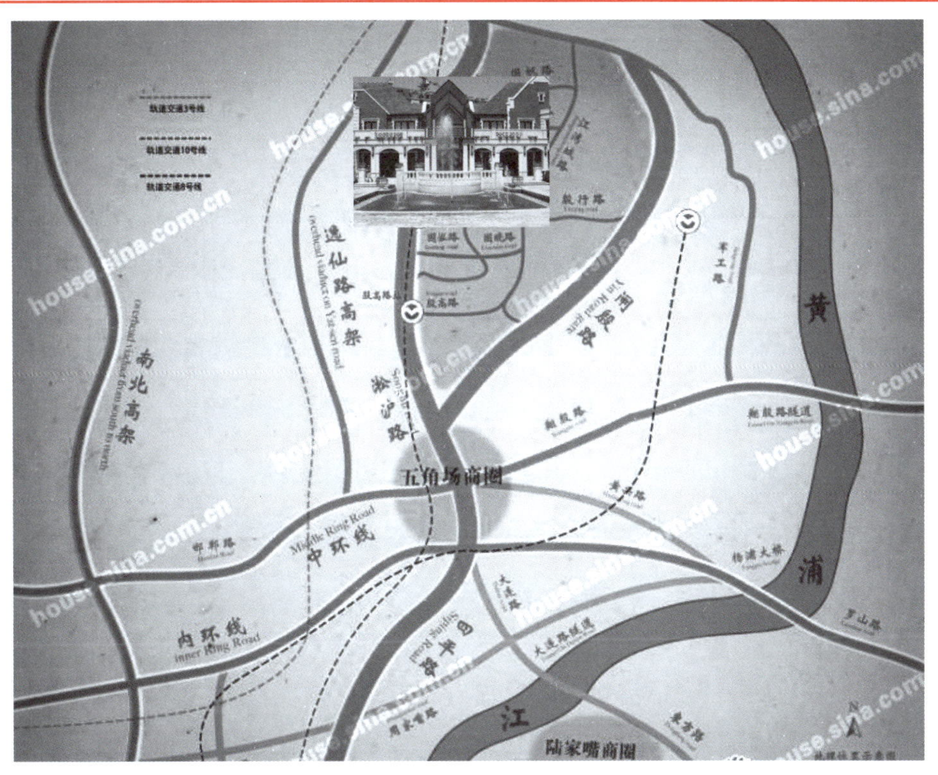

上海“中建大公馆”项目销售情况　　表 14-4

日期	公寓			独立别墅			联体别墅		
	销售均价（元 /m²）	销售面积（m²）	销售套数（套）	销售均价（元 /m²）	销售面积（m²）	销售套数（套）	销售均价（元 /m²）	销售面积（m²）	销售套数（套）
2011 年 11 月	—	—	—	121899	1705	4	—	—	—
2011 年 12 月	—	—	—	128553	1293	3	—	—	—
2012 年 04 月	36752	466	2	—	—	—	—	—	—
2012 年 05 月	37606	250	1	—	—	—	—	—	—
2012 年 06 月	40028	3388	14	—	—	—	58494	927	3
2012 年 07 月	40285	1189	6	—	—	—	—	—	—
合计	38668	5293	23	125226	2998	7	58494	927	3

备注：2011 年 11 月开盘，共推出 153 套，4.5 万 m^2，截止到 2012 年 7 月销售率为 21%

单位：元 /m^2，m^2，套

数据来源：上海中原研究咨询部

■ 案例 3：外滩国际金融服务 (8-1) 地块 豪放拿地后悄然易主

该地块位于上海国际金融中心建设核心承载区域“一城一带”的核心位置，也是浦江两岸开发的重点区域，地块北邻老外滩 CBD，西接传统豫园商业区，是上海市内为数不多的商办地块中景观最好、面积最大、规划条件最好的地块。

2010 年 2 月 1 日，上海证大置业有限公司以 92.2 亿元拍得外滩国际金融服务中心 (8-1) 地块，创造了当时的全国总价地王。

期间，由于证大集团缴付能力不足，引入其余 3 家投资者。2010 年 5 月 13 日 , 外滩地块 50% 的土地款缴付 , 上海证大、复地集团、杭州绿城置业及上海磐石投资分别支付 10 亿元、25.72 亿元、8.58 亿元及 1.873 亿元 , 共计逾 46 亿元。

然而，2011 年 3 月 10 日，证大集团为求得融资以付清余款，来避免地块被政府收回，让渡了部分地王项目股权，外滩地王开发的主导权已纳入复星集团名下。最终，外滩地王悄易其主。

图 14-7 上海市外滩国际金融服务 (8-1) 地块

结论：

第一，地王项目大多不按时开工和销售，他们或因政府原因延迟开发，如新江湾城 F 地块拿地后因世博期间停止一切大型工程开工和受到轨道交通建设规划调整影响而推迟。地王项目几乎都会因政策调控及市场低迷影响而推迟开盘时间，如“中海紫御豪庭”在拿地后 2 年半才开盘。

第二，在售地王项目，地价占房价比重 4%~58%，2007 年和 2009 年地王资金压力较大，2009 年结束了一波成交热潮后进入楼市淡季，房价上升乏力，2011 年下半年至 2012 年上半年间房价还出现下跌现象，这段时期开盘项目资金成本偏紧，部分个案甚至出现贴近成本甩卖的尴尬景象。

第三，相对居住用地，商办地王专业要求高，开发难度更大。位于市中心区域或是总价高，或是受制于整体规划所限，缺乏雄厚资金实力或专业能力不强的中标者即便拍下也无力开发；位于郊区商办地王也面临区域欠成熟而开发动力不足。

14.4 地王的思考

14.4.1 地王易催生房地产泡沫

地王是房地产价格走势的信号，地王效应催生房地产泡沫，加剧民众对通胀的预期。地王记录不断刷新，使得开发商对未来房价上涨充满信心，涨价、捂盘、惜售紧跟其后，周边的房价也随之飙升。每一个地王的诞生，必定兴起楼市又一轮涨价之风暴。地王伴随的是民众对购房的饥渴心理；害怕房价继续上扬而产生恐惧心理；对房地产调控产生失望心理；对未来产生悲观心理，不利于房地产长期、健康发展。杨浦区新江湾城曾经诞生多幅地王，从而引发后续土地追涨，周边房价飙升，近几年调控持续深入，房价面临调整，地王项目风险凸显。

14.4.2 优质地块仍会诞生新地王

伴随新闲置土地处置办法的出炉，因开发商自身原因而延缓开工的现象会大有改善，但因政府动迁、规划导致土地积压的现象仍将存在。地块开发时间推迟实际上为企业缓解政策调控或市场不景气的风险预留了更多时间。作为房地产开发企业，拿地仍是头等大事，由于优质地块永远处于供不应求的局面，因此具有雄厚资金实力的企业出于战略布局或是品牌延伸需要依然会高价拿地，不排除优质地块仍会诞生新地王的可能。

14.4.3 市场回归后心态变理性

中央政府表态未来调控将成为长期化和常态化，而调控松紧取决于经济发展等因素，调控压力的不确定性使得开发企业未来拿地心态会变得十分理性。其次，2012 年上半年土地实际出让远远没有达到计划指标，在未来土地供应规模有保证的背景下，房企争抢土地心态会大有改观。再次土地交易规则的转变也会一定程度抑制高溢价产生，由于高溢价就会面临中央约谈，因此政府未来在制定底价时会慎重定价。

上海市总价最高居住用地（2006—2012 年上半年）

表 14-5

区域	地块名称	土地面积（万 m^2）	建筑面积（万 m^2）	中标单位	成交总价（亿元）	楼面地价（元 /m^2）	溢价率（%）	成交时间	状态
崇明	城桥商品房基地 1、2 号	15.53	15.53	同瀛宏明	5.36	3450	0	2012 年	土地
宝山	杨行镇西城区北块	13.77	27.54	远洋	31.34	11378	90	2011 年	在建
浦东	黄浦江沿岸 E18(9-3)	5.44	13.60	九龙仓	48.28	35490	41	2010 年	设计
普陀	长风 6B（B6）、7C	14.21	31.26	中海	70.06	22411	129	2009 年	在售
宝山	顾村镇陈富路	24.18	41.11	保利	13.00	3163	0	2008 年	在售
青浦	赵巷镇特色居住区 8 号	14.45	14.45	龙湖	15.42	10673	295	2007 年	在售
杨浦	新江湾城 C2	14.42	23.08	华润	15.41	6677	29	2006 年	在售

资料来源：上海中原研究咨询部

上海市楼面地价最高居住用地（2006—2012 年上半年）

表 14-6

区域	地块名称	土地面积（万 m^2）	建筑面积（万 m^2）	中标单位	成交总价（亿元）	楼面地价（元 /m^2）	溢价率（%）	成交时间	状态
闵行	浦江镇 120-N	1.08	1.75	浦陈	1.45	8277	0	2012 年	土地
浦东	浦兴社区 19-04	1.72	3.09	景瑞	6.61	21362	47	2011 年	在建
浦东	黄浦江沿岸 E18(9-3)	5.44	13.60	九龙仓	48.28	35490	41	2010 年	设计
杨浦	新江湾城 C6	11.45	11.45	中建	37.20	32489	117	2009 年	在售
长宁	新泾镇 240 街坊	1.36	1.36	百仕达	3.28	24118	17	2008 年	在建
杨浦	新江湾城 D3	5.42	6.50	仁恒	13.01	20000	136	2007 年	在售
杨浦	新江湾城 C2	14.42	23.08	华润	15.41	6677	29	2006 年	在售

资料来源：上海中原研究咨询部

上海市溢价最高居住用地（2006—2012 年上半年）

表 14-7

区域	地块名称	土地面积（万 m^2）	建筑面积（万 m^2）	中标单位	成交总价（亿元）	楼面地价（元 /m^2）	溢价率（%）	成交时间	状态
奉贤	庄行镇 B-08-02 区域	7.03	8.44	佳兆业	4.05	4800	71	2012 年	土地
浦东	临港泥城社区 DE07-P-1	6.30	8.82	英达莱	3.77	4269	206	2011 年	在建
青浦	徐泾镇徐盈路东侧 B4-01	13.69	24.65	仁恒	38.20	15497	431	2010 年	在建
嘉定	嘉定新城中心温泉路东	4.19	7.54	江苏常发	9.10	12076	425	2009 年	在建
浦东	唐镇村 131/6 宗	5.38	8.61	金大元	4.31	5000	73	2008 年	土地
青浦	赵巷镇特色居住区 8 号	14.45	14.45	龙湖	15.42	10673	295	2007 年	在售
青浦	华新新通波塘	8.60	8.60	江苏新城	5.62	6536	359	2006 年	—

资料来源：上海中原研究咨询部

上海市总价最高商办用地（2006—2012 年上半年） 表 14-8

区域	地块名称	土地面积（万 m²）	建筑面积（万 m²）	中标单位	成交总价（亿元）	楼面地价（元 /m²）	溢价率（%）	成交时间	状态
虹口	东大名路 1060 号	0.97	3.86	绿地	8.89	23000	0	2012 年	土地
闵行	虹桥商务区核心区一期 02	9.21	33.72	红星美凯龙等	30.67	9094	—	2011 年	在建
黄浦	外滩国际金融服务 (8-1)	4.55	27.00	证大	92.20	34148	—	2010 年	土地
浦东	黄浦江中心段 E18 单元 1-8	3.70	8.88	保利	30.05	33826	55	2009 年	在建
杨浦	新江湾城 F	26.75	96.29	铁狮门	67.52	7012	0	2008 年	在建
黄浦	163 街坊	1.37	6.58	苏宁	44.04	66927	156	2007 年	退地
虹口	国际客运中心北侧	7.83	25.06	金光纸业等	35.28	14079	—	2006 年	在建

资料来源：上海中原研究咨询部

上海市单价最高商办用地（2006—2012 年上半年） 表 14-9

区域	地块名称	土地面积（万 m²）	建筑面积（万 m²）	中标单位	成交总价（亿元）	楼面地价（元 /m²）	溢价率（%）	成交时间	状态
杨浦	五角场街道 313 街坊	0.21	0.62	石家庄联邦伟业	1.57	25163	1	2012 年	土地
浦东	世博会地区 BB02A-02 号	0.35	1.23	国新控股	2.42	19602	0	2011 年	设计
黄浦	黄浦区 163 街坊	1.37	6.58	新黄浦、新世界	34.10	51824	—	2010 年	在建
浦东	黄浦江中心段 E18-1-10	2.08	5.00	大新华物流，海航	18.24	36481	66	2009 年	土地
徐汇	徐汇区衡山路 12 号	1.08	2.70	至尊	4.87	18032	—	2008 年	竣工
长宁	长宁 100 街坊 16/1 丘	1.88	7.51	SHANGHOLD	14.32	19073	63	2007 年	竣工
虹口	虹口区国际客运中心北侧	7.83	25.06	金光纸业、香港建设	35.29	14079	—	2006 年	在建

资料来源：上海中原研究咨询部

上海市溢价最高商办用地（2006—2012 年上半年） 表 14-10

区域	地块名称	土地面积（万 m²）	建筑面积（万 m²）	中标单位	成交总价（亿元）	楼面地价（元 /m²）	溢价率（%）	成交时间	状态
嘉定	嘉定新城 D10-24（商业）	2.18	1.09	万卓	1.75	16063	435	2012 年	土地
闵行	莘庄商务区北 M02（商业）	0.81	2.50	强劲	3.45	13798	178	2011 年	在建
青浦	华新镇民兴大道北侧（商业）	2.21	3.31	圆通速递	1.15	3477	335	2010 年	竣工
浦东	川沙新市镇 B03 — 13A （商业）	0.15	0.24	浦东房产交易综合	0.50	20625	427	2009 年	土地
嘉定	叶城路北、富蕴路东路口	0.82	2.06	嘉宝	0.88	4280	296	2008 年	土地
崇明	长兴乡 14 街坊 161/2（商业）	0.80	1.21	崇明供销合作总社	0.67	5554	379	2007 年	在建
宝山	淞宝路东侧	3.83	7.66	兴景	3.24	4224	80	2006 年	—

资料来源：上海中原研究咨询部

上海市总价最高综合用地（2006—2012 年上半年） 表 14-11

区域	地块名称	土地面积（万 m^2）	建筑面积（万 m^2）	中标单位	成交总价（亿元）	楼面地价（元 /m^2）	溢价率（%）	成交时间	状态
普陀	真如城市副中心 A1、A2	6.93	20.52	馨堃、星浩	17.00	8284	0	2012 年	土地
嘉定	博园路、米泉南路	9.52	30.93	联创汽配	10.35	3346	11	2011 年	土地
闸北	苏州河北岸东块 1 街坊	3.56	13.30	华侨城	70.20	52782	49	2010 年	在建
徐汇	龙华路 1960 号	9.02	26.61	绿地	72.45	27227	111	2009 年	在建
嘉定	瑞林路以东、环北路以南	21.16	35.98	和黄	11.63	3232	47	2008 年	在建
闸北	芷江西街道 191/189 街坊	4.42	12.16	锦港	14.71	12098	0	2007 年	在建
嘉定	菊园新区 B12	25.35	40.55	保利	6.16	1520	25	2006 年	在售

嘉行公路以东、四环北路以南

上海市单价最高综合用地（2006—2012 年上半年） 表 14-12

区域	地块名称	土地面积（万 m^2）	建筑面积（万 m^2）	中标单位	成交总价（亿元）	楼面地价（元 /m^2）	溢价率（%）	成交时间	状态
普陀	真如城市副中心 A1、A2	6.93	20.52	馨堃、星浩	17.00	8284	0	2012 年	土地
浦东	外高桥新市镇 E03-07	1.32	2.37	外高桥新市镇	3.68	15503	96	2011 年	在建
闸北	苏州河北岸东块 1 街坊	3.56	13.30	华侨城	70.20	52782	49	2010 年	在建
徐汇	龙华路 1960 号	9.02	26.61	绿地	72.45	27227	111	2009 年	在建
嘉定	瑞林路以东、环北路以南	21.16	35.98	和黄	11.63	3232	47	2008 年	在建
闸北	芷江西街道 191/189 街坊	4.42	12.16	锦港	14.71	12098	0	2007 年	在建
徐汇	钦州北路 243 街坊 12/1	1.07	2.30	华利	1.23	5340	0	2006 年	竣工

资料来源：上海中原研究咨询部

上海市溢价最高综合用地（2006—2012 年上半年） 表 14-13

区域	地块名称	土地面积（万 m^2）	建筑面积（万 m^2）	中标单位	成交总价（亿元）	楼面地价（元 /m^2）	溢价率（%）	成交时间	状态
浦东	芦潮港 B0201、B0202-2	4.61	7.37	芦潮港经济	1.44	1953	35	2012 年	土地
浦东	外高桥新市镇 E03-07	1.32	2.37	外高桥新市镇	3.68	15503	96	2011 年	在建
浦东	航头中心镇 A1	17.79	24.91	金地、稳富	22.86	9178	328	2010 年	在建
嘉定	嘉定新城 A15-1 B05-1	6.28	13.82	龙湖、嘉逊	17.29	12510	417	2009 年	在建
崇明	陈家镇滨江生社区 2 号 A	15.01	15.01	东滩湾	2.05	1366	74	2008 年	在售
崇明	港西镇 1 街坊 133/2 宗地	16.50	10.72	天昱通	2.89	2695	94	2007 年	在售
嘉定	菊园新区 B12	25.35	40.55	保利	6.16	1520	25	2006 年	在售

资料来源：上海中原研究咨询部

第 15 章
上海创意地产发展

上海中原研究咨询部　龚飞

创意地产是房地产业与创意产业融合的交叉产业，通过创意、文化元素在地产中的运用，增加项目的文化价值，实现物业价值的提升。创意地产的项目开发分为老建筑改建和新建筑开发 2 种类型，即通过对一些老工厂、旧仓库、老民居进行改造和整修，或者重新打造成商业街、文娱艺术区、创意园区、创意基地、创意社区等类型。

15.1 上海创意地产发展背景

15.1.1 上海创意地产发展概述

当下，经济发展方式转变以及产业结构调整和升级，已成为上海经济工作的重心。创意产业作为先进制造业和现代服务业互相融合的产物，在承接城市产业转型，推动城市核心竞争力具有积极意义。

数据表明，2004-2011 年上海创意产业一直保持高速增长，增加值年均增长率超过 20%，即使是在金融危机期间，创意产业也呈现出逆势增长的反周期态势。根据上海“十二五”规划，将推动创意产业成为战略性支柱产业，力争到 2015 年，文化创意产业增加值增幅快于服务业平均值，占全市生产总值的比重达到 12% 左右。

15.1.2 上海创意地产发展背景

得天独厚的空间资源：上海是我国近代工业的发源地，拥有 4,000 万 m^2 的大量的老工业厂房、老仓库等优秀历史建筑，在产业转移、旧城改造过程中，一些传统制造业逐步转移出中心城区，上海市区内保留了许多老厂房、老仓库、老住宅，这些历史建筑为创意产业提供了得天独厚的空间资源。为此，上海还出台了一系列政策，扶持旧城空间改造与更新。

坚实的产业基础：由于上海是我国近代工业的发源地，制造业门类齐全，基础雄厚，现在又以 2 个“优先”（优先发展先进制造业、优先发展现代服务业）为产业发展方针，大力推进二、三产业联动发展。创意产业作为第三产业中极具增长力的行业，受到政府的大力扶持。而创意产业不同于其他产业，相关企业对办公物业有着更为挑剔的选择标准，常规办公物业难以满足其物业要求，这直接带动创意地产需求增长。

创意人才聚集：上海为国内最为发达的沿海城市，行业发展程度高，对国内优秀人才具有绝对的吸引力，同时上海在对外开放程度也领先全国，是国外文化、人才在中国的汇集地。良好的经济基础与人才基础，为创意产业培养提供了土壤。

创意产业需求：随着家庭收入水平的提升，文化性消费需求也将会随着增大。上海拥有大量的中高消费人群，随着中产阶级的不断增多，此类文化性消费需求的不断扩大，将为文化创意产业的成长提供发展机遇。

填补、承接常规办公需求：随着上海核心商务区办公物业的稀缺性日渐凸显，全市甲级办公物业空置率不断下降至低点，据上海中原研究咨询部门数据显示，2012 年 6 月份全市甲级写字楼空置率为 4.72%，这相比去年同期减少了 4.95 个百分点。相比而言，眼下上海多数创意地产项目多分布于内环内核心区域，交通配套、商业配套毫不逊色于常规写字楼，创意地产突出的地段优势凸显出其价值优势。

同时，甲级写字楼空置率的不断走低也推动了租金水平的攀升，2012 年 6 月份，全市甲级写字楼租金为 9.25 元 /（m^2• 天），同比增幅达到 13.7%。眼下，创意地产多由老建筑改建，物业成本较低，这导致其租金水平也远远低于常规写字楼，对于价格敏感企业具有极强效吸力。

15.1.3 上海创意地产发展阶段

2005 年 4 月，由上海市经委牵头，成立了以上海创意产业中心为平台的创意产业发展服务机构，为“田子坊”等 18 个上海第一批创意产业园区挂牌。2005 年 11 月以及翌年的 5 月、11 月，上海市经委分别为第二批、第三批、第四批创意产业园区挂牌，2010 年底，创意产业园区达到 80 家；2011 年底又有 37 家文化产业园区获得授牌。上海由此形成了“一轴（延安高架主轴）、两河（黄浦江、苏州河）”的文化创意产业分布格局。

15.2 上海创意地产项目分布

上海创意产业园区是都市工业园区建设的伴生与再升级，空间形态上由黄浦江和内环线围合而成的半环状地带和苏州河沿岸地带，向东北、西南地区地带拓展。前者因传统的老工业区，老仓库、老厂房分布集中，伴随传统工业逐步迁出市区，这些旧城建筑为创意产业的发展提供了理想的地理空间；后者是大学集中分布地带，是知识溢出的空间。

图 15-1 上海市创意地产项目分布地图

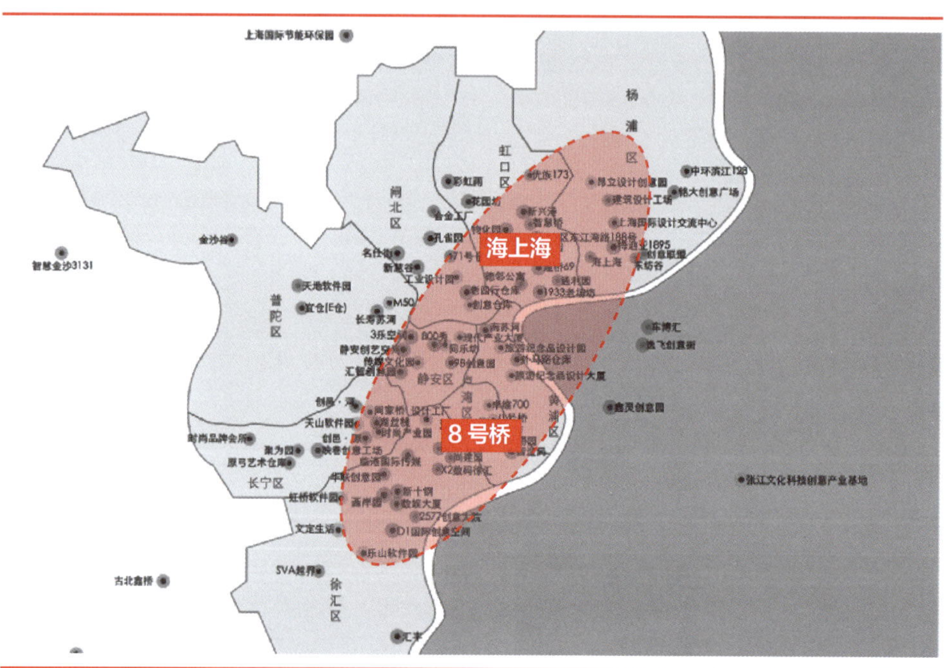

资料来源：上海中原研究咨询部

上海市各区代表性创意地产项目表

表 15-1

区域	代表项目
徐汇区	2577 创意大院、尚街 LOFT、设计工厂、文定生活、西岸创意园、D1 国际创意空间、筑园、数娱大厦、虹桥软件园、汇丰创意园、SVA 越界、乐山软件园、X2 创意空间
长宁区	新十钢（红坊）、时尚产业园、映巷创意工场、湖丝栈、时尚品牌会所、创邑・河、创邑・源、周家桥、天山软件园、华联创意广场、原弓艺术创库、聚为园
虹口区	1933 老场坊、智慧桥、花园坊、建桥 69、绿地阳光园、空间 188、新兴港、彩虹雨、优族 173、通利园、物华园
静安区	静安现代产业大厦、静安创艺空间、传媒文化园、800 秀、汇智创意园、3 乐空间、98 创意园、同乐坊
闸北区	创意仓库、新慧谷、工业设计园、名仕街、合金工厂、老四行仓库、JD 制造、孔雀园
杨浦区	东纺谷、铭大创意广场、海上海、上海国际设计交流中心、昂立设计创意园、创意联盟、建筑设计工场、中环滨江 128
普陀区	M50、天地软件园、创邑・金沙谷、E 仓、景源
卢湾区	田子坊、8 号桥、江南智造、卓维 700
黄浦区	南苏河、旅游纪念品设计园、上海滩
浦东区	张江文创产业基地、鑫灵创意园
宝山区	上海国际节能环保园
闵行区	西郊鑫桥
嘉定区	智慧金沙 3131
松江区	第一视觉创意广场

数据来源：上海中原研究咨询部

15.3 上海创意地产主要开发模式

15.3.1 创意商铺或创意办公就物业改造

通过对旧有厂房、旧街区、旧建筑的改建或加建，打造出具有艺术品质、文化底蕴的商业或办公空间，以租赁的方式提供给从事创意设计的个人或机构，并形成创意产业集群效应。该模式对于历史建筑保留、城市文化延续都具有十分积极的社会意义。上海是中国近代工业发源地，在市中心拥有大量的老厂房，其凭借核心的地段、深厚的文化底蕴，得到开发企业及文化创意企业的认可，这也成为目前上海创意地产的主流开发模式。代表案例有：“8 号桥”、“田子坊”、“2577 创意大院”等。

上海市“8 号桥”项目简介表

表 15-2

项目名称	8 号桥	建筑前身	上海汽车制动器厂
占地面积	7000 多 m^2	建筑面积	1.2 万 m^2
租售形式	出租	物业性质	办公、商铺
客户类型	建筑设计师、会计师、律师、时装设计师、珠宝设计师等创意设计人员。		
入住企业	ALSOP、法国 F-emotion 公关公司、S.O.M、B+H、RED5、WINKING 动漫公司、新加坡 band 公关公司、法国 NACO 建筑设计公司、AEDAS 等。		

数据来源：上海中原研究咨询部

图 15-2 上海市“8 号桥”项目实景图

资料来源：上海中原研究咨询部

案例特点：

“8 号桥”是由上海汽车制动器公司遗留下来的 7 栋旧厂房改建而成，办公物业占到 8 成以上，辅以少量沿街商铺。物业改造及设计过程中，原先那些厚重的砖墙、林立的管道、班驳的地面被保留下来，空间上充满强烈的时代沧桑感。目前“8 号桥”已成为上海最知名的创意产业地标之一，已有境内外近百家著名设计公司和著名品牌落户，成为顶级品牌展示和信息发布的平台。

案例点评：

旧建筑的保留与延伸。在“8 号桥”的改建过程中，对于旧建筑予以最大限度的保留，同时通过加建和改建，使项目的文化底蕴得到充分的挖掘和展现。

开放与沟通的核心价值。项目规划建设中，对于创意文化及创意企业的理解十分深入，充分打造开放性的文化交流空间，通过“桥”的运用加强人、文化之间的沟通性，切合创意型企业办公理念。

创意产业聚集。项目入住企业主要为知名设计创意公司，形成一定的产业集群效应，推动了“8 号桥”创意产业的地标性和品牌性。

15.3.2 创意综合体及创意办公新物业开发

创意地产新物业开发模式是开发商以闲置土地为基础，进行创意办公或创意综合体开发。产品运营模式分产权销售、租赁经营两种方式。相比前者，新物业开发模式的物业形态具有较高的可复制性，建筑设计上也更为灵活。代表案例有上实集团开发的“海上海”、香港瑞安集团的“创智天地”。

上海市“海上海”项目简介 表 15-3

项目名称	海上海	建筑前身	上海工具厂
占地面积	7000 多 m^2	建筑面积	22.91 万 m^2
租售形式	产权销售、出租	物业性质	商铺（1.27 万 m^2）、办公（7.81 万 m^2）、住宅（8.97 万 m^2）
入住商家	必胜客、全能健身、罗兰数学音乐学校、爱婴室、集集小镇、金逸影城、海上传歌等		

数据来源：上海中原研究咨询部

图 15-3 上海市“海上海”项目实景图

资料来源：上海中原研究咨询部

案例特点：

“海上海”是上海市挂牌的第二批创意产业园之一，也是上海第一例全新建物业的创意产业园。项目由创意商业街、创意商居 LOFT 和创意生态居 3 种建筑形态组成。创意商业街为双层独栋商业街，外立面设计以红砖和玻璃幕墙相结合，体现出时尚感与艺术感，商业业态上，不设立购物类主力店，主要由餐饮、娱乐、教育培训等业态，消费对象以写字楼上班族、周边居民为主。文化特征上，设立了海上讲堂、海上剧场、海上展厅 3 大文化设施，使项目在后期运营过程中充分体现项目的文化创意价值。

案例点评：

项目通过强化建筑外立面、园林景观及小品的艺术展现，充分呈现出项目文化创意的价值定位。同时，设置了多个文化场所，举办文化创意活动，吸引产业人群的聚集，延伸项目运营过程中的文化价值观。然而，商业业态较为混乱，目标客群差异较大，较大程度上影响了项目品质，造成创意文化客群的流失。另外，商业的临街展示面较小，动线规划设计缺陷，较大地影响项目人气聚集。

15.4 上海创意地产发展瓶颈

政府推动下，带来开发企业密集涌入创意地产领域，盲目性开发将带来产业泡沫。

不同于伦敦西区戏剧产业、东京练马区动漫产业的自发集聚，上海创意产业园区一定程度上是受政府政策推动而取得快速发展的。近年来，文化产业发展逐步上升为国家战略性地位，截至 2011 年，文化部共命名了 6 家国家级文化产业示范园区、4 家国家级文化产业试验园区和 204 家国家文化产业示范基地。政府通过扶持政策推动创意产业，对产业发展方向起到积极引导作用，最快速带动产业发展，然而大量开发者的密集涌入，也带来了项目开发的盲目化，部分新建创意地产项目开始呈现入住率、租金收益水平不高的现象，局部产业泡沫凸显，这为创意产业的良性发展埋下隐患。

创意园区定位不准确，造成同质化竞争。

创意产业不同于传统商业地产，其消费客群在物业选择、购物消费上挑剔性更高，这需要项目在物业定位、目标客群定位上更为精准。创意地产没有固化的模式和范本，各个区域和旧建筑的人文历史、物业形态都不同，项目规划定位需要充分结合自身文化特色和物业条件，然而房企大张旗鼓地进入创意地产的开发的过程中，部分项目在定位中缺乏对上述问题的重视，造成项目定位不准确，影响项目品质的提升。

过分依赖建筑的创意元素，忽略运营中对文化创意的延伸。

创意地产的核心在于对创意文化元素的运用和发挥，项目规划中需要对创意文化、对文化的创造者和需求者喜好有一定的分析，并在项目中通过创意元素、创意空间、创意小品的合理展示，让目标客群在此能够找到共鸣，然而在创意地产后期运营过程中，文化价值的延伸仍然是项目的核心竞争力，开发企业过分依赖于建筑外立面及文化小品展示，而缺乏沟通、交流来提升文化艺术的生命力。

15.5 上海创意地产发展展望

上海创意地产经历了 7 年的发展，成熟度已经位于全国前列，涌现出一批例如“田子坊”、“8 号桥”等有代表性的创意地产项目，行业发展也逐渐趋于理性，相关专业人才不断积累、运营模式的日渐成熟，这都为上海创意行业的标杆地位奠定了坚实的基础。

然而，随着中心城区可改造旧建筑、旧厂房的不断减少，未来上海创意产业的发展区域将逐渐向外围扩张，创意地产新物业开发模式将迎来较大的发展空间。但该类开发模式下，由于项目物业缺乏文化沉淀、交通及商业配套偏弱，这注定新模式下，创意地产的开发定位及运营思路也要发生转变，但我们相信，在国家政策的倾斜下以及不断增长的创意文化消费需求下，创意地产的未来值得期待。

第 16 章 杭州副城舍价换量 地铁利好后市乐观

浙江中原资源中心　和珊珊

根据杭州市整体规划，江南城、临平城、下沙城 3 个副城主要承担生活居住、行政办公、商业金融、旅游服务、科技教育、文化娱乐和都市型高新技术产业的功能。3 者的功能定位和发展程度各有不同，但就房地产而言均属刚需板块，与主城区的交通距离和通勤时间过长一直是阻碍购房者副城置业的共同原因。而地铁 1 号线的开通，利好 3 大副城在硝烟四起的价格战中跑赢大市，成交量占到了杭州楼市（含余杭萧山）的 47%，与此同时副城内部影响房产市场健康发展的弊病也已暴露。

16.1 板块格局：三足鼎立 房产板块形成

从大杭州的格局来看，江南副城、下沙副城和临平副城均位于城市向东发展的大方向上，各自的房产板块均已基本形成，新的价格体系在本轮房产调控中也已建立，3 大副城之间形成错位竞争。

江南副城由滨江区、萧山城区和江南临江地区组成，定位以高科技工业园区为骨干，产、学、研协调发展的现代化科技城和城市远景商务中心。已形成滨江区政府、一桥南、萧山老城、萧山新区、钱江世纪城、湘湖等 6 个板块，其中滨江区政府和萧山老城区分别为滨江与萧山的中心区。

临平副城是依托“双铁”打造的新中心，由临平城区、钱江经济开发 / 塘栖镇、运河镇、乔司等组成，定位以城市现代加工制造业为主的综合性工业城。目前已形成临平城区、临平北、星桥、塘栖（钱江经济开发区）和运河板块，其中临平城区为副城核心，运河板块基本处于起步阶段。

下沙副城由下沙、九堡组成，是以经济技术开发区和高教园区为骨干的综合性新城。经过 10 年的发展，目前已形成金沙湖、下沙沿江、九堡、大学城北等 4 个板块，其中金沙湖为副城核心区，大学城北板块自 2012 年始有新盘面市。

图 16-1 杭州市 3 大副城房地产板块细分图

3 大副城		江南副城	临平副城	下沙副城
房产板块图		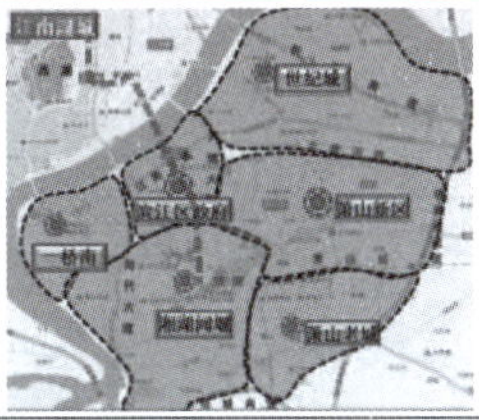	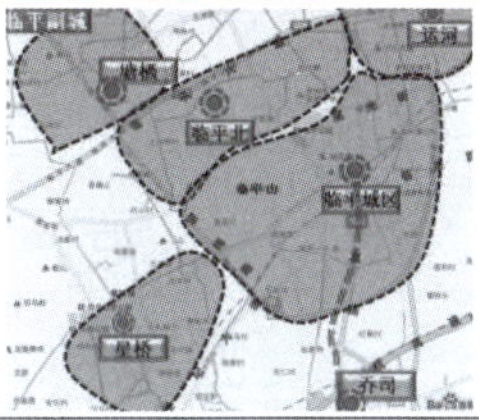	
价格	中心	1.8~2.2 万元 /m^2	1.2~1.5 万元 /m^2	1.4~1.7 万元 /m^2
	次中心	1.3~1.7 万元 /m^2	0.8~1.1 万元 /m^2	1.1~1.3 万元 /m^2
	远郊	1~1.2 万元 /m^2	0.6~0.8 万元 /m^2	1 万元以下
本土房企		绿城、滨江、欣盛、天阳、钱江、开元、绿都、顺发、得力、众安、通和	绿城、金都、野风、理想四维、美好、东海、赞成、华元	宋都、德信、郡原、嘉凯城、东海、和达、大家、天阳、野风
外来品牌		中海、世茂、金地、保利、中粮、万科	复地、龙湖、九龙仓	保利、世茂、金隅、朗诗、龙湖、宝龙

资料来源：浙江中原资源中心

16.2 量价变化：舍价求量 销售占比 5 成

在宏观调控的背景下，2011 年 1 月—2012 年 6 月间的杭州楼市风起云涌，开发商与购房者的心态也跌宕起伏。价格是 3 大副城其抗衡主城区的最大优势，其房地产发展多以首次改善为主导、或以首次置业的“新杭州人”为主力客群，且在旺市时异地投资客的贡献率高达近 4 成。因而“双限”的大环境下，3 大副城在“降价”、“抢刚需”、“回暖”、“抢房”、“反弹”等一系列变动的表现也尤为明显。

杭州市 3 大副城降价活动列表（2011 年 1 月—2012 年 6 月） 表 16-1

时间	2011 年 3 月 2011 年 6 月	2011 年 9 月	2011 年底	2012 年 春节后	2012 年 3 月	2012 年 4 月	2012 年 5 月	2012 年 6 月	2012 年 下半年
阶段特点	少数刚需板块出现个盘试探性降价，多数开发商静观其变	降价的范围逐渐扩大、降价房源增多，酒店式公寓加入	金沙湖、下沙沿江、塘栖等大盘集中的板块内部出现竞争性比降 滨江、萧山、临平城区依然坚挺		滨江区政府、萧山老城区、临平城区 3 个中心区价格跳水		先前未降板块陆续加入 已降价板块价格体系趋稳 市场预期转变，改善型需求开始回归市场，破本楼盘顺势涨价		—
江南城	—	—	—	萧山老城：“绿都•嘉丰公馆”酒店式公寓均价 8700，日光	滨江：“天阳半岛”19000 低开、“钱塘帝景”、“中海寰宇天下”均价 16000 至 18000 低开热销，萧山：绿都“四季华庭”15500 低价推盘	滨江区政府：“凯瑞金座”酒店式公寓均价 15000，低于周边竞品近万元	滨江白马湖：“江南铭庭”直降 4000，12888 创价格新低萧山：“开元广场”、“旺角城”加推，“湘湖壹号”与“保利霞飞郡”排屋入市热销	一桥南“东和云第”12000~13000 低开，滨江区政府：“寰宇天下”两度微涨加推，荣安“望江南”首开火爆，地铁盘“星耀城”首开商业	“星耀城”住宅
临平城	—	临平北：“东厦东港”均价 6500，降幅约 2000	塘栖：龙湖“香堤溪岸”排屋约 2 万，高层 5900 起	塘栖：野风“启城”均价 5600	临平北：“金帝海珀”均价 7788，“赞成香颂”、“金都夏宫”随之降价	城区：老城区“理想家园”6 折清盘均价 8500 运河镇：“运河丽园”均价 5000	临平北：“金都夏宫”、“金帝海珀”加推临平城区：“广大逸品”起价 8888 入市	城区：“钱塘梧桐蓝山”低调暗降 星桥：“五月花城”首开起价 5680；“擎天半岛”暗降近千元	“财富中心”、“美莱国际”、“九悦印象”、“银领时代”、九龙仓“雍熙山”等
下沙城	金沙湖：“中外公寓”起价 12980，均价 14800，而周边在售 1.6~2 万	沿江：保利“湾天地”“千人团购”均价 8900;“世茂广场”应战价 9100	金沙湖：“龙湖滟澜山”九堡：“柏林印象“	龙湖“滟澜山”、德信“柏林印象”、德信“中外公寓”低价加推	沿江：保利“江语海”，和达“东东城”78 折团购金沙湖：“绿城财通中心”均价 12000，低开	—	大学北：宋都“东郡国际”均价 9000 低开，主打“总价 75 万入户杭州”； 龙湖“滟澜山”的洋房加推，低价受抢	沿江：“宝龙城市广场”起价 9100；金隅“江城府”9988	和达“御观邸”、碧桂园、侨福“一品高尔夫”、“盈都揽悦”

价格单位：元 /m^2

资料来源：浙江中原资源中心

基于价格优势，3 大副城 2011 年 1 月—2012 年 6 月间占了杭州楼市（含余杭萧山）商品房成交总量的 47.3%。未来随着地铁开通带来交通改善的切实体验，以及地铁上盖商业综合体的投入使用，这一比重仍可能继续提高。

图 16-2 杭州市 3 大副城商品房成交量价走势图（2011 年 1 月—2012 年 6 月）[2]

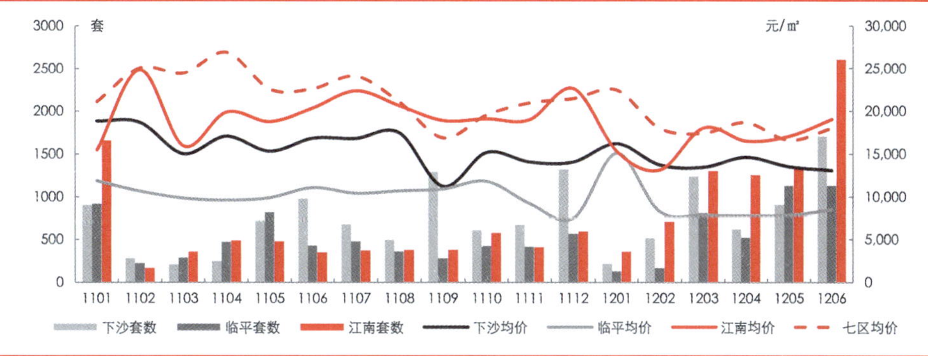

数据来源：浙江中原资源中心、透明售房网、余杭房产信息网、萧山透明售房网

价跌量涨的背后，各自房地产市场发展中的弊病也愈加暴露。除政策走势不明朗和临近主城的板块截流客户以外，商业配套缺乏、物业结构失调等内在因素也将可能给副城未来 2~3 年的发展留下隐患。

16.3 市场利弊：危机并存 后市谨慎乐观

图 16-3 杭州市 3 大副城商品房物业类型构成（2011 年 1 月—2012 年 6 月）

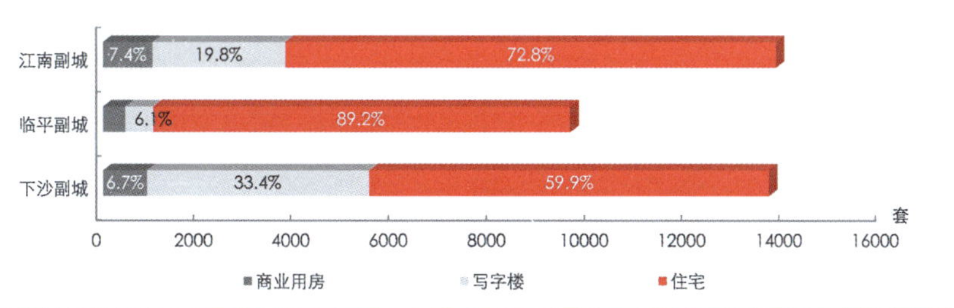

数据来源：浙江中原资源中心、透明售房网、余杭房产信息网、萧山透明售房网

2. 七区" 指杭州滨江区、拱墅区、江干区、上城区、西湖区、下城区、下沙经济开发区等市区 7 区。

16.3.1 江南副城：滨江与萧山的隔断融合

江南副城的规划最为特殊，包含行政区划上的滨江区和萧山区的一部分，两大区域在城市规划上已逐渐融合、整合。数据显示，其商业、写字楼、住宅的成交占比约为 1:2:7，物业结构相对合理，与“远景商务中心”的规划初衷基本吻合。

萧山原本较为封闭，以乡镇私营业主和本地“泛公务员”阶层为主要客群，需求相对稳定且购买力旺盛。连续加码的调控之下，萧山市场显得异常诱人，竞争也日益开放。在本土企业顺发和绿都广泛布局老城、新区、世纪城和湘湖等多个板块的同时，杭州主城的绿城和滨江势力逐渐向萧山渗透，金地、保利和中粮等大型房企也拿地涉足豪宅市场，由此造成大量楼盘在 2011—2012 年间扎堆上市。

2011 年后，萧山新房供应创出历史新高，而滨江恰处供应淡季，萧山辖下钱江世纪城、新区、湘湖闻堰等板块开始借地铁利好谋求吸引滨江高新技术企业的客源；2012 年上半年，滨江区沿江“寰宇天下”、“钱塘帝景”、“星耀城”等多个大盘入市，尽管低开但其价格较下沙、临平以及主城北或城东而言仍处高位，其热销背后萧山人的贡献不容忽视。

融合杭州与萧山市场，成为江南副城在调控时期以及未来发展的制胜之道。

16.3.2 临平副城：山南与山北的分化重构

2011—2012 年上半年，临平副城房地产市场以住宅为主，成交占比高达 89%；商业地产起步较晚，塘栖、乔司数个酒店式公寓项目以自然销售为主，而城区及临平北在售大多为社区型的住宅底商。随着 2012 下半年“和合财富中心”、“美莱国际中心”等项目的入市，以及未来地铁综合体“华元城”的建设，临平副城物业结构失调的现状将逐步改善。

临平副城市政设施完善、生活及商贸配套齐备，且价格远低于下沙及江南副城。尽管有“双铁“的利好，但新老杭州人对临平的接受度都较低，其住房销售都以本地需求占主导。持续调控之下，临平市场为求突围先后经过了“同城南冷北热”显著分化和“山南低开暗降”价格重构的两个阶段。

在 2011 年第三季度，外来开发商涉足的临平北和塘栖板块领衔降价，高层价格跌至 6000 元 /m^2 左右，随后排屋价格降至 20000 元 /m^2 内，消化了大批临平及周边乡镇的客户，并有效吸引到部分刚需的“新杭州人”。而同一时期，本土开发商主导的临平山南（即临平城区）则价格居高难下、成交几近停滞。经过为期一年的价滞量跌，2012 年 4 月本土开发商理想四维率先采取行动，对其开发的“理想家园”进行 7 折清盘，5 月隶属杭州主城区的丁桥板块价格破万导致临平南楼盘转而成为价格高地。由此，山南被迫开始板块的破冰之旅，赞成“檀府”、广大“逸品”新盘低开，东海“水景城”、钱塘“梧桐蓝山”老盘暗降。

价格体系重构后的临平副城，与主城西的余杭闲林相比更具明显优势，获得“新杭州人”的认可已指日可待。

16.3.3 下沙副城：刚需与游资的失衡调整

下沙是近年来杭州楼市的重镇：洼地效应凸显，供应与需求两旺、居住与投资两旺。但本轮调控之下，住宅在下沙所售物业中的套数占比仅为 60%；而商业地产周期性放量，多个酒店式公寓陆续上市，并占据了商业地产成交量的近 90%。

沿江板块的居住氛围经过多年的积累已经激活，大学城北板块以低价刚需市场认可。但原规划为“副城政治、商务、商贸、会展中心”金沙湖板块酒店式公寓密布，这将成为副城房地产良性发展的一大隐患。

短期来看，酒店式公寓体量过大将会面临低租金、高空置、资产贬值等问题；长远来看，纯写字楼鲜有供应，势必会造成第三产业发展受阻、楼宇经济沦为空谈，副城经济只能以发展工业园区为支撑。地铁开通后，下沙将面临成为“卧城”的可能，而其居住环境、住宅物业的客户来源、商业地产的发展升级也均会出现瓶颈。

随着 2012 年杭州“限酒令”的颁布及实施，未来下沙的可售酒店式公寓将逐渐减少，这将在一定程度上促进纯写字楼的投资开发，有利于下沙副城向着“综合性新城”的方向发展。

图 16-4 杭州市下沙各板块物业类型构成（2011 年 1 月—2012 年 6 月）

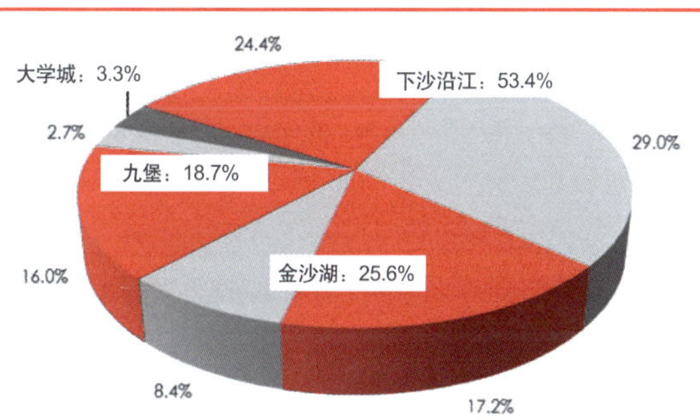

说明：红色表示“住宅”；灰色表示“非住宅”
数据来源：浙江中原资源中心、透明售房网、余杭房产信息网、萧山透明售房网

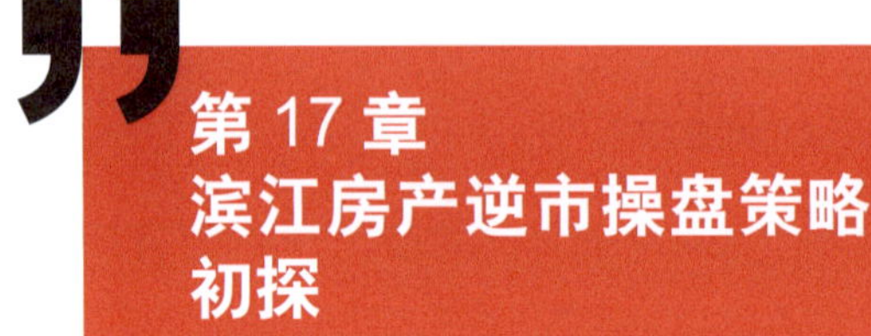

第 17 章 滨江房产逆市操盘策略初探

浙江中原资源中心　黄莹

2012 年杭州楼市在调控政策不可松动背景下，资金吃紧的开发商纷纷进行“自我救赎”，滨江房产逆市再掀风浪，短短一月不到，项目 3 次开盘 3 次售罄，快速去化 863 套，吸金 20 亿，几近清盘，为杭城楼市逆市之奇观。事实上，滨江房产逆市独特的操盘思路，在前几轮调控中已现端倪，其独到的逆市操盘策略、企业整体发展战略值得一探，本章将以纵横两条线，对滨江房产逆市操盘进行分析。

17.1 逆市突围 屡屡奏效

2012 年 3 月，位于城东新城板块的“曙光之城”，以跌破成本价开盘，短短一月不到，项目 3 次开盘 3 次售罄，快速去化 863 套，吸金 20 亿，已接近清盘。除了今年的“曙光之城”，滨江房产许多楼盘的销售期都遇到宏观调控，并非一帆风顺。2007 年“万家花城”一期面世时，楼市尚未升温复苏；2008 年“金色蓝庭”开盘，碰上全球经济危机；2011 年，“城市之星”酒店式公寓开盘，正赶上史上最严厉调控，但这些楼盘都无一例外热销。每逢市场陷入低迷，滨江房产总能反败为胜。

■ 2012“曙光之城”：破发首开 重亏 5 亿

2012 年 3 月，春节后的杭城楼市，不断传出楼盘降价的消息，在此背景下，翘首等待了一年之久的“曙光之城”决心此时向市场“进军”。3 月 15—19 日短短 5 天时间，推盘 3 次销售率达 96%。

图 17-1 滨江“曙光之城”量价走势图（2012 年 3 月—6 月）

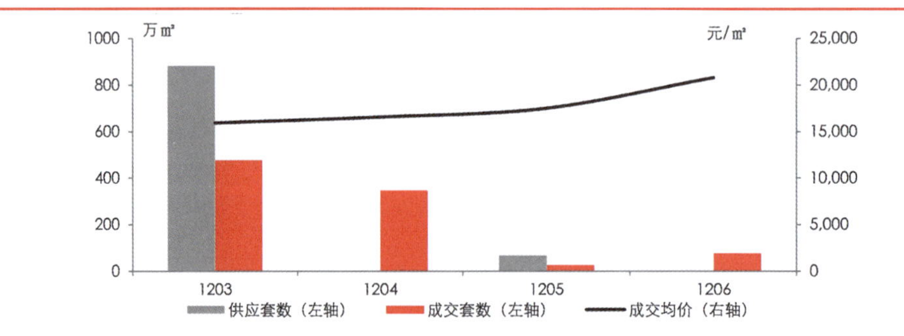

数据来源：浙江中原资源中心、杭州透明售房网

■ 2011“城市之星”：稀缺产品 规避“双限”

2011 年初，“限购限贷”细则落地，楼市应声陷入低迷，“城市之星”再次打破市场沉寂，开盘当天即回笼资金 12 亿元。当期推出产品为 50 年产权的大平层住宅，“不限购不限贷”，并以稀缺、高性价比赢得逆市市场。

图 17-2 滨江“城市之星”量价走势图（2011 年 3 月—7 月）

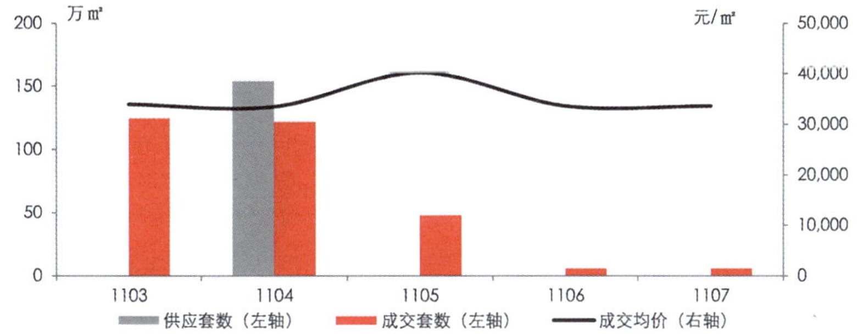

数据来源：浙江中原资源中心、杭州透明售房网

■ 2008“金色蓝庭”：理性定价 让利市场

受美国“次贷”危机及宏观环境影响，2008 年杭城楼市陷入低迷。2009 年冬末春初楼市依然沉寂，下沙、九堡的房价都有所松动之时，“金色黎明”在这个关口，却不降反升。在没有公布开盘的情况下，67 套房源被抢购一空。理性定价和品牌号召的双重作用使得“金色蓝庭”在逆势中飘红。

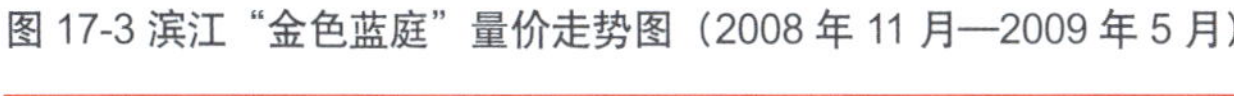

图 17-3 滨江“金色蓝庭”量价走势图（2008 年 11 月—2009 年 5 月）

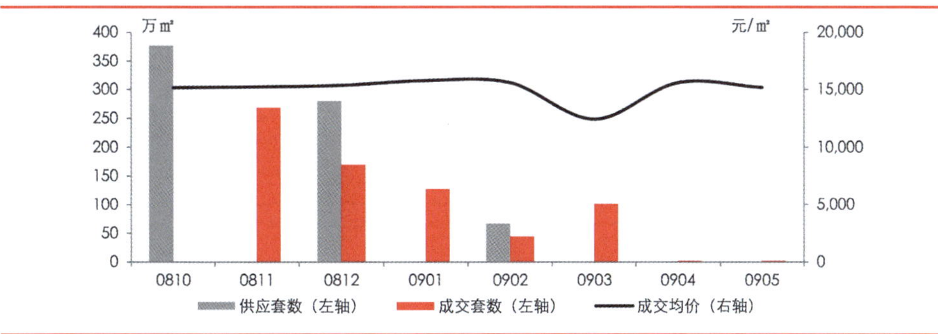

数据来源：浙江中原资源中心、杭州透明售房网

■ 2007“万家花城”：低价入市 万人空巷

作为杭州2007年的热销楼盘，滨江“万家花城”当年成交1922套，成交金额19.34亿，占据全年主城区住宅总销套数30837套的1/16。“万家花城”一期房源面市时，杭城楼市尚未升温复苏，6060元/m^2的起价入市具有相当的诱惑力，引发了大批购房者漏夜排队购房，盛况一时。

图17-4 滨江“万家花城”量价走势图（2007年5月—2007年12月）

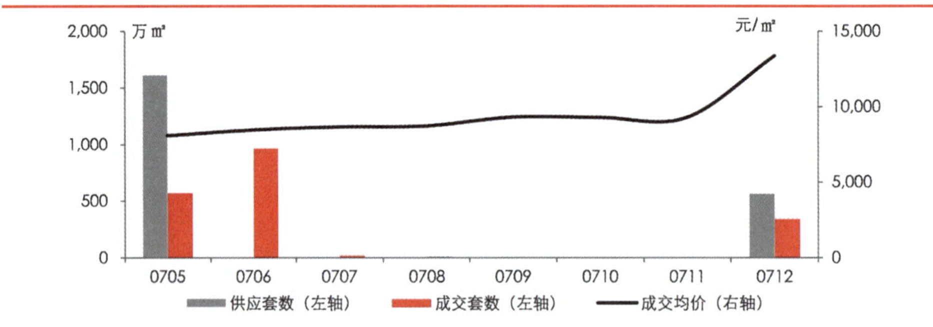

数据来源：浙江中原资源中心、杭州透明售房网

滨江房产逆市销售情况（2008—2012年） 表17-1

楼盘名称	开盘日期	推出楼栋	套数	销售均价（元/m^2）	当天销售情况
曙光之城	2012-03-15	11号，精装5号、8号楼	243	毛坯均价15,060，精装修均价19,600	售罄
	2012-03-18	1号（精装）、6号（精装）、12号、14号楼	323	毛坯15,600，精装近20,000	售罄
	2012-03-19	2号、9号、7号和13号楼	326	16500	去化9成
城市之星	2012-03-16	5号	154	41600	去化8成
	2012-04-16	6号	154	33600	去化7成
金色蓝庭	2008-10-01	1、5、6号	378	15160	去化9成
万家花城	2007-05-13	—	738	7920	去化9成
	2007-05-28	5~9、13	852	8200	售罄

数据来源：浙江中原资源中心、杭州透明售房网

17.2 突围前提 整体销售策略

“政策组合拳”频出，楼市再度由旺市转为逆市，多数楼盘销售遇到瓶颈，“以价换量”成为打破僵局最直接有效的促销方式，此时价格最为敏感，必须精准把握需方的价格敏感点，才能制定行之有效的销售策略，包括竞争策略、推售策略、定价策略、客户策略。滨江房产在 2007—2012 年的推盘销售中，均因策略有效，从而踏准节奏抓住需求，取得令人称奇的销售业绩。

- 竞争策略：发挥所长 拉开距离

在运用竞争策略时，“曙光之城”、“城市之星”、“金色蓝庭”、“万家花城”各有侧重。

滨江“曙光之城”选择以价格为切入点，对市场发起“正面进攻”，把握逆市中最为敏感的价格主动权，使板块内的竞争楼盘处处被动。从表中可以看到，除“金色草庄”楼面价在万元以内，其余楼盘楼面价均超万元，楼面价最高的御品湾，18206 元 /m^2 比“曙光之城”一期的销售价格还高出 3146 元 /m^2。真正套住城东新城板块价格，更套住板块内在售及未售楼盘。事实上在调控以前，滨江集团曾为“金色黎明”做出个 2.5 万元 /m^2 的定价方案，之后放出风声时，将对外报价调整为均价 2.2 万元 /m^2，已远低于周边在售 3 万元 /m^2 以上的在售楼盘价格，最终所开价格却令购房者“大跌眼镜”。

杭州市城东新城板块精品楼盘表 17-2

销售状态	楼盘名称	在售价格（元 /m^2）	户型面积（m^2）	楼面价（元 /m^2）	销售成绩
在售	万科草庄	精装修均价 32000	90、200、230	2009 年，36 号 10848；37 号 11283;	累计成交不足 4 成
在售	克拉公馆	均价 16000-23000	82、89、96、123	10715	累计成交不足 5 成
预售	金色草庄	待定	88~138	8566	—
预售	新中宇维萨	待定	60~165	12860	—
预售	御品湾	待定	待定	18206	—
预售	远洋心里	待定	89~140	8516	—

数据来源：浙江中原资源中心、杭州透明售房网

“城市之星”除去先天地段、品牌优势，此番最大的号召力便是产品，是除却价格因素外的第二核心竞争力。主力户型面积为 190~250m^2 的大平层，以奢华的精装标准交付，在钱江新城板块，成为众多需方稀缺的理想住品与投资品。

除了地段这一先天优势外，“金色蓝庭”在品牌开发商做足功夫。作为滨江集团金色系列产品之一，“金色蓝庭”给人的整体印象是品质高端，譬如三重园林景观、优雅板式建筑、最大楼间距 110m，产品在舒适性和人性化设计上均有体现。

“万家花城”在产品户型上有不少改进。尤其对于 90m^2 户型，中间套部分增加连廊设计，使得原本南北不通的中间套，南北得以通风；提升南向卧室的开间，户型紧凑尺度增大，提高舒适性；90m^2 做成边套，露台挑高，小户型同样拥有较好采光，在 2007 年这样的户型是具有相当吸引力的。

■ 推售策略：首推低价房源 引爆市场

“曙光之城”首批推出的 5、8、11 号楼，靠近高架是较大不利因素，因此价格相对较低，采取先去化的策略。其后所推第二批房源中，采取平均策略。1 号楼有类似不利因素，14 号楼东边则邻机场路，属于次等房源，其余的 6、12 号楼位置、景观相对较好，为中间段。第三次开盘时，除了 7 号楼邻近机场路，其余 2、9、13 号楼位置、景观都较好。综合位置优劣、外围影响、内部景观、售价来看，房源是从较差逐渐往较好去推售的一个过程。在其余几个项目中，也采取了类似的做法。

图 17- 5 滨江“曙光之城”楼盘示意图

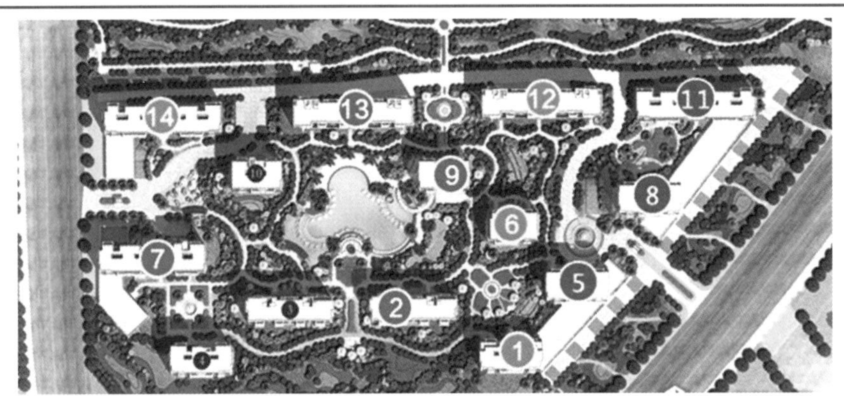

资料来源：杭州透明售房网

■ 定价策略：灵活定价 确保去化率

已经销售的楼盘以原来的价格为主，新开的楼盘阶段性根据市场变化，调整价格策略，合理定价，以购房者可以接受的价格去化，没有绝对的高或者低。从 2012 年“曙光之城”到 2007 年“万家花城”，定价策略可谓是滨江逆市畅销最核心的策略。

逆市中新盘低开并不罕见，但杭城多数楼盘以保本线定价，“曙光之城”甫一开盘便震撼楼市，主要在于选择亏本销售且是重亏，为此滨江房产将巨亏近 5 亿元。回顾 2009 年 12 月，滨江集团以 17.1 亿元摘得江干区彭埠单元 FG-01-R21-01 地块，折合楼面价 12684 元 /m^2。而“曙光之城”一期毛坯均价 15060 元 /m^2，精装修均价 19600 元 /m^2，毛坯均价与楼面价的差值为 2376 元 /m^2，仅比土地成本高出 18.7%。每 m^2 亏损近 3000~4000 元 /m^2，将近 5 个亿。这也是杭城楼市 20 年来第一次，大品牌开发商推出的亏本盘。至于为何选择“曙光之城”而不是旗下其他楼盘，滨江在后来的解释是，城东新城板块具备降价空间，“曙光之城”首次开盘将对老客户的影响降低，卖好了还有利于相邻”金色黎明”的去化。

“城市之星”首期住宅房源开盘时售价在 40600 元 /m^2，精装标准为 6000 元 /m^2，相当于毛坯的 34600 元 /m^2，相比与钱江新城已经交付的毛坯二手房优势明显，二手房加上税费成本后价格更高，从楼盘本身品质看，“城市之星”在享有居住品质的同时，未来增值潜力更大。

“金色蓝庭”2008 年逆市开盘，以 15160 元 /m^2 低价入市，其所在地块为原杭医高专地块，即杭政储出 [2006]27 号，楼面地价为 7206 元 /m^2。当时周边在售的次新房（譬如梧桐公寓）售价在 15000~16000 元 /m^2（不计税费），“金色蓝庭”紧贴着周边次新房理性定价，略低于周边楼市而赢得市场。

“万家花城”项目地块为杭政储出 [2005]52 号，楼面价 2806.5 元 /m^2，加上建安成本在 6000 左右元 /m^2，对首期房源开出的均价而言，算是保本微利销售了。与“万家花城”所在申花板块相邻的桥西板块，在售楼盘均价已近万元，以滨江近 40 万 m^2 品牌大盘及周边商业配套而言，“万家花城”此定价低于预期。尔后二次推盘定价微涨 280 元 /m^2，亦是滨江逆市惯用定价策略。

■ 客户策略：放出风声 蓄客量到位

主打精装升级公馆的“曙光之城”曾在 2011 年底放出风声，开盘均价在 22000 元 /m^2，当时已积蓄了一批购房者，受市场低迷影响未推。滨江房产对于“曙光之城”意在清盘，一旦开盘要能持续销售直至清盘，在没有信心去化全部项目时，“曙光之城”的选择是继续蓄客伺机，最终开盘时，蓄客量已近 3000。

滨江房产项目操盘策略一览　　表 17-3

项目名称	上市时间	竞争策略	推售策略	定价策略	客户策略
曙光之城	2012 年	★★★★	★★★★	★★★★★	★★★★
城市之星	2011 年	★★★★	★★★☆	★★★★☆	★★★
金色蓝庭	2008 年	★★★★	★★★	★★★★☆	★★★
万家花城	2007 年	★★★★	★★★	★★★★★	★★★☆

备注：5 星代表最优，4 星半代表次优，4 星代表良好，3 星半代表次良好，3 星代表一般
数据来源：浙江中原资源中心、杭州透明售房网

17. 3 突围的后盾 整体效益最大化

滨江房产在逆势中运用之策略，不仅反映在各个项目，也同时反映在对拿地、拓展的操作上。通过降价销售回笼资金的同时，也瞅准机会低价拿地，追求整个公司效益最大化。

■ 压住成本 逆市拿地

楼市低迷时期拿地符合滨江房产的一贯的拿地规律，距离万科魅力之城降价不到一周，2008 年 9 月 16 日滨江房产以总价 24.6 亿元、4932 元 /m^2 的综合楼面价，直接拿下杭州重机厂 3 个地块，总建筑面积 498770.5 万 m^2，5000 元 /m^2 不到的楼面价，能够让项目总成本控制在 9000 元 /m^2 以内。2009 年底“万家星城”首次开盘，销售均价 18560 元 /m^2，截止目前最新销售均价在 22000~23000 元 /m^2。

其拿地资金正来自于 2008 年的热销盘“金色蓝庭”，从单一项目看，“金色蓝庭”少赚了，但事实上，滨江房产在回笼资金后拿了重机厂（“万家星城”）的土地，这个项目有望盈利超过 45 亿元。

■ 合作拿地 拓展二、三线城市

目前，滨江房产在杭州以外基本采取合作方式拿地，跟当地有市场基础、客户资源、政府行政资源、项目基础比较好的优势企业合作，显示出其对外拓展的谨慎。拿地以量入为出，看销售去化情况相应增减。从 2008 年至今，滨江集团约每年新进入一个城市，每年新拓展 1~2 个城市，杭州作为主要阵地，浙江二、三线城市则是拓展方向。

一直以来，滨江集团对拿地成本严格控制，使得其毛利率在近 5 年均保持在 35% 以上。2010 年，滨江集团逆市购得 9 宗土地，储备了大量新项目，新增权益建筑面积约 120 万 m^2，平均楼面价 6050 元 /m^2。其中 6 个项目位于杭州以外，新增权益建筑面积 94 万 m^2，为当期新增权益建筑面积的 82%，在项目总量和土地储备面积等方面均超过杭州本区域，目前滨江集团在杭州以外的权益储备面积占比已超过 30%，已进入绍兴、金华、衢州、上虞，而 2008 年上市时其土地储备全在杭州区域。

17.4 总结

滨江房产旗下多个楼盘的销售节点，都遇上了国家宏观调控，但滨江总能经受市场考验，实现销售目标。逆市突围的核心策略，是超高性价比。逐利是企业家的天职，但在滨江看来，这种赢利是指企业整体运行，追求的也应是企业的整体赢利，而不是每个楼盘，每期房子都要有钱赚。非常时期，放弃局部利益，换取整体效益，为整个企业赢得了更多发展机会。

接下来，与万科合作的“金色草庄”、“凯旋门”、“西溪明珠”、杭汽发地块等也将陆续上市。对于定价的原则，滨江内部流转的理念是，市场好的时候，企业股东可以多赚点，在市场不好的时候，要让购房者多赚点，多留出点溢价空间，从而保持一种动态平衡。

滨江房产在杭项目一览表　　　　表 17-4

楼盘 / 地块	位置	占地面积（万 m^2）	建筑面积（万 m^2）	物业类型	主力户型（m^2）	销售状态
万家星城	东新路	19.00	70	高层	89、129、139、172	在售
城市之星	钱江新城	5.00	32	超高层	280、293、335、345	在售
曙光之城	城东新城	4.64	19	高层	89、138	在售
金色黎明	城东新城	19.00	60	高层	87、89、123、138	在售
湘湖壹号	萧山湘湖	25.33	25	别墅	800~1300	在售
金色草庄	机场路	3.70	12	高层	90、200	预售
凯旋门	采荷单元	3.97	18	小高层、高层	90、130~180	预售
杭汽发项目	武林版块	10.79	50	高层	230~630	预售
西溪明珠	杨家牌楼	7.10	7	低密度产品	规划设计中	预售

数据来源：浙江中原资源中心、杭州透明售房网

第 18 章
2011 绿城房产危机

浙江中原资源中心　何林

2011 年新一轮调控及由此引发的一系列危机事件成为业内关注焦点。而浙江最大房地产企业绿城，继 2008 年受到重创之后，再次遭受各种危机事件冲击。为什么面临政策大山之时，绿城危机总是首当其冲，其根本原因是什么？绿城又是做何思考？采取哪些措施应对？绿城在以后发展道路上又会何去何从？相信这些分析将为业内其他企业在未来发展道路上提供借鉴与思考。

18.1 危机形成：调控激发内部矛盾 内因主导

18.1.1 调控大势下的冒进战略定位 销售困局

为有效抑制房价的快速上涨，继 2010 年出台的三轮新政后，2011 年出台了更为严厉调控新政，先后出台"新国八条"、"新国五条"，限购、限贷进一步升级，并明确房价调整的合理目标。

一直以来，绿城在战略定位上主打中高端精品住宅产品，且区域布局上集中在长三角地区的一、二线城市。然而在新一轮从严调控下，一、二线城市首当其冲受到调控政策的影响，同时中高端产品又深受限购政策影响，导致绿城 90% 以上的项目受到严重影响。因此，从 2011 年开始，绿城的销售业绩明显受阻滑落。数据显示，2009—2011 年行业标房企的销售面积比较中，仅绿城房产销售面积呈现一路下滑趋势。从销售金额来看，2011 年绿城房产销售金额约 345 亿，较 2010 年相比降幅约 35.99%。而其他大部分标杆房企 2011 年销售金额与 2010 相比均有不同程度上升，其中增长最显著的是华润与恒大，增幅高达 60%。

图 18-1 10 大标杆房企销售面积走势图（2009—2011 年）

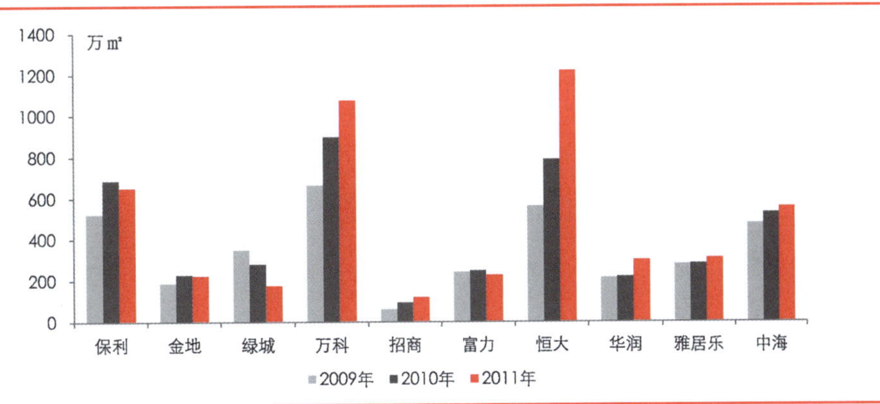

资料来源：中原集团研究中心数据库

图 18-2 10 大标杆房企销售金额走势图（2009—2011 年）

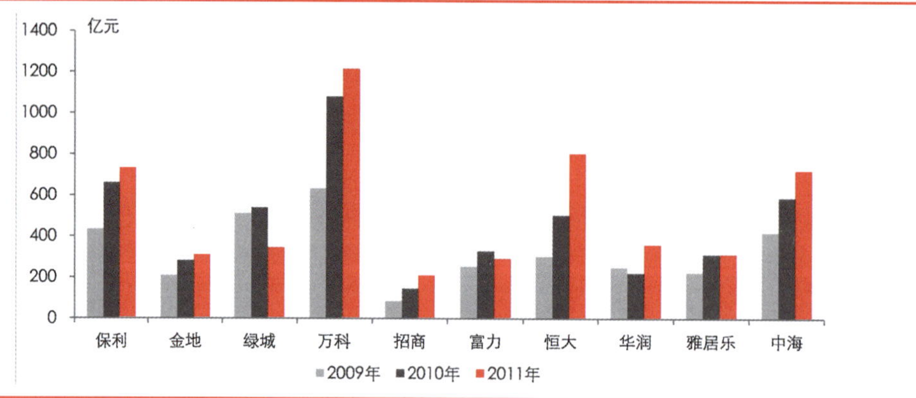

资料来源：中原集团研究中心数据库

18.1.2 激进扩张模式下资金吃紧 债务高压

在经历 2008 年危机后，2009 年房价迅猛反弹，土地市场也迅速回暖。在激进式扩张战略的践行下，绿城创下一个个“地王”，土地成本一路攀升。数据显示，绿城集中在 2009 年集中购入土地，购地支付总额约 353 亿元，仅次于保利。数据显示，仅杭州一城的购地总金额就高达 99.07 亿元，同时也创造了 2009 年杭州 10 大总价地王中的 4 个（表 18-1）。值此，绿城 2009 年购地总额占当年销售总金额的近 69%，而万科、华润则选择在地价较低的 2010 与 2008 年的购置量较大。

图 18-3 10 大标杆房企购地金额走势图（2008—2011 年）

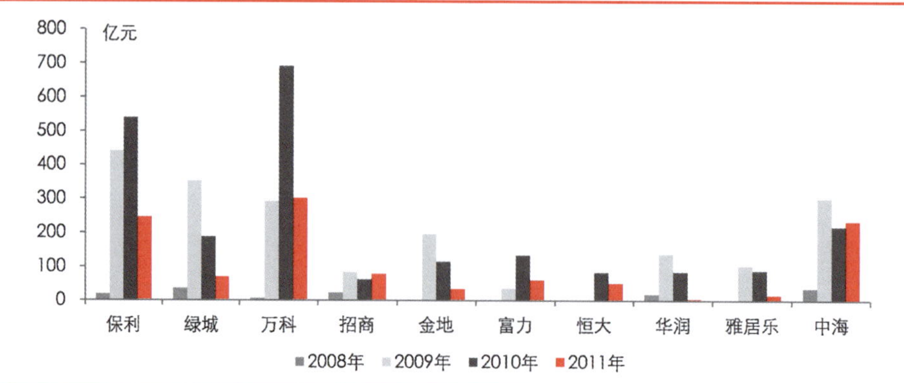

资料来源：中原集团研究中心数据库

城市 Market
楼事 Story
数据 Data

绿城杭州拿地一览表（2009 年）　　表 18-1

地块名称	面积（亩）	用途	成交总价（万元）	楼面价（元 /m^2）	交易时间
滨江区（月明路北（2）地块）	75.24	住宅	193088	15397	2009-12-08
滨江区（月明路北（1）地块）	71.32	住宅	182088	15318	2009-12-08
拱墅区 （田园 R21-15 地块）	36.09	住宅	42800	11118	2009-12-01
青山湖街道青山水库大坝下三号地块	86.03	住宅	3871	675	2009-10-22
青山湖街道青山水库大坝下二号地块	86.08	住宅	5194	905	2009-10-22
下城区（环城北路 57 号、环城东路 353 号地块）	66.75	商住	291000	20963	2009-10-10
青山湖街道青山水库大坝下四号地块	77.20	住宅	3474	675	2009-09-23
青山湖街道青山水库大坝下一号地块	44.01	住宅	1980	675	2009-09-23
拱墅区 （田园 R21-05 地块）	52.37	住宅	66666	9547	2009-09-10
拱墅区（湖墅南路 186 号新华集团地块）	56.04	住宅	200500	22361	2009-09-03

注：底纹为绿城创造的 2009 年杭州 10 大总价地王中的 4 个

资料来源：浙江中原资源中心

图 18-4 主要标杆房企购地金额占比走势图（2008—2011 年）

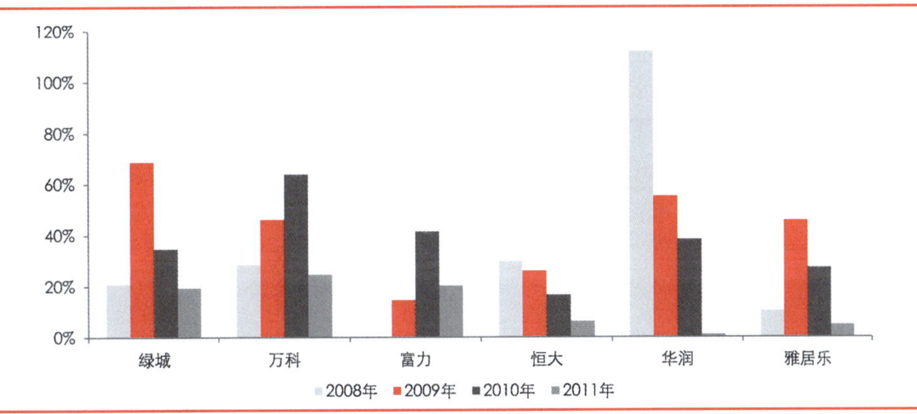

说明：以上数据为购地金额在销售金额中的占比

资料来源：中原集团研究中心数据库

继 2009—2010 上半年疯狂拿地之后，2011 年绿城销售业绩持续下滑。高成本融资与项目资金回流周期长、回流量小之间的矛盾逐渐白热，企业资金紧绷，濒临负债危机。从标杆房企流动资金比对分析结果来看，2008—2011 年间绿城货币资金、银行存款及现金量波动幅度大，且大部分时间低于其他标杆房企的水平，尤其在 2011 年出现明显下降，降幅约 70.97%。从标杆房企资产负债率对比分析结果来看，绿城的资产负债率从 2008 年的 80.83% 上升到 2009 年的 87.28%，2010—2011 年一直维持在 90% 以上高位，而且绿城资产负债率相较于其他标杆房企高出 10~20 个百分点。在当前环境下，绿城房产面临的财务风险急剧增加。由绿城中国 2011 年报显示，企业一年内到期负债为 158.77 亿元，总借贷高达 321.1 亿元。

图 18-5 主要标杆房企年流动资金量对比（2008—2011 年）

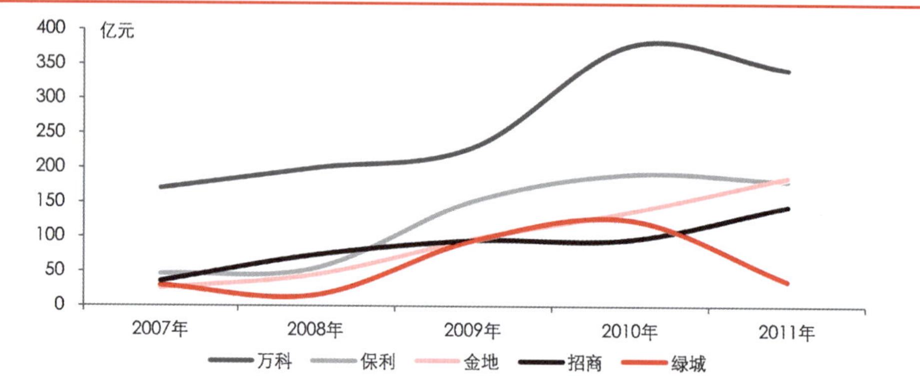

注：流动资金主要有货币资金、银行存款及现金构成
资料来源：中原集团研究中心数据库

图 18-6 主要标杆房企资产负债率对比（2008—2011 年）

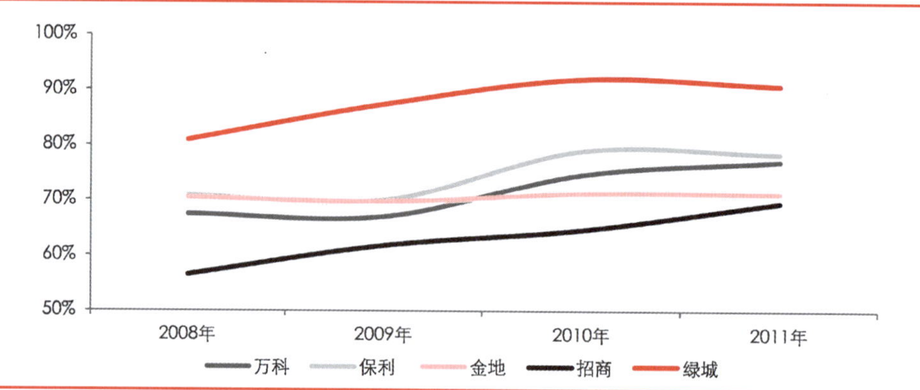

资料来源：上市公司公开财务报表

18.2 危机应对：战略调整与战术运用 协同奏效解危机

基于危机形成分析，可知绿城危机的根本原因为内部战略不适用骤然严峻的外部环境，即企业战略与企业生存的环境发生矛盾，进而激发危机的诞生。因此，要彻底清除危机，既要考虑在战略方面做出及时调整，但由于战略调整奏效往往比较缓慢，必须配合运用战术层面的策略及时应对。针对危机产生的原因，绿城将战略调整与战术应对结合运用，纷纷采取一系列“大动作”应对危机，形成一套完整应对危机机理体系。

图 18-7 绿城危机应对机理体系图

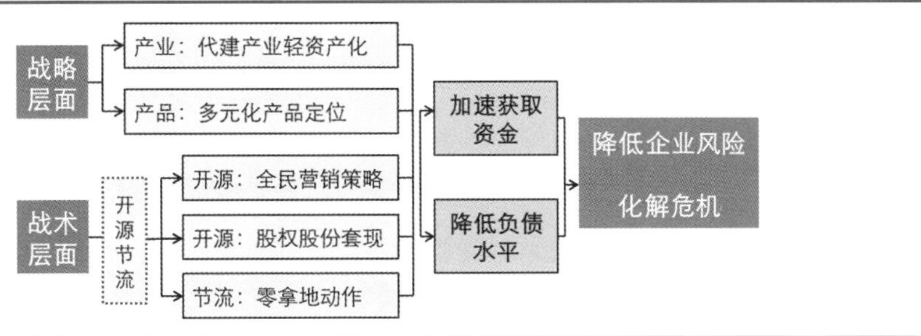

资料来源：浙江中原资源中心

18.2.1 “轻资产化”产业转型 代建为重心

2008 年危机过后，绿城就曾尝试转向以代建为重心，并于 2010 年 9 月成立代建业务公司绿城建设。但代建业务的正式发力始于 2011 年危机产生后。自 2011 年 9 月—2012 年 7 月，绿城房产建设管理有限公司和绿城北方、华东片区代建公司相继成立。根据绿城的公开资料显示，截至今年 6 月底，绿城已经签下 45 个代建项目，可售金额近 900 亿元。此外，预计今年年底绿城的代建项目将突破 80 个，可售金额将超 1500 亿元。同时，2012 年以来从绿城房产划转的项目大约为 50 个，目前绿城房产直接管控的项目仅剩 30~40 个，实现了业务重心由房产开发向房产代建的产业转型。

图 18-8 绿城商业代建、资本代建业务基本合作模式图

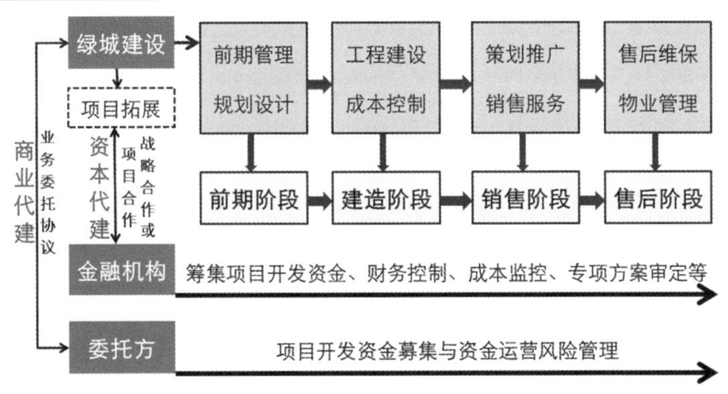

资料来源：浙江中原资源中心

由代建业务合作基本模式可知，绿城在参与代建项目过程中，主要负责管理与品牌输出，不涉及资金业务与拿地事宜，这就消除了绿城在拿地和资金运营方面存在的风险。而绿城又可根据项目的销售额或利润额提取 7%~8% 的分红，这使得绿城在不增加负债的前提下获取稳定的服务收益，这一战略性产业转型创造新的市场空间和利润增长点。

18.2.2 多元化产品战略调整 适应市场需求

危机后绿城的中高端住宅产品概念逐渐淡化，多元化概念成为产品战略的核心。多元化产品调整主要体现在传统单一住宅开发模式向综合地产开发模式转变，向运营低风险的养老地产和旅游地产进军；同时住宅产品方面也实行由大改小，改变以往大豪宅定位。无论是由单一住宅开发向其他商业地产开发转型，还是住宅产品大改小都体现了绿城为充分满足市场需求而做出的产品战略调整。

18.2.3 开源节流：全民营销 股权套现 近乎零拿地

除了在战略层面做出调整外，绿城还在策略层面采取一系列有效战术，如“全民营销”销售策略、转让项目股权或公司股份、暂停拿地。通过以上策略实施，实现“开源节流”。

在危机爆发后，绿城没有随同杭城其他开发商大幅降价，而是于 2012 年 3 月尝试运用新型经纪人销售模式。规定中的签约经纪人涵盖了原各项目销售精英转型而成的“驻场经纪人”、来自社会各界并接受定期培训的“签约经纪人”、以绿城老业主为代表的“非签约经纪人”。绿城通过营销策略转变，整合一切可以利用的社会资源，提升项目去化效率。进入 2012 年，调控没有放松迹象，而绿城在没有几分降价余地情况下顺利完成 2012 年上半年销售计划。自 3 月份开始，销售面积有明显增加，尤其在 6 月销售面积与销售金额创下 2012 年以来新高，全民营销策略实施效果较为显著。

图 18-9 绿城房产销售面积与金额走势图（2012 年 1 月—2012 年 6 月）

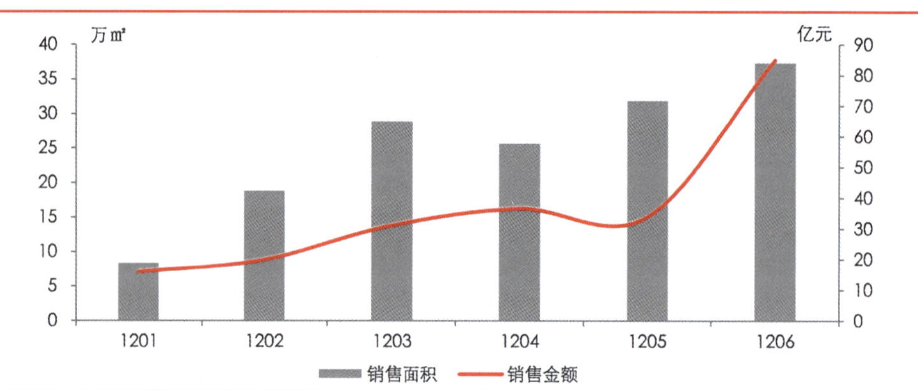

资料来源：中原集团研究中心数据库

尽管今年以来随着市场的回暖，绿城的销售回流资金逐月递增，但由于大部分资金被 2009 年新拿地块与未开工项目所占用，销售回笼的资金与目前面临的巨额债务仍相差甚远。被迫无奈之际，绿城只能通过项目股权与公司股份套现这一途径快速获取资金已偿还到期债务。据绿城公开消息统计，自 2011 年底—2012 年 6 月，绿城已经转让项目股权约 7 次，共转让项目约 15 个，通过项目股权转让绿城可获得逾 60 亿元的现金流入。此外，绿城还于 2012 年 6 月 8 日决定向九龙仓配股并发行可转换债券，并完成第一次配股，融资 17 亿港元。套现现金流入对绿城短期债务危机起到了重要缓解作用。

从绿城转卖项目所处城市来看，大部分项目都位于长三角地区的一、二线城市，其中涉及上海项目共 5 个、杭州 2 个、苏锡常共 6 个、天津 1 个。一定程度上表征绿城慢慢从一线城市撤离，退居二、三线城市的战略调整。

绿城“危机”后转卖项目信息一览表　　表 18-2

时间	项目 / 公司名称	城市	授予方	交易股权（%）	交易金额（亿元）
2011-12-09	绿城墅园	杭州	非关联人士	35%	0.70
2011-12-14	绿城锦玉置业（兰园项目）	杭州	非关联人士	50%	1.25
2011-12-29	外滩 8-1 地块	上海	SOHO 中国	10%	10.40
2011-12-30	上海静宇置业（东海广场项目）	上海	非关联人士	49%	0.49
2012-01-05	无锡湖滨置业（香樟园项目）	无锡	融创中国	51%	0.51
2012-04-17	绿城广场置业（天山路项目）	上海	SOHO 中国	70%	16.16
2012-06-22	上海黄浦湾	上海	融创中国	各占项目股权的 50%	33.72
	上海玉兰花园	上海			
	上海玫瑰园	上海			
	苏州御园	苏州			
	苏州玫瑰园	苏州			
	无锡玉兰花园	无锡			
	无锡太湖项目	无锡			
	常州玉兰广场	常州			
	天津蓝色海岸	天津			

资料来源：浙江中原资源中心

如果将“全民营销”与股权套现比作“开源”，那么自 2012 年以来“零拿地动作”可被称为“节流”的关键手段。从 8 家标杆房企 2012 上半年拿地数据统计来看，仅有绿城未拿地。“开源节流”相结合对减轻绿城的短期内债务资金严厉具有显著效果。

主要标杆房企拿地金额（2012 年上半年）　　表 18-3

标杆房企	保利	万科	恒大	中海	招商	雅居乐	富力	绿城
拿地金额（亿元）	79.73	65.06	63.84	61.67	40.24	2.70	1.76	0.00

资料来源：中原集团研究中心数据库

18.3 危机后展望：上下而求索 退居代建与二、三线城市

为了安然渡过此轮危机，绿城已使出浑身解数：战略层面，绿城已将产业重心转向了代建，并实施多元化产品战略路线。战术层面，践行“开源节流”策略，在大量长三角优质项目股权套现的同时，也将上海融创绿城控股有限公司的管控权转移给了融创；于 2012 年 8 月完成了向九龙仓配股的第二步，若第三步 25 亿可换股证券的完成，绿城将易主；在土地储备方面，除将部分项目转让套现外，绿城已明显放缓或停止拿地。诸多举措显示，绿城此次下定决心要退居代建与二、三线城市。凭借绿城多年品牌与经验积淀，或将在代建道路上开辟另一高位，在房产开发领域中走得更稳。

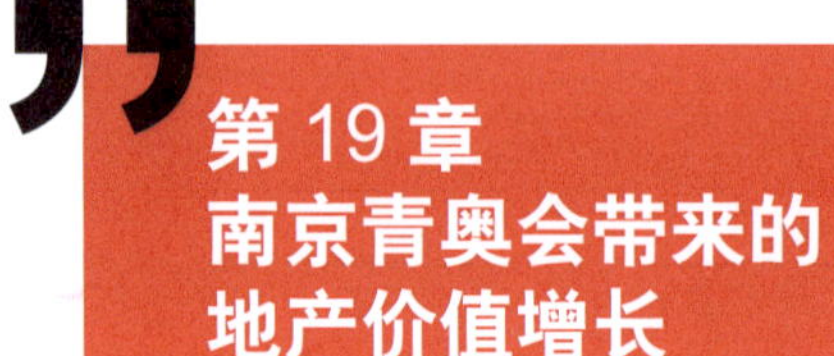

第 19 章 南京青奥会带来的地产价值增长

南京中原市场研究中心　呙璐璐

2014 年南京青奥会比赛将在“奥体中心区”、“人文风景区”和“江宁大学城场馆区”的 3 大场馆的 15 个不同竞赛场馆进行。“奥体中心区”作为青奥主赛场，集中了全部 15 个比赛场馆中 33% 的场馆和全部 26 个比赛项目中 55% 的项目，青年奥运村以及开、闭幕式场所都位于该区域。这是历史赋予南京的重大机遇，政府将在交通配套、环境整治等各个方面加大投入，这对南京城市形象的改善以及整体实力的提升，会起到不可估量的作用。本文将立足板块发展角度，着重阐述青奥会为南京河西板块带来的地产价值增长。

19.1 奥南新城 南京下一个副中心

2014 年南京青奥会的商机催生了又一个城市副中心——“奥南新城”。“奥南新城”位于南京河西板块的南部，是南京城内最后一片可供整体规划、建设开发的规模用地。随着河西发展重心南移，整个“大奥南”板块在南京的发展潜力巨大。

图 19-1 南京市奥南新城区位图

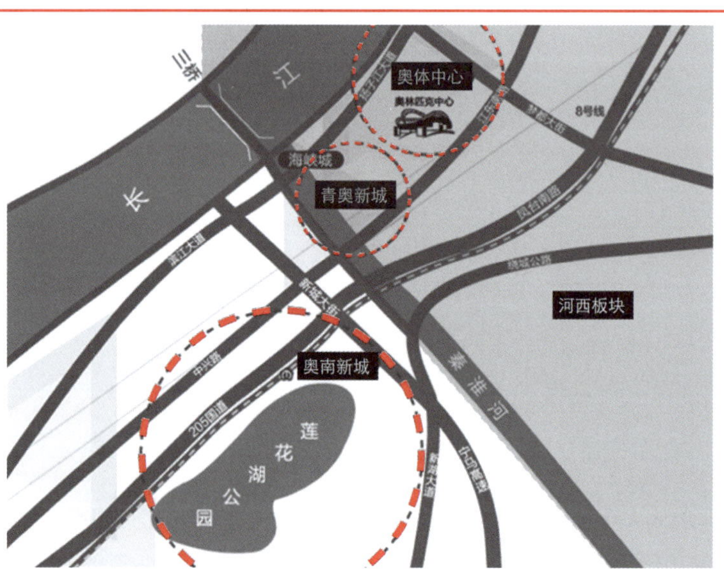

资料来源：南京中原 DRC

城市 Market
楼事 Story
数据 Data

奥南新城距离南京市中心新街口车程约 25~30 分钟，距离奥体中心约 10km，车程约 10~15 分钟。到达奥南新城，目前主要有宁马高速和 205 国道两条主干道，未来还规划有滨江大道、中兴路 2 条主干道。从河西新城的建设计划来看，滨江大道、江东中路都将南延。加上绕城公路，未来有 3 条大道直通奥南新城，其中绕城公路和滨江大道都是快速路。

图 19-2 南京市奥南新城楼盘分布和交通现状

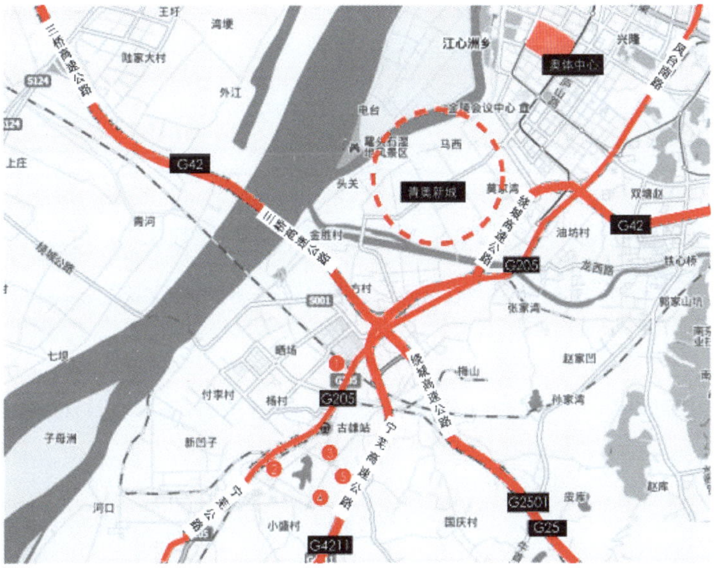

数据来源：南京中原 DRC

目前该区域总人口约 13 万多人，依靠优越的地理位置与便利的交通资源，奥南新城将被规划为一座近 35 万人口，面积约为 60km^2 的城市副中心。城市南倾已是大势所趋，其辐射效应也十分明显，板块因其溢价能力而备受关注。

板块内在售项目近期都有开盘，均价在 8600~12500 元 /m^2 之间，去化率普遍较高。朗诗、金地、花样年等品牌开发商陆续进驻首先能为板块带来了强大的品牌效应，配套设施日渐完善，奥南也引进了力学小学等多所名校。通过这一系列的动作，都显示了该板块对于刚需客群的吸引力，奥南板块居住价值将进一步得到提升，在越来越多的房企进驻奥南带来更加丰富的产品同时，板块亦将成为改善型需求置业的热点区域。

未来的奥南新城将明显利好。凤台南路高架已完工通车，莲花湖体育公园将在年中正式开园服务，橄榄球场、网球场等设施都已经可以使用。三甲医院、双语幼儿园等规划配套已处于建设落实阶段，地铁 8 号线已确定将引入奥南新城，未来将有 3 条轨道交通直达。在商业配套方面，除了各楼盘自带的商业项目以外，花样年在紧邻金地与朗诗的地段即将开发大型商业中心，高端商业配套使得奥南新城成为未来南京宜居新城。

南京市奥南新城在售项目列表（2012 年） 表 19-1

序号	项目名称	开发公司	总建筑面积（万 m²）	容积率	最近开盘时间	目前均价（元 /m²）	去化率
1	石林大公园	雨花台城镇综合开发	20	1.7	2012-04	11000	21%
2	金域华府	江苏恒溢置业有限公司	33	2.4	尚未开盘	—	—
3	花生唐（商铺）	南京花样年房地产开发	10	—	2012-04	30000	约 85%
4	金地自在城	金地集团南京置业	103	2.2	2012-07	8600	77%
5	朗诗绿色街区	南京朗诗地产有限公司	22	2.0	2012-03	12500	32%

资料来源：南京中原 DRC

19.2 青奥地产开发 南京河西土地持续升温

2011 年时河西新城提出了新的“六城两中心”计划，即青奥城、金融城、海峡城、名品城、生态城、绿博城等“六城”，以及国际博览中心和行政审批中心两大中心。按照计划，到 2014 年，将全面建成河西中部地区，形成南部地区 15km² 生态示范城的框架。

2010—2012 年，青奥城周边出让总面积达 85.52 万 m²，成交总价为 158 亿元，平均楼面地价为 8167 元 /m²。天迈、招商地产、中冶地产等大型开发企业陆续进驻。

图 19-3 南京市青奥城周边土地出让分布图（2010—2012 年）

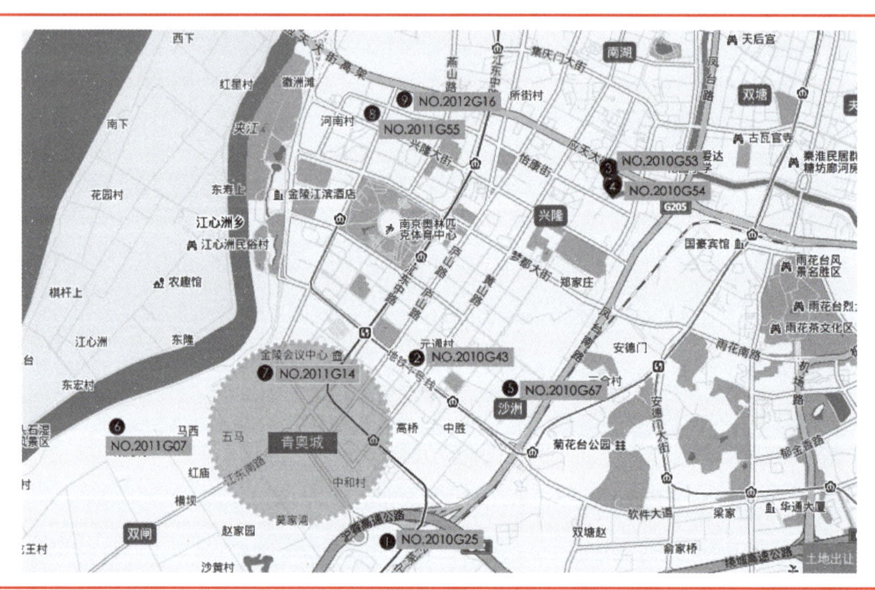

资料来源：南京中原 DRC

南京市青奥城周边土地市场出让情况（2010—2012 年） 表 19-2

序号	地块名称	性质	出让面积（万 m^2）	成交价款（亿元）	溢价率	楼面地价（元 /m^2）	中标单位	成交日期
1	莲花路地铁汪家村站以北地块	商业金融业、酒店式公寓用地	1.02	2.85	0%	6990	江苏天迈投资	2010-08-24
2	河西大街（中部 33-2）地块	商业金融业、酒店式公寓用地	2.20	8.10	200%	5677	江苏盛康商贸	2010-10-29
3	河西南河西侧 A1-1 地块	二类居住用地、居住社区中心用地	11.95	31.80	18%	8584	博泽投资	2010-12-24
4	河西南河西侧 A1-2 地块	二类居住用地、幼托用地	4.85	18.60	55%	12789	招商地产（南京）	2010-12-24
5	云台山路东地块	住宅用地	1.14	2.60	37%	10828	中冶置业（南京）	2011-01-28
6	扬子江大道以南，江东南路以北地块	商住用地	34.10	44.72	0%	4752	盖世、硕富、佳铭、河西新城区国有资产联合体	2011-03-03
7	滨江大道以南，江山大街东、西两侧地块	商住用地	22.84	33.00	0%	3376	南京青奥城建设和奥体建设	2011-05-10
8	河西月安街以南苍山路以东地块	二类居住用地	1.35	1.52	4%	10232	江苏苏瑞置业	2011-11-17
9	河西中部 2 号地块	二类居住用地	6.08	15.00	32%	10275	莱蒙国际	2012-06-29

资料来源：南京中原 DRC

19.3 南京河西价格高地 品牌房企聚集

雅典奥运会前 7 年间，房价共上涨 65%，北京申奥成功以来，年增长率超过了 10%。2005 年十运会的举办，给南京城带来了翻天覆地的变化。那一年南京有了第一条地铁，也有了河西新城。如今的青奥会，又给原本“西贵”的河西板块注入了新的活力。

图 19-4 南京市河西板块在售重点项目分布图（2012 年）

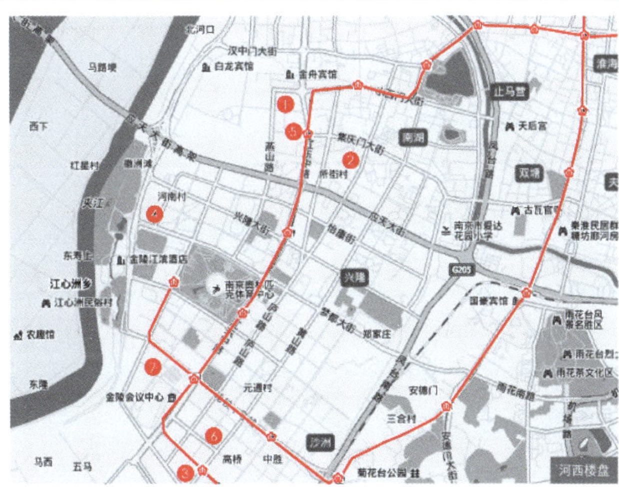

数据来源：南京中原 DRC

区域内知名开发商众多，万达、中北、保利、五矿、宋都、仁恒等陆续进驻。通过对青奥城周边几个典型楼盘的对比，我们看到该板块楼盘销售均价呈现较大幅度的增长。奥体板块本身已经是南京较为热门的置业地段，2009 年开盘的“江湾城”、“星雨华府”等大楼盘项目，都是开盘即售罄。2010 年 2 月南京申青奥成功，该片区楼盘 2010 年销售均价比之前上涨了 57~100% 不等，增幅巨大；从 2010 年至今，因受到国家调控的影响，该片区楼盘销售均价依然保持着 6%~15% 的稳定涨幅。板块内在售的楼盘毛坯销售均价在 16000~25000 元 /m^2 的较高价位，河西青奥大盘“海峡城”也预计于 2012 年 8 月对外公开，这些充分证明该区域的市场价值和追捧热度。

南京市河西板块在售重点项目列表（2012 年） 表 19-3

序号	项目名称	开发公司	总建筑面积（万 m^2）	容积率	入市时间	入市均价	2010 年均价	目前均价	涨幅
1	万达广场	南京万达	22.60	2.5	2009 年 2 月	9500	15000	16000	68.42%
2	中北英郡	中北地产	4.22	1.3	2012 年 2 月	25000	—	25000	—
3	香槟国际	保利	26.42	2.2	2010 年 6 月	16000	16000	18500	15.63%
4	御江金城	五矿	17.00	2.4	2010 年 5 月	17800	17800	20000	12.36%
5	星雨华府	江苏地华	37.00	2.4	2008 年 9 月	14000	22000	24000	71.43%
6	宋都美域	南京宋都	14.37	1.6	2009 年 7 月	10000	20000	22000	120.00%
7	仁恒江湾城	南京仁恒	68.70	2.3	2009 年 7 月	15000	21000	23000	53.33%

注：表中均价已扣除精装修；价格单位：元 /m^2
数据来源：南京中原 DRC

图 19-5 南京市商品房均价走势图（2008—2012 年）

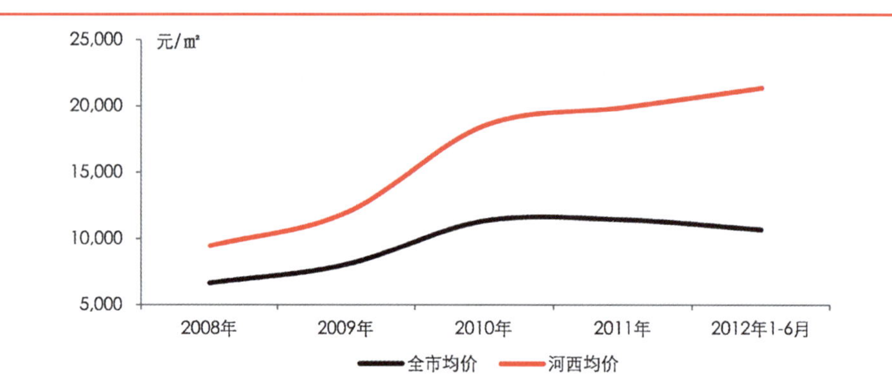

资料来源：南京中原 DRC

19.4 迎接青奥 南京将迈出更快的发展脚步

青奥会将会给南京这座城市带来巨大改变，将有力地促进城市市容环境、城市功能品质、城市人居质量的提升，这些都将是房地产发展的强心剂。青奥会将极大地促进南京经济发展，加快城市规划及城建开发速度，完善各项生活城市配套。与城市发展息息相关的房地产行业会因青奥而提速发展，青奥会对于河西、江北、城中乃至整个南京，都是一大利好。南京会抓住这次契机，推动南京城市建设提速，促进南京整个城市价值的提升，将吸引更多的企业和年轻人到南京发展，所有这一切都将在一段时间内给南京楼市提供一个有力支撑。

在青奥会为南京带来房地产价值增长的同时，也不能疏忽对房价过快上涨的调控。投资者的投资渠道需要疏通，改善型需求需要满足，在提升居住水平的同时铲除投资盈利空间。刚需更需解决，以城乡一体化、公共交通优先，引导更多的购房者出城置业。无力购房者与夹心层最值得关注，应大力度落实廉租房、公租房的建设，使房地产市场均衡发展。

第 20 章 楼市调控对南京高档房的影响

南京中原市场研究中心　吕璐璐

2011 年 2 月，南京实施“限购”、“限贷”政策，市场成交放缓，南京高档房客户持币观望气氛浓厚。楼市调控措施的强力制约，使得他们的投资行为更为谨慎。受调控影响而走低的房地产市场，对资金的吸引力减弱。高档房客户虽然财力丰厚，但“限购”、“限贷”政策打乱了他们的投资计划。当投资需求受到挤压，市场供大于求，此时高档房对价格的敏感度也会随之上扬。

20.1 南京高档房区域分布

高档房是指距离城市中心较近，位于城市主城区内，拥有完善的交通、生活、休闲配套，多作为第一居所，区别于城郊别墅或者郊区别墅，是城市富人集中居住的豪华住宅区。纵观南京，高档房主要集中在“河西”、“城东”和“城中”3 个主要区域。因此，本文选取上述 3 大板块中总价 300 万元以上的重点楼盘进行分析。

图 20-1 南京市高档房区域分布图

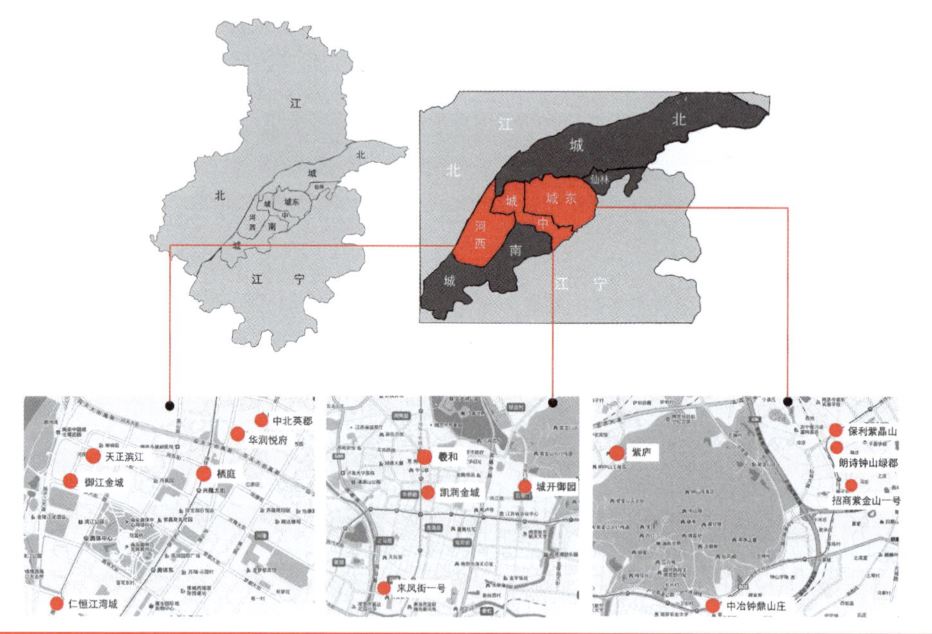

资料来源：南京中原 DRC

城市 Market
楼事 Story
数据 Data

南京市高档房板块特征 表 20-1

区域	板块特征
河西	河西新城区与老城仅一河相隔，位于南京主城的西部，与江心洲及江北隔江相望。目前已形成一定的开发规模，区域规划为中高档住宅区，奥体中心也在此区域内。根据南京城市总体规划确定的发展目标和河西新城区的发展条件，“河西”将成为以商务、商贸、文体 3 大功能为主的城市副中心。
城中	在房地产市场中，因具有完善的生活、教育、商业、医疗和交通配套使得城中板块一直扮演着十分独特的角色，加之日渐稀缺的土地资源。另一方面，一个城市的房地产发展水平又是以“城中”板块市场发展为标杆，所以“城中”板块一直备受购房者和开发企业的关注。
城东	“城东”是南京商品房开发的第一阵地，也是别墅物业类型聚集的第一板块。这里稀缺的自然资源吸引了大量的终极置业人群，已经通车的二号线和往返八车道的仙林大道都让这个区域的板块价值得到进一步的提升。“大学城”带动的商业发展，“金鹰奥莱城”等商业配套也让这个区域的生活氛围和人文氛围逐渐浓郁。

资料来源：南京中原 DRC

南京市高档房客户特征 表 20-2

	背景	接受度和原因
户籍	南京本地人，35-50 岁之间； 有一定海外工作或者居住经验；	注重产品内涵，也注重产品外观
职业	外企金领； 专业人士，如高校老师、医生、律师等； 国企或事业单位中高层	有过 1~2 次置业经验，希望通过购买高端房产进一步提高生活品质，以满足生活、工作和投资多方面的需求。他们认为项目地段，交通和生活便利较为重要，注重物有所值的感觉
家庭结构	有小孩，目前基本两代同居，但会考虑一两年内或者几年之后将一方父母接过来同住，但不一定需要保姆在家居住	注重住宅的功能特性和投资价值，而非标签特性和象征意义，自住性需求特征明显

资料来源：南京中原 DRC

20.2 调控趋紧 南京高档房价格震荡下行

南京高档房对“政策”和“价格”2 个因素较为敏感。

政策层面：2011 年 2 月南京“限购令”实施前，南京高档房供应量与成交量处于较为活跃的状态，“限购令”实施后，大多数楼盘出现成交缓慢的现象。据统计，从 2011 年 2 月 20 日—2011 年 3 月 20 日的 1 个月内，全市商品住宅总共成交 2270 套，日均成交 81 套，低于以往平均水平的一半。其中，高档房也受到政策影响，进入缓慢销售期。这样的状况直到 2012 年降息，以及房地产调控政策微调等政策出台后，才有所改善。

价格层面：2011 年 3 月调控后，南京高档楼盘的成交量减少，价格微涨，月均去化减速明显。在销量持续低迷 1 年之后，2012 年南京楼市价格出现松动，高档房也随之加入了“以价换量”的行列，令大批购房者入市。同期数据显示，高档房价格下跌，则去化率上升，这也说明高档房客户在楼市调控期对价格的敏感度增加。例如：在大型房企云集的“奥体”板块，“天正滨江”部分楼盘突然出现大幅度降价，最高降幅高达 5000 元 /m^2。在“天正滨江”降价消息发出仅一天之内，即有一套 226m^2 的住宅售出，此后带看量亦随之飙升。由此看出，高档楼盘降价对客户同样具有不小的吸引力。同时也反映出南京高端客户自身严格的心理价位标尺，以及他们对投资的谨慎与理性。

南京市高档房供求情况（调控前后） 表 20-3

板块	项目名称	首次开盘时间	开盘价格	开盘至 2011-02			2011-03 至 2011-12			2012		
				供应量	成交量	成交均价	供应量	成交量	成交均价	供应量	成交量	成交均价
河西	御江金城	2010-05	17800	622	514	19000	280	147	20000	0	76	20000
	中北英郡	2011-11	25000	—	—	—	94	0	25000	100	44	25000
	仁恒江湾城二期	2011-02	21000	248	57	21000	688	264	22000	248	404	23000
	天正滨江	2010-10	20000	68	58	21000	136	38	21000	0	73	18500
	栖庭	2010-05	23000	408	220	22000	0	83	22000	0	86	22000
	华润悦府	2011-10	25000	—	—	—	208	0	25000	108	42	21000
城东	招商紫金山 1 号	2011-04	25000	—	—	—	250	31	23000	52	53	22000
	朗诗钟山绿郡	2011-05	21000	—	—	—	336	258	21500	186	148	22500
	紫庐	2009-09	18000	91	89	25000	92	48	25000	0	30	24000
	中冶钟鼎山庄	2010-01	27500	68	71	28000	0	4	30000	0	11	23000
城中	凯润金城	2010-05	38000	542	54	34000	0	26	34000	0	167	22000
	来凤街一号	2010-12	33000	0	0	—	77	15	41000	0	24	41000
	城开御园	2010-01	29000	160	82	29000	0	13	29000	0	65	29000

说明：以上数据为毛坯价；单位：元 /m^2；套
资料来源：南京中原 DRC

图 20-2 南京市调控前后高档房月均去化量对比图

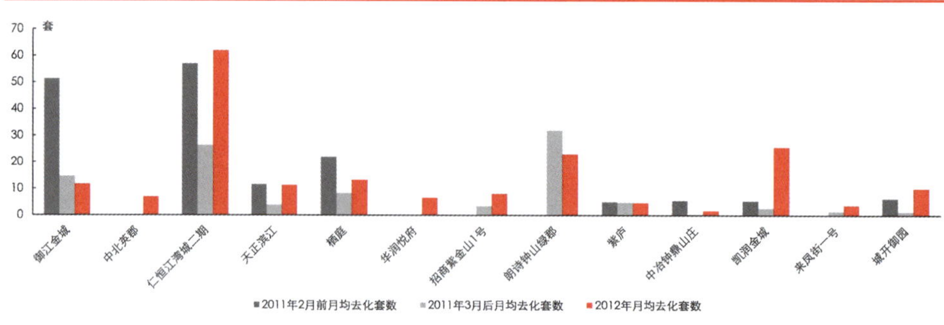

数据来源：南京中原 DRC

20.3 调控预期略有放松 南京高档房市场迅速回暖

20.3.1 南京楼市趋暖 高档房销售渐有起色

2012 年 3 月以来，市场渐暖，刚需楼盘的热销也带动了一些改善楼盘的成交。与 2012 年 3、4 月份相比，5—7 月份的高档房市场明显感觉到了人气和销量。河西“仁恒江湾城”在售 9 号楼房源，户型全部为 178m^2 的四房，均价 25000 元 /m^2，全款 96 折，按揭 98 折。“天正滨江”也将折扣由 85 折上调为 9 折，折后均价为 18500 元 /m^2。

近期改善性需求释放，令多家中高端楼盘的销售都有了起色，加上不少高档房到了销售节点，出现大批高档房集中上市的现象，推出的房源当日去化率也较高。至此，南京高档房已经逐步走出低迷，呈现出明显的复苏景象。

南京市河西、城东高档房供求情况（2012 年） 表 20-4

项目名称	开盘时间	供应套数（套）	交付标准	当日认购套数（套）	去化率（元 /m^2）	折后均价	主力面积（m^2）
中海凤凰熙岸	2012-03-04	230	毛坯	164	71%	26000	100、145、178
江湾城	2012-03-15	188	精装	110	59%	22000~22500	132、153、154
	2012-05-05	60	精装	34	57%	24960	178
保利紫晶山	2012-06-09	36	毛坯	18	50%	17150	140
	2012-07-07	36	毛坯	8	22%	17355	170、190
朗诗钟山绿郡	2012-06-03	36	精装	21	58%	20975	89
	2012-07-07	48	精装	12	25%	21700	86~170

说明：以上数据为毛坯价；单位：元 /m^2；套

资料来源：南京中原 DRC

20.3.2 南京高档房后续走势 性价比是关键

当高档房受到“限购”、“限贷”等调控政策波及，成交受阻时，提高楼盘的性价比，或许是开发商吸引购房者的一条捷径。目前，南京市场上一些高档房价格虚高，开发商只有主动降价，以价换量才能取得较好的销售业绩。随着 2012 年下半年南京高档房大量上市，竞争加剧。对于开发商来说，除了在产品品质上下功夫，合理的定价也是决胜市场的法宝。总之，唯有不断提高高档房的性价比，才能让产品得到市场认可。

南京市限购令内容

表 20-5

时间	限购令
2011 年 2 月 19 日	对已拥有 2 套及以上住房的本市户籍居民家庭，暂停在本市市区内向其销售住房。
	拥有 1 套及以上住房的非本市户籍居民家庭，暂停在本市市区内向其销售住房。
	无法提供 1 年以上（含 1 年）本市纳税证明或社会保险缴纳证明的非本市户籍居民家庭，暂停在本市市区内向其销售住房。

资料来源：南京中原 DRC

南京市贷款政策

表 20-6

贷款政策			
贷款人情况	首付比例	商业利率	公积金利率
首套房	30%	目前各家银行多数实行基准利率	5 年以上贷款为 4.5%
二套房	60%	按照基准利率的 1.1 倍执行	
第三套及以上住房	暂停发放		

资料来源：南京中原 DRC

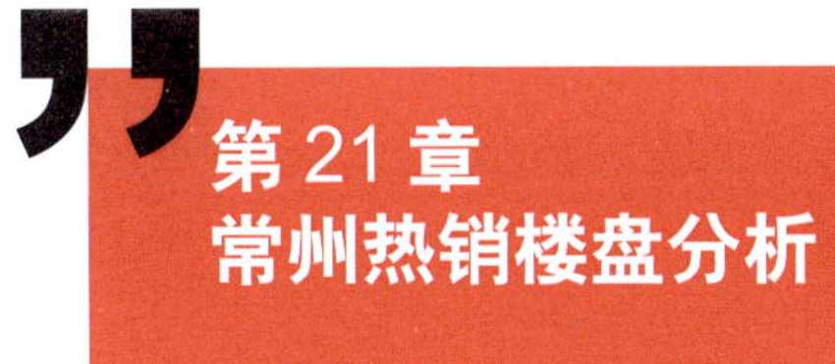

第 21 章 常州热销楼盘分析

常州中原市场研究部　史燕飞

纵观 2011 年，房地产市场以持续调控为主线，金融、信贷、行政干预等手段共同将房地产市场推上史上最难境地。在此情形下，常州楼市也陷入了前所未有的颓势，一度进入开发商与购房者两相博弈的局面。在销售节节下滑，企业融资困难，企业负债率高企的背景下，“以价换量”成为开发商寻找出路的主要方向。在本地开发商的带动下，常州楼市迎来了一波降价潮。其中，“低价入市”和“大幅跳水”的楼盘降价效果显著。由此，全面推动了 2012 年上半年常州楼市成交量的回升。

21.1 以价换量 常州楼市逐步回暖

2011 年，常州商品住宅成交量同比下降 25%。然而开发商适时的降价促销行为，推动了 2012 年上半年成交量的回暖。据中原地产统计显示，2012 年上半年常州商品住宅的成交量为 275 万 m^2，环比和同比分别上涨 9.93%、12.65%。

图 21-1 常州市商品住宅量价走势图（2009—2012 年上半年）

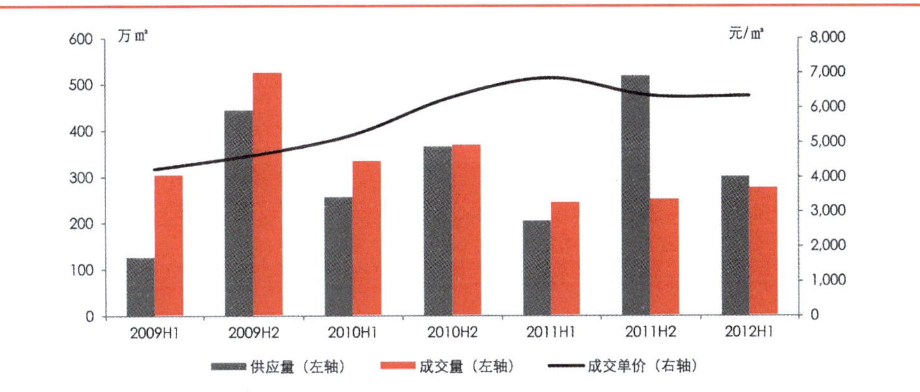

数据来源：常州中原市场研究部

- 常州本地房企带头 开发商集体降价

常州的降价行为首先来源于本土知名开发商——新城地产。从 2011 年 6 月开始，新城地产旗下 9 盘联动，共推出 1000 套限价房，折扣幅度 5.9 折 ~9.5 折。随后佳兆业、世茂、九龙仓、华润、宝龙、路劲、莱蒙等房企纷纷跟进。

■ 常州全市范围普降 局部战况激烈

降价楼盘涵盖常州 5 大区域。其中，武进区的价格战最为激烈。2011 年 10 月，武进区的“龙德花园”以“一口价”5288 元 /m^2 低价入市时，一路之隔的“御城”随即推出 5800~7600 元 /m^2 的房源（较 2011 年上半年下跌 22%），第二周再次加推 100 套 4400~5800 元 /m^2 的特价房，降价后成交火爆。2012 年 2 月，“天隽峰”率先推出 100 套 5200~6200 元 /m^2 房源，随后同一区域的“莱蒙城”推出 100 套 4400~5600 元 /m^2 的特价房与之抗衡。由此可见，降价对于周边楼盘的带动效应显著。

图 21-2 常州市降价板块示意图

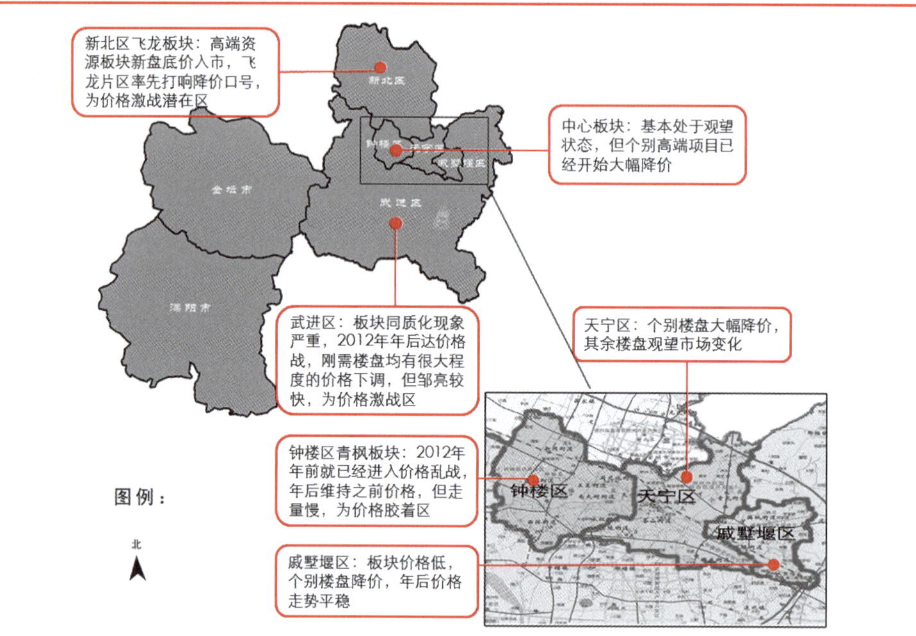

资料来源：常州中原市场研究部

21.2 一降到底 常州热销楼盘分析

据中原地产统计数据显示，2011 年 7 月—2012 年 6 月，常州商品住宅热销楼盘（成交量前 20）成交量共计 185.82 万 m^2，占全市总成交量的 35%。作为热销楼盘，成交量均在 5 万 m^2 以上，其中 6 个项目的成交量超过 10 万 m^2。

常州市热销楼盘排行榜（2011 年 7 月—2012 年 6 月）　　表 21-1

排名	楼盘	区域	成交面积（m^2）	成交套数（套）	价格（元 /m^2）	热销因素
1	新城域	武进区	178915	1852	5684	降价
2	莱蒙城	武进区	122343	981	6062	特价房、降价
3	新城公园壹号	戚墅堰区	114445	1079	5683	降价
4	龙湖香醍伊墅	天宁区	113745	642	6287	低价入市
5	御城	武进区	108404	887	6312	特价房、降价
6	世茂香槟湖	新北区	100406	872	6595	降价
7	绿都万和城	新北区	95205	923	6110	降价
8	凤凰湖壹号	新北区	93062	792	4674	低价入市
9	宝龙城市广场	钟楼区	88350	799	6225	降价
10	华润国际花园	天宁区	87797	777	6307	降价
11	银河湾第 1 城	新北区	84918	963	5100	降价
12	龙德花园	武进区	83874	864	5710	低价入市、承诺不降价
13	天隽峰	武进区	82751	668	7209	特价房、降价
14	新城香溢紫郡	天宁区	76898	765	7209	精装房毛坯价
15	绿地白金汉宫	武进区	75188	751	5787	精装改毛坯
16	新城香悦半岛	钟楼区	74323	606	8802	精装房毛坯价
17	九龙仓繁华里	新北区	73763	676	6937	降价
18	武进吾悦广场	武进区	73069	606	7358	特价房
19	绿地世纪城	钟楼区	72207	688	5073	降价
20	景瑞铂庭	钟楼区	58488	570	5838	降价

注：新城地产旗下楼盘的备案价为项目报价，较实际价格偏高

数据来源：常州房地产信息网、常州中原市场研究部

从热销楼盘的区域来看，20 个热销楼盘中，中心城区（天宁区、钟楼区、戚墅堰区）占了 8 个楼盘，武进区占 7 个，新北区占 5 个。由于中心城区个别项目率先大幅降价，成交面积占热销楼盘总成交量的 36%。相对而言，武进区的项目同质化严重，开发商不得不通过“价格战”以价换量，终令其销量占据热销楼盘总成交面积的 4 成，遥遥领先。

从热销楼盘成交价格来看，主力成交单价在 5500~6500 元 /m^2，占总成交量的 60%。其中 5500~6000 元 /m^2 价格段的楼盘主要有：“龙德花园”、“绿地白金汉宫”、“新城域”、“新城公园壹号”、“景瑞铂庭”等刚需楼盘；6000~6500 元 /m^2 价格段的楼盘主要有：“莱蒙城”、“御城”、“绿都万和城”、“宝龙城市广场”、“华润国际花园”、“龙湖香醍伊墅”。

图 21-3 常州市热销楼盘分区域、分单价段成交情况（2011—2012 年上半年）

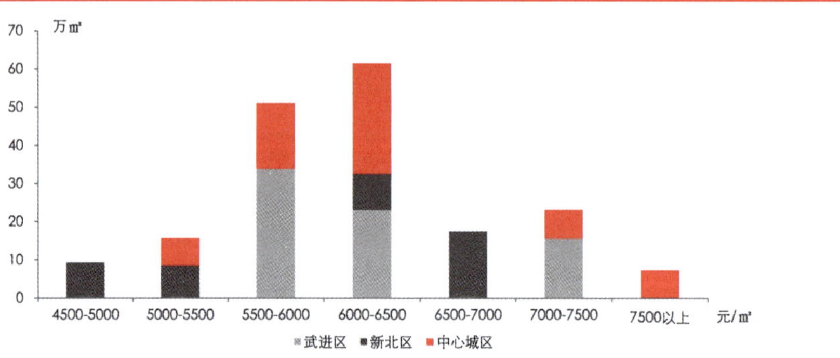

数据来源：常州中原市场研究部

从热销楼盘的户型面积来看，主力户型为 80~90m^2 的刚需房源，占总成交套数的 28.52%。其次为 120~144m^2 的改善性房源，占总成交套数的 25.17%。总体来看，热销楼盘的户型面积有将近 6 成集中在 100m^2 之内。可见，当前市场上，面积小、总价低的刚需楼盘销售情况较好。

图 21-4 常州市热销楼盘户型面积分布情况（2011—2012 年上半年）

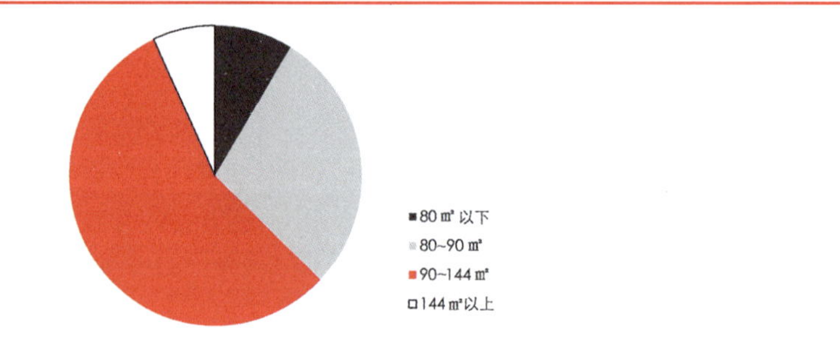

数据来源：常州中原市场研究部

在热销楼盘的众多促销方式中，降价的效果最明显。分析热销因素发现，成交面积排名前 10 的楼盘大多源于“降价”或“低价入市”，其平均降幅达 15% 左右。而试探性地给与购房者优惠、送车位、送装修基金、送家电基金等方式，由于折扣力度有限，效果不佳。所以，推出类似折扣力度较大的“特价房”、“一口价”房源，以及“新盘低开”这些具有实质性降级的促销手段，才能赢得市场青睐。

21.3 量升价稳 常州楼市未来发展趋势预测

常州房地产市场在“以价换量”的带动下，2012 年上半年实现了商品住宅成交量环比、同比的双增长。与此同时，商品住宅的成交均价 6335 元 /m^2，环比、同比分别下跌 0.13%、7.50%。在调控政策的紧逼下，房价得到了阶段性的压制。

然而，未来常州楼市的形势不容乐观。截止 2012 年 6 月，常州商品住宅的存量房攀升至 761.55 万 m^2 的历史峰值。粗略估计，其可售周期达 16.62 个月。另据不完全统计，2012 年下半年约有 260 万 m^2 的新增房源入市，后市竞争持续加剧。在存量高企、后市供应量大幅增加的情况下，开发商压力剧增。可见，消化存量仍是未来一段时间内开发商面临的主要难题。在此前提下，预计常州房价将保持平稳，短期内出现大幅上涨的可能性较小。总体而言，“量升价稳” 将成为 2012 年下半年常州楼市的主旋律。

第22章 常州恐龙园板块浅析

常州中原市场研究部　田凯

随着常州恐龙园规模的不断扩大，政府有效合理的规划，众多开发商均青睐于恐龙园及其周边的未来发展潜力纷纷入驻恐龙园。从“天安城市花园”、“怀德名苑”、“美林国际村”等早期富人区的开发，到后来的“天润园”、“九洲花园”、“世茂香槟湖”，再到“长兴秀江南”、“馨河郦舍”、“九龙仓时代上院”、“龙湖原山”等高端楼盘，逐渐形成了以恐龙园为核心、周边高档住宅林立的恐龙园板块。该文将就恐龙园板块区位规划、发展历程、板块特征以及未来展望4方面进行阐述。

22.1 常州恐龙园板块的位置及发展历程

22.1.1 常州恐龙园交通便捷 配套完善

恐龙园板块位于新北区东南角，用地面积约8km^2。常州市政府欲将恐龙园板块打造成常州市新北区副中心，未来人口规模将超20万。

目前，恐龙园板块的交通道路体系已初具规模，汉江东路、河海东路、太湖东路等主路连接全市，龙业路、龙汇路、龙沧路、龙泾路等骨架道路贯通板块。此外该板块紧邻沪蓉高速公路，与沪宁高速常州道口不足1km，对外交通极为便捷。区域内即将成形的景观商业大道“东经120”大道总长1.8km，串联环球恐龙城和文化创意园区，它的建成将彻底实现北部新城与中心城区东面的对接。

图22-1 常州市恐龙园板块区位及周边配套图

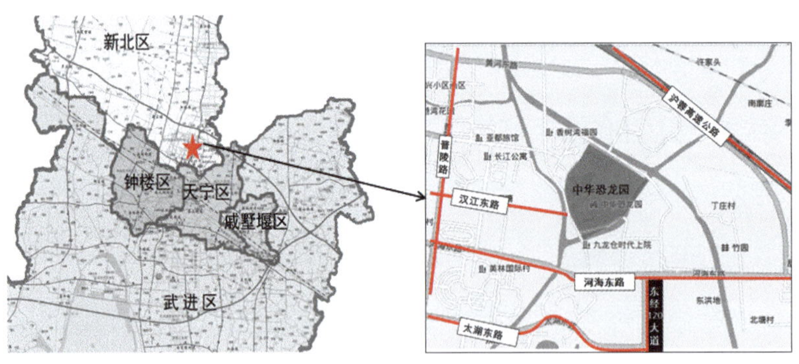

资料来源：常州中原市场研究部

22.1.2 常州市恐龙园板块发展历程

■ 2000—2006 年：板块雏形渐成 配套设施严重缺乏

常州恐龙园自 2000 年 9 月开园到 2006 年间，只吸引到常州少量本土开发商，板块雏形初现。虽然先后开发了“天安城市花园”、“怀德名苑”、“美林国际村”等高端项目，但由于缺少政府有效规划，恐龙园周边道路破烂不堪，配套设施严重缺乏，开发项目多位于较成熟的晋陵路沿线，离恐龙园尚有一段距离。

■ 2007—2008 年：规划先行 各路地产诸侯接踵而来

2007 年，恐龙园及其周边被规划为以旅游、动漫、软件、居住为一体的中华龙城创意产业片区。此后，2008 年 12 月成立了常州市创意产业基地。同时，恐龙园也完成二期鲁布拉湾水世界建设，园区规模进一步扩大。值此，众多开发商开始注意到恐龙园板块的开发潜力，高成、常信、九洲、世茂地产等纷纷入驻，板块人气不断攀升。

■ 2009—2011 年：休闲配套相继落成 知名开发商锦上添花

2009—2011 年，包括恐龙园大剧院、香树湾东南亚风情度假中心、恐龙谷温泉度假中心、三河三园亲水之旅在内的一批围绕恐龙园建设的旅游休闲设施相继建成营业。此外，恐龙园三期库克苏克峡谷区建成扩容，大大提高恐龙园的对外吸引力和容客量。

随着恐龙园影响力的不断扩大，政府规划的逐步落实以及周边自然景观资源的打造，恐龙园板块成为了知名开发商齐聚的热土。从最初世茂地产的进驻，到后来外地知名房企纷纷踏足而至，包括九龙仓置业、龙湖地产、荣盛置业等，板块知名度得到了进一步提升。

22.2 常州市恐龙园板块特征

■ 常州土地市场争夺激烈 后期地块稀缺

随着板块规划定位的确定，恐龙园板块内的土地逐渐成为新北区土地市场的香饽饽。2009—2010 年，开发商之间的争夺尤为激烈。期间恐龙园板块共成交 11 幅地块，总出让面积达 114.46 万 m^2，其中有 4 幅土地溢价成交，最高溢价达 142%。值得关注的是，2010 年 1 月龙湖地产首次进军恐龙园板块，便以 22.85 亿元一举拿下中华恐龙园南侧 1 号地块和 2 号地块，溢价达 51.74%。

受宏观调控影响，2011 年常州市土地市场跌落低谷，恐龙园板块仅有 2 幅土地底价成交，出让面积 13.73 万 m^2。但是，平均楼面价却高达 4239 元 /m^2，远远高于当年 1826 元 /m^2 的新北区平均水平。其中，“东经 120 路”以东地块更是被宏景投资以 6.21 亿元摘得，成为新北区 2011 年总价地王。可见，高价地并未成为开发商进军恐龙园板块的阻碍。

目前，恐龙园板块内可供出让的地块稀缺，且 2012 年暂无地块出让计划，加之开发商对未来的良好预期，令恐龙园周边土地存在进一步升值的空间。

图 22-2 常州市恐龙园板块土地出让分布图

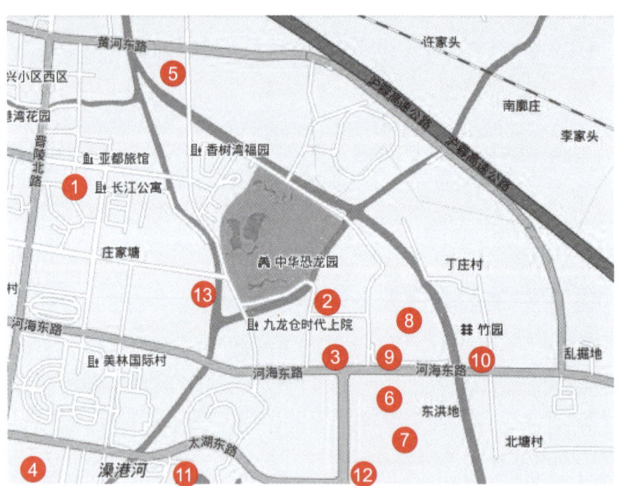

资料来源：常州中原市场研究部

常州市恐龙园板块土地出让情况（2009—2012 年上半年）

表 22-1

序号	地块	性质	出让面积（万 m²）	成交均价（万元）	溢价率	楼面地价（元 /m²）	中标单位	成交日期
1	汉江东路以南建东路以西地块	商业	1.11	5000	0%	1126	新福记大饭店	2009-07-10
2	永汇河以东、龙潭路以北地块	商业	7.39	14500	0%	670	龙城旅游控股	2009-09-11
3	龙沧路以东、河海东路以北地块	商业	6.55	16000	0%	696		2009-09-11
4	太湖东路以南晋陵北路以东地块	商办住	6.79	48400	142%	3566	华丰建设	2009-10-30
5	中华恐龙园西侧地块	商办住	39.17	142100	109%	2134	金桥地产	2009-12-11
6	中华恐龙园南侧 1 号地块	商办住	20.00	100000	25%	3126	龙湖地产	2010-01-22
7	中华恐龙园南侧 2 号地块	商办住	18.48	128500	78%	4347		2010-01-22
8	河海东路以北龙汇路以西地块	商办	2.91	7000	0%	962	龙城旅游控股	2010-02-10
9	龙潭路以北龙汇路以西地块	商办	1.18	2800	0%	1184		2010-02-10
10	河海路以北龙澍路以西地块	商业	0.35	320	0%	506	波尔曼旅游投资	2010-02-10
11	太湖东路以南老藻江河以东地块	商办	10.54	16000	0%	542	常州软件园发展有限公司	2010-07-09
12	太湖路以南东经 120 路以东地块	商办住	10.35	62100	0%	4444	宏景投资	2011-12-15
13	GX09030102 地块（东支河以西、珠江路以北）	商住	3.38	33000	0%	3901	御景投资	2011-12-30

数据来源：常州中原市场研究部

■ 知名房企扎堆 别墅产品齐聚

目前，恐龙园已吸引了世茂、九龙仓、荣盛、龙湖等外来品牌开发商以及九洲、常信等本土实力开发商落户。借助恐龙园的自然生态特质，众多知名房企的集聚，令恐龙园板块发展别墅项目优势明显。新北区的 12 个重点别墅楼盘，恐龙园板块独占 4 席，分别为“九龙仓时代上院”、“世茂香槟湖”、“龙湖原山”、“金桥美林湖”，此外还包括位于江阴地界的“长兴秀江南”和“香树湾别墅”。板块资源优势和众多项目组成的别墅群落区，使恐龙园初步形成了高端生活片区氛围。

图 22-3 常州市恐龙园板块重点楼盘分布图

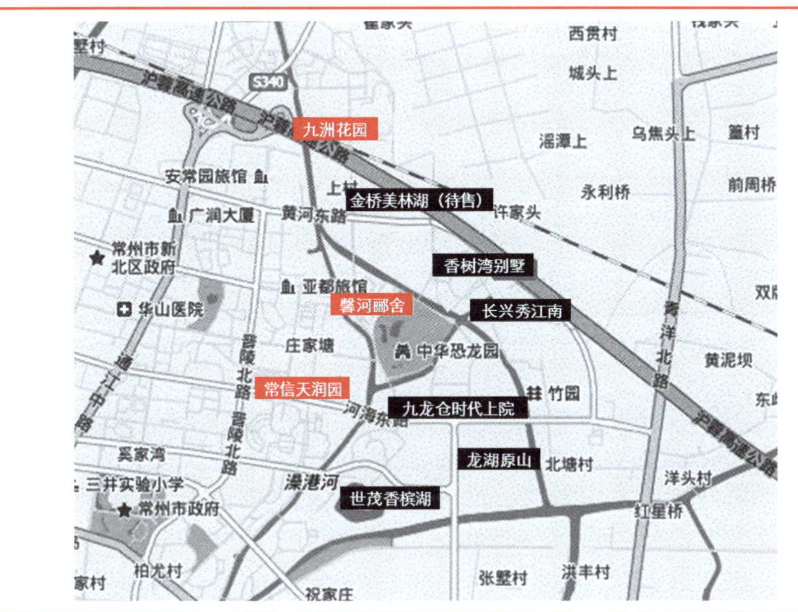

注：红色底纹含别墅产品，黑色底纹不含别墅产品

资料来源：常州中原市场研究部

■ 常州恐龙园板块成交活跃 房价高于区域均价

凭借稀缺的自然资源和巨大的发展潜力，近年恐龙园板块已逐步被购房者认可，2011 年更是一跃成为新北区房地产交易的活跃板块。从 2011 年新北区住宅成交排行榜来看，恐龙园板块楼盘约占 5 成，数量远远高于其他 3 个板块，其中“九龙仓时代上院”的成交套数位列第 1。

常州市新北区住宅成交排行榜（2011 年） 表 22-2

序列	项目名称	板块	成交套数(套)	成交面积（万 m²）	成交均价（元 /m²）
1	九龙仓时代上院	恐龙园板块	1024	10.77	7822
2	世茂香槟湖	恐龙园板块	554	6.41	7262
3	绿都万和城	飞龙板块	518	5.38	6531
4	凤凰湖壹号	薛家板块	480	5.70	5129
5	馨河郦舍	恐龙园板块	340	3.34	7218
6	河海新邦	薛家板块	330	3.01	5861
7	新城清水湾	新龙板块	299	3.51	6079
8	滨江明珠城	新龙板块	291	3.02	5698
9	九洲花园	恐龙园板块	270	2.87	5988
10	聚怡花园	薛家板块	240	2.38	5590

数据来源：常州中原市场研究部

经过 2011 年的低谷，2012 年上半年常州房价筑底回升。虽然恐龙园板块的回升速度落后于全市平均水平，但是恐龙园板块的住宅均价一直高于区域均价。目前恐龙园板块价格波动较小，基本维持在 6200~7500 元 /m² 之间。

图 22-4 常州恐龙园板块房价走势图（2011 年 1 月—2012 年 6 月）

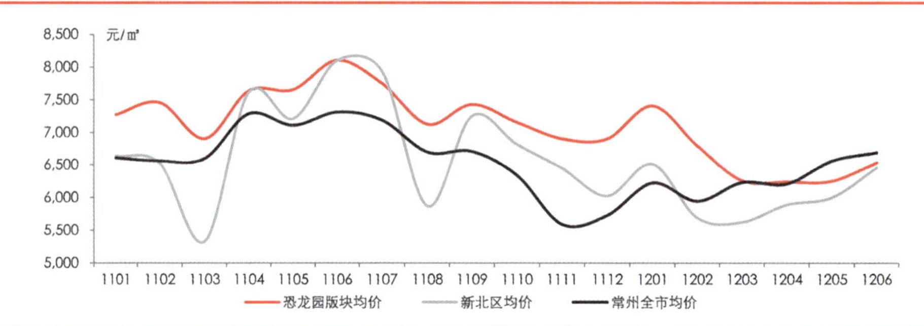

数据来源：常州中原市场研究部

从恐龙园板块内主要在售项目可以看出，2011 年 6 月之前，楼盘价格呈现较大幅度增长。2011 年下半年开始，在售项目普遍进入下行通道，降价销售成为最常见的促销手段。虽然，恐龙园板块内大部分楼盘的平均降幅在 10% 左右，但是仍然低于同期新北区 22.63% 的降幅，表明在整体楼市下滑的大环境下，开发商对恐龙园板块的信心并未受到较大的影响。

城市 Market
楼事 Story
数据 Data

常州市恐龙园板块主要在售项目成交情况　　表 22-3

	项目名称	开发商	物业类型	供应量（万 m^2）	销售率
1	常信天润园	常信地产	高层	21.58	95.69%
2	九洲花园	九洲地产	高层、洋房、商业	28.99	82.68%
3	世茂香槟湖	世茂地产	高层、别墅、商业	31.89	47.41%
4	馨河郦舍	荣盛置业	高层、小高、洋房	11.26	66.43%
5	九龙仓时代上院	九龙仓置业	高层、别墅	31.37	84.38%
6	龙湖原山	龙湖地产	高层、别墅	31.89	47.41%

数据来源：常州中原市场研究部

常州市恐龙园板块主要在售项目价格变化情况　　表 22-4

	项目名称	首次开盘时间	首次开盘均价（元 /m^2）	2011 年 6 月均价（元 /m^2）	2012 年 6 月均价（元 /m^2）	年均涨跌幅	同比
1	常信天润园	2007-05-26	4,915	7151	6412	19.46%	-10.33%
2	九洲花园	2007-09-22	3,655	6671	5978	12.71%	-10.39%
3	世茂香槟湖	2007-12-30	5,777	7474	6612	2.89%	-11.53%
4	馨河郦舍	2010-10-17	7,047	7251	6550	-3.53%	-9.67%
5	九龙仓时代上院	2010-03-20	6,288	8574	6490	1.61%	-24.31%
6	龙湖原山	2011-11-28	6,510	—	7266	11.61%	—

数据来源：常州中原市场研究部

22.3 常州恐龙园板块未来展望

- 知名开发商集聚 周边土地升值

由于目前板块内可出让土地稀缺，后续开发商进入空间较小，纯新盘发展后继乏力，未来将形成以“九龙仓时代上院”、“龙湖原山”、“世茂香槟湖”为代表的成熟高档楼盘继续深耕该板块。在版块内开发空间较小的情况下，不少开发商借板块之热，退而求其次，开始在其外围寻找机会。其中常州首家外资地产商大和置业，2011 年以 7.24 亿竞得紧临恐龙园板块的横塘河西路西侧、竹林北路北侧地块，面积 7.45 万 m^2，溢价 20.67%。预计未来板块外围土地升值空间较大，同时也将催生恐龙园板块之热。

- 各项配套陆续完善 居住环境日渐成熟

随着东经 120 景观大道、国宾馆、马哥孛罗酒店、龙城小学、银行，新福记等配套设施陆续完善，结合目前已建成的生活配套，恐龙园板块的高品质居住环境将日渐成熟。居住在恐龙园周边的购房者不仅可以享受到优美舒适的居住环境，便捷的购物以及便利的交通，还可以将享受恐龙园温泉，游乐场等许多独有的娱乐项目，这对于追求生活品质，追求生活新鲜感的购房者具有非同一般的吸引力。

- 商业潜力巨大 未来发展可期

恐龙园板块位于新北区的商业中心边缘地带，目前商业体系尚未成形，购物消费受到一定程度的抑制，未来区域内有超 20 万常驻人口及年均超百万的旅游人流量，商业潜力巨大，发展大型商业体也将是必然的选择。

未来恐龙园进门移步东大门后，东大门周边将聚集巨大的人流量，其周边商业发展也将迎来质的飞跃。东大门周边将建设以“龙湖天街”、“世茂香槟湖”、“迪诺水镇”为代表的 3 大商业体，总体量超 80 万 m^2。其中“迪诺水镇”将打造成常州首个恐龙主题游憩型商业公园，项目总建超 25 万 m^2。预计其将于 2012 年 10 月份开盘，2013 年底试营业，届时将吸引 500 万旅游客流，成为新一代的区域商业核心。

数据 Data

长三角

上海地产数据

杭州地产数据

南京地产数据

常州地产数据

第 23 章
上海地产数据

23.1 房地产投资环境

上海市历年房地产市场主要指标表（2011—2012 年上半年） 表 23-1

指标	2011 年	2012 年上半年
GDP（亿元）	19195.69	9552.24
GDP 增长率（%）	8.20	7.20
固定资产投资额（亿元）	5067.09	2065.16
房地产投资额（亿元）	2170.31	1042.43
住宅投资额（亿元）	1398.75	662.81
写字楼投资额（亿元）	231.09	95.35
商铺投资额（亿元）	236.05	121.81
商品房施工面积（万 m^2）	12983.32	12057.50
住宅施工面积（万 m^2）	8386.26	7699.62
写字楼施工面积（万 m^2）	1158.34	1093.19
商铺施工面积（万 m^2）	1365.89	1257.32
商品房新开工面积（万 m^2）	3644.06	1467.41
住宅新开工面积（万 m^2）	2473.60	905.98
写字楼新开工面积（万 m^2）	225.72	136.35
商铺新开工面积（万 m^2）	240.00	187.69
商品房竣工面积（万 m^2）	2240.62	974.16
住宅竣工面积（万 m^2）	1549.66	709.88
写字楼竣工面积（万 m^2）	174.33	58.33
商铺竣工面积（万 m^2）	231.80	81.29
商品房销售额（亿元）	2568.88	1064.72
住宅销售额（亿元）	1981.91	912.93
写字楼销售额（亿元）	371.81	87.57
商铺销售额（亿元）	181.66	56.02
商品房销售面积（万 m^2）	1771.30	793.66
住宅销售面积（万 m^2）	1473.72	702.87
写字楼销售面积（万 m^2）	147.40	40.76
商铺销售面积（万 m^2）	95.57	33.00

数据来源：上海中原研究咨询部

上海市主要房地产政策一览表（2011—2012 年 7 月）　　表 23-2

政策名称	颁布日期	实施日期	发布单位	对房地产市场的影响
上海公积金贷款利率调整	2012-07	2012-07	上海市住房保障和房屋管理局	5 年期以上个人住房公积金贷款利率由 4.70% 下调至 4.50%，5 年期以下（含五年）个人住房公积金贷款利率由 4.20% 下调至 4.00%
关于保障性住房房源管理的若干规定（试行）	2012-07	2012-07	上海市政府	但按规定配建的共有产权保障住房应优先调整为公共租赁住房或廉租住房
中国人民银行决定下调金融机构人民币存贷款基准利率	2012-07	2012-07	中国人民银行	金融机构一年期存款基准利率下调 0.25 个百分点，一年期贷款基准利率下调 0.31 个百分点
关于执行住房限售政策中查验社会保险缴纳证明材料问题的通知	2012-07	2012-07	上海市住房保障和房屋管理局	本市户籍居民家庭持社会保险缴纳证明购买住房的，缴纳社会保险须符合“自购房之日起算的前 2 年内累计缴纳满 12 个月”，补缴的不予认可
闲置土地处置办法	2012-07	2012-07	国土资源部	规定重罚企业囤地炒地行为，同时也明确政府囤地也须追责
《关于发布实施〈限制用地项目目录(2012 年本)〉和〈禁止用地项目目录(2012 年本)〉的通知》	2012-06	2012-06	国土资源部、国家发展改革委	明确限定住宅项目容积率不得低于 1.0。别墅类房地产项目首次列入最新颁布实施的限制、禁止用地项目目录
公共租赁住房管理办法	2012-06	2013-01	住房和城乡建设部	申请公共租赁住房，必须同时满足以下条件：申请人在本地无住房或者住房面积低于规定标准；申请人的收入、财产低于规定标准；申请人为外来务工人员的，在本地稳定就业达到规定年限
商业银行资本管理办法(试行)	2012-06	2012-07	银监会	对二套房贷与首套房贷给予同样的风险权重
闲置土地处置办法	2012-06	2012-06	国土部	如果开发商“囤地”造成土地闲置的，未动工开发满一年将被征缴土地价款 20% 的闲置费，满 2 年则将无偿收回土地使用权
中国人民银行决定下调金融机构人民币存贷款基准利率并调整利率浮动区间	2012-06	2012-05	中国人民银行	（1）将金融机构存款利率浮动区间的上限调整为基准利率的 1.1 倍；（2）将金融机构贷款利率浮动区间的下限调整为基准利率的 0.8 倍
关于严格执行本市商品房预售许可管理有关规定的通知	2012-05	2012-07	上海市住房保障和房屋管理局	上海商品房项目累计预售面积不应超出土地出让合同约定的可建建筑面积，对于超出部分，不予核发预售许可证

续表

政策名称	颁布日期	实施日期	发布单位	对房地产市场的影响
公共租赁住房管理办法	2012-05	2012-06	住房和城乡建设部	本地及外来人员均可申请公共租赁住房，无正当理由连续6个月闲置公租房的应当退回，违法违规转租公租房者，不但会被强制收回房屋，更需要缴纳违法所得3倍以下、不高于3万元的罚款
进一步严格执行商品房预售许可管理规定	2012-05	2012-05	上海市房管局	一、进行面积预测时，存在重叠的，房屋调查机构应对楼盘表内既有房屋的灭失情况进行调查。二、认真审核房地产开发企业提交的房地产权证、测绘报告等申请材料及楼盘表信息
关于发布行业标准《房地产登记技术规程》的公告	2012-05	2012-03	住房和城乡建设部	房屋权利人应妥善保管好受理凭证；房屋继承或遗赠登记请提交相应公证书；合并办理更高效、便捷；要求公告应在房地产所在地公开发行的报纸上刊登发布，公告期不宜少于5个工作日
中国人民银行决定下调金融机构人民币存款准备金率0.5个百分点	2012-03	2012-02	中国人民银行	从2012年5月18日起，下调存款类金融机构人民币存款准备金率0.5个百分点
上海市共有产权保障房（经济适用住房）申请、供应和售后管理实施细则	2012-03	2012-03	上海市住房保障和房屋管理局	明确申请对象不得同时申请廉租住房、共有产权保障房或者公共租赁住房，必须待其中一种类型保障性住房的申请审核完成后，方可申请其他类型保障性住房
建设用地容积率管理办法	2012-02	2012-02	住房和城乡建设部	以出让方式提供国有土地使用权的，在国有土地使用权出让前，应当依据控制性详细规划，提出容积率等规划条件。未确定容积率等规划条件的地块，不得出让国有土地使用权
市政府办公厅关于进一步严格执行房地产市场调控政策完善本市住房保障体系的通知	2012-02	2012-03	上海市政府	本市户籍居民家庭的子女成年后，确因婚姻等需要、且该子女无产权住房，在本市限购1套住房
中国人民银行决定下调金融机构人民币存款准备金率0.5个百分点	2012-02	2012-03	中国人民银行	中国人民银行决定，从2012年2月24日起，下调存款类金融机构人民币存款准备金率0.5个百分点
普通住房标准	2012-01	2011-01	上海市住房保障和房屋管理局	实际成交价格：低于同级别土地上住房平均交易价格1.44倍以下，坐落于内环线以内的低于330万元/套，内环线与外环线之间的低于200万元/套，外环线以外的低于160万元/套
关于严格规范城乡建设用地增减挂钩试点工作的通知	2011-12	2012-01	国土部	对城乡建设用地增减挂钩试点提出完整的政策要求，明确开展增减挂钩试点必须充分尊重农民意愿，必须经国土资源部批准
上海市住房公积金行政执法管理办法	2011-12	2011-12	上海市公积金管理中心	个人如果以欺骗手段违法获得住房公积金贷款，即使未构成犯罪，也要按相关标准处罚，包括取消其一定年限的住房公积金贷款资格等
闲置土地处置办法	2011-12	2011-12	国土部	规定开发商土地闲置满2年的，将无偿收回土地使用权。此外，如果开发商被认定为“囤地”，在该土地未处置完毕前，开发商将不允许再拿地

续表

政策名称	颁布日期	实施日期	发布单位	对房地产市场的影响
上海市住宅修缮工程管理试行办法	2011-12	2011-12	上海市住房保障和房屋管理局	本市住宅修缮工程实施方案报区县住房保障房屋管理局审核后，须向实施范围内业主公示并征询意见。修缮实施方案经实施范围内 2/3 以上业主同意后，方可进行工程报建
上海市住宅物业保修金管理暂行办法	2011-12	2011-12	上海市住房保障和房屋管理局	当中规定：新建住宅及同一物业管理区域内其他建筑物，其建设单位按照建筑安装总造价的 3% 交纳保修金
关于印发《市筹公共租赁住房准入资格申请审核实施办法（试行）》的通知	2011-12	2011-12	上海市住房保障和房屋管理局	申请公共租赁住房准入资格的单身申请人（申请家庭），不得同时申请本市其他保障性住房
房地产开发企业资质管理规定（修订征求意见稿）	2011-12	2011-12	住房与城乡建设部	房地产开发企业如囤地、擅自变更容积率、捂盘惜售、哄抬房价，可视情节轻重作出降低资质等级或吊销资质证书处理，并可处以 1 万元以上 3 万元以下的罚款
中国人民银行决定下调金融机构人民币存款准备金率 0.5 个百分点	2011-11	2011-10	中国人民银行	中国人民银行决定，从 2011 年 12 月 5 日起，下调存款类金融机构人民币存款准备金率 0.5 个百分点
上海市国有土地上房屋征收与补偿实施细则	2011-10	2011-09	上海市政府	90% 以上的被征收人、公有房屋承租人同意的，方可进行旧城区改建；旧式里弄房屋、简屋等增加补贴；不得采取暴力等方式强迁
关于保障性安居工程建设和管理的指导意见	2011-09	2011-09	国务院	完不成保障性安居工程建设任务的城市，一律不得兴建和购置政府办公用房。利用虚假资料骗购、骗租保障房的，一经查实应立即纠正，并取消其在 5 年内再次申请购买或租赁保障性住房资格

数据来源：上海中原研究咨询部

23.2 土地市场

上海市历年土地出让主要指标表（2011—2012 年上半年） 表 23-3

	土地公告情况			土地成交情况			
	宗数	占地面积（万 m^2）	建筑面积（万 m^2）	宗数	占地面积（万 m^2）	建筑面积（万 m^2）	土地出让金额（亿元）
2011 年	779	3008.21	4408.39	761	2759.83	4050.76	1224.56
2012 年上半年	196	707.81	1057.20	210	819.02	1168.34	184.42

数据来源：上海中原研究咨询部

上海市土地规划（2012 年） 表 23-4

住房建设用地供应总（万 m^2）	保障性住房用地（万 m^2）		棚改房 / 安置房用地（万 m^2）	（中小套型）商品房用地（万 m^2）	三类用地占总量
	廉租房 + 公共租赁房	经济适用房			
1000.00	83.33	166.67	333.33	116.67	70.00%

数据来源：上海中原研究咨询部

图 23-1 上海市可建面积前 10 名的房企入驻分布图（2011—2012 年上半年）

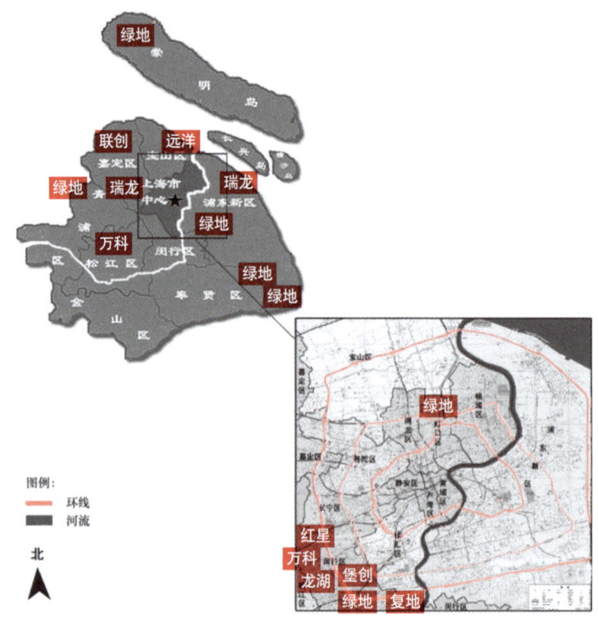

排名	开发商	区域	用地性质	土地面积（万 m^2）	可建面积（万 m^2）	总价（亿元）	楼面地价（元 / m^2）	日期
1	绿地	浦东新区	商业	2.50	3.51	0.89	2538	2011-01-30
	绿地	崇明县	综合	10.60	14.31	7.73	5399	2011-01-30
	绿地	崇明县	综合	11.70	15.21	6.05	3977	2011-01-30
	绿地	闵行区	商办	10.40	18.71	7.20	3845	2011-03-30
	绿地	青浦区	居住	12.02	26.45	5.23	1978	2011-08-25
	绿地	浦东新区	商办	3.48	5.57	1.45	2609	2011-11-10
	绿地	虹口区	商办	0.97	3.86	8.89	23000	2012-06-06
2	瑞龙投资	浦东新区	商办	7.12	11.86	6.10	5143	2011-02-25
	瑞龙投资	青浦区	综合	14.74	26.53	9.95	3750	2011-07-27
3	港城开发	浦东新区	商住	14.79	36.98	6.60	1785	2012-02-23
4	红星美凯龙、深圳盛世万象投资、沈阳首源投资	闵行区	商办	9.21	33.72	30.67	9094	2011-08-30
5	瑞安联创汽配	嘉定区	综合	9.52	30.93	10.35	3346	2011-08-03
6	堡创投资	闵行区	商办	11.94	30.26	19.12	6317	2011-11-11
7	重庆龙湖、福运投资	闵行区	商办	7.88	29.34	30.54	10412	2011-08-30
8	远洋地产	宝山区	居住	13.77	27.54	31.34	11378	2011-01-30
9	复地	闵行区	商办	12.20	21.95	8.20	3736	2011-03-25
	复地	闵行区	商办	2.99	5.38	2.10	3904	2011-03-30
10	万科	松江区	商住	6.79	10.87	4.68	4306	2011-02-01
	万科	闵行区	商业	3.22	14.26	14.80	10375	2011-11-15

资料来源：上海市国土资源网
备注：以上数据剔除动迁安置房用地、工业用地

图 23-2 上海市 10 大热点地块（2011—2012 年上半年）

	地块名称	关注点	关注信息	开发商
1	杨行镇西城区北块 G-2-1 地块（A 块）	2011 年成交总价最高居住地块	成交总价：31.34 亿元	远洋地产（上海）有限公司
2	浦兴社区 Y000902 编制单元 19-04 地块	2011 年楼面地价最高居住地块	楼面地价：21362 元 / m^2	上海景瑞投资有限公司
3	临港泥城社区 DE07-P-1 地块	2011 年溢价最高居住地块	溢价率：206%	上海英达莱置业有限公司
4	城桥商品房基地 1、2 号地块	2011 年占地面积最高居住地块	占地面积：15.53 万 m^2	上海保集集团，上海佳富投资公司
5	浦东上海世博会地区 B 片区 B02A-02 号地块	2011 年楼面地价最高商办地块	楼面地价：19602 元 / m^2	国新控股（上海）有限公司
6	虹桥商务区核心区一期 02 号地块	2011 年成交总价最高、建筑面积最大商办地块	成交总价：30.67 亿元 建筑面积：33.72 万 m^2	红星美凯龙家居，深圳盛世万象投资，沈阳首源投资
7	奉贤区庄行镇 B-08-02 区域地块	2012 年溢价最高居住地块	溢价率：71%	上海新湾投资发展有限公司（佳兆业）
8	东大名路 1060 号地块	2012 年总价最高最商办地块	成交总价：8.87 亿元	绿地地产集团有限公司
9	真如城市副中心 A1、A2 地块	2012 年总价最高综合地块	成交总价：17.00 亿元	上海馨　投资管理，领弘有限公司（星浩资本）
10	嘉定区嘉定新城 D10-24 地块	2012 年溢价最高商业地块	溢价率：435%	上海万卓投资有限公司

资料来源：上海中原研究咨询部

图 23-3 上海市居住用地量价分布图（2011 年）

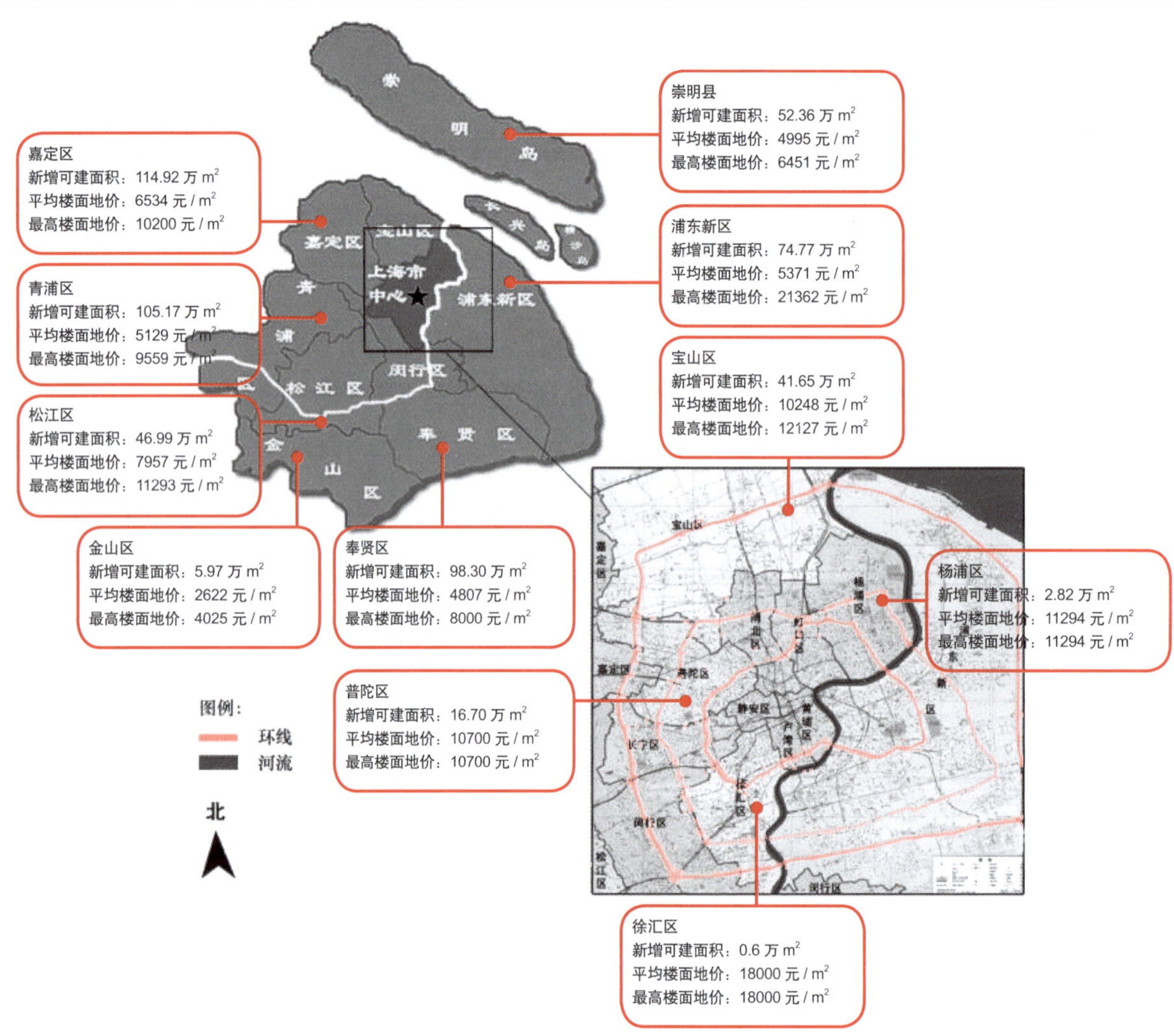

资料来源：上海市国土资源网
备注：以上数据剔除动迁安置房用地

图 23-4 上海市居住用地量价分布图（2012 年上半年）

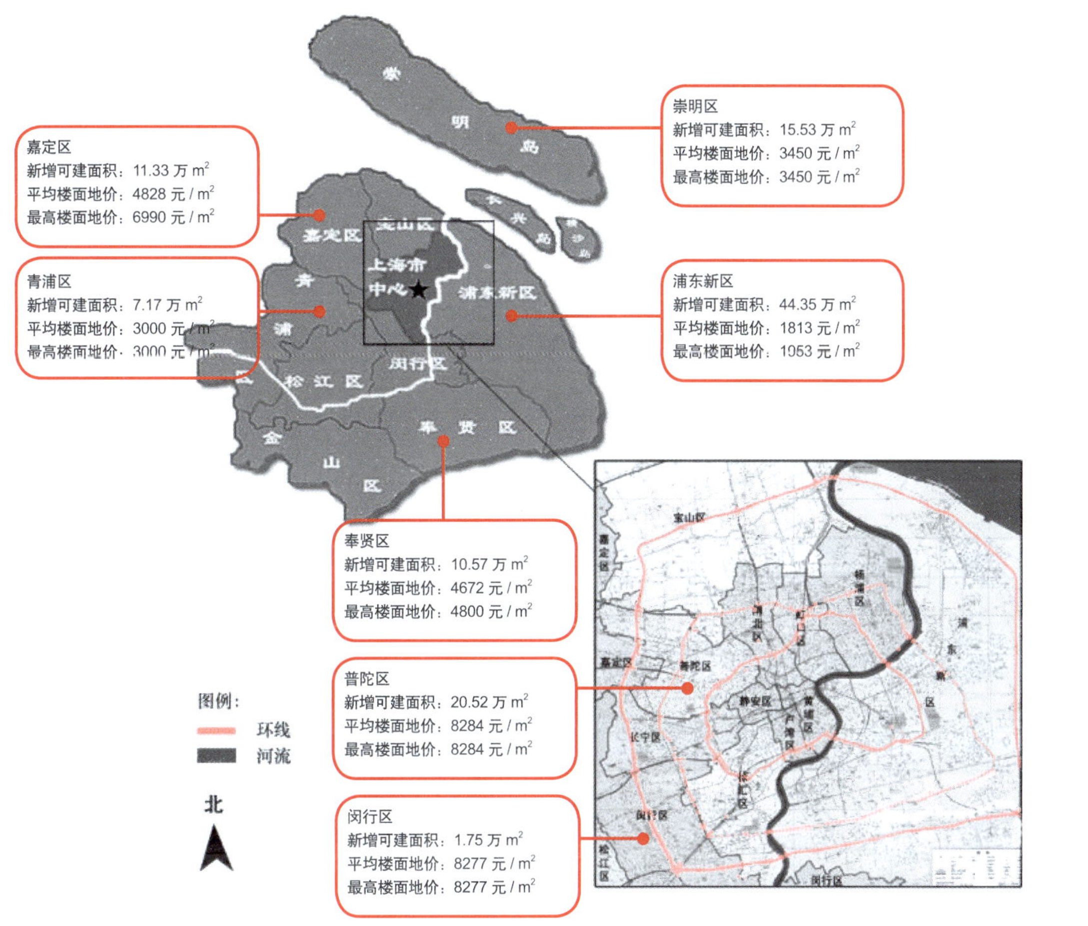

数据来源：上海市国土资源网
备注：以上数据剔除动迁安置房用地

23.3 住宅市场

上海市历年商品住宅市场主要指标表（2011—2012 年上半年） 表 23-5

时间	商品住宅市场			土地成交情况	
	批准预售面积（万 m^2）	预售登记面积（万 m^2）	销售额（亿元）	销售面积（万 m^2）	销售金额（亿元）
2011 年	1893.73	1312.41	1880.59	1078.55	1757.08
2012 年上半年	740.10	594.59	980.08	618.28	1006.06

数据来源：上海房地产交易中心 上海中原研究咨询部

上海市商品住宅供需情况表（2011—2012 年上半年） 表 23-6

区域		新增面积（万 m^2）	销售情况			
			销售套数（套）	销售面积（万 m^2）	成交金额（亿元）	成交均价（元 /m^2）
全市		1434.63	95572	1115.02	2475.64	22203
中心区	黄浦	3.58	148	2.83	21.66	76421
	卢湾	3.46	157	3.21	23.89	74539
	静安	2.91	134	2.04	13.54	76421
	徐汇	17.67	789	16.51	97.15	58834
	长宁	12.75	515	7.74	38.86	42111
次中心区	虹口	3.29	762	8.36	35.19	42111
	闸北	27.34	2334	25.09	82.63	32929
	杨浦	41.32	1926	29.34	119.51	40728
	普陀	61.23	3435	42.00	135.68	32303
	浦东	153.39	7735	102.55	354.44	34563
	南汇	133.22	9281	103.88	181.12	17436
	闵行	80.86	5806	74.23	197.56	26615
	宝山	199.39	18025	190.15	354.85	18662
城市边缘区	嘉定	228.37	15566	168.87	267.21	15824
	松江	139.16	10083	118.91	229.00	19258
	青浦	121.15	6645	81.08	156.57	19310
	金山	61.57	3599	39.01	39.35	10088
	奉贤	110.79	7326	84.15	104.17	12379
	崇明	33.19	1306	15.06	23.26	15444

数据来源：上海房地产交易中心 上海中原研究咨询部

图 23-5 上海市公寓售价前 10 名楼盘分布图（2011—2012 年上半年）

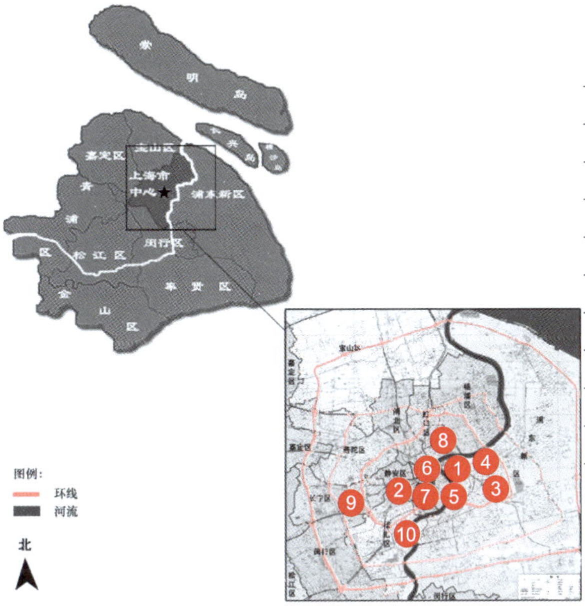

排名	楼盘名称	建筑面积（万 m^2）	2011—2012 年上半年均价（元 /m^2）	最近一次开盘均价（元 /m^2）
1	汤臣一品大厦	9.13	154296	160000~170000
2	翠湖天地嘉苑	7.29	151505	70000~135000
3	财富海景花园	5.05	118885	50000~120000
4	鹏利海景公寓	4.85	116478	100600~200000
5	凯旋滨江园	4.79	115740	93100~264000
6	华润外滩九里苑	9.41	98630	153500~117500
7	茂名公馆	2.76	97573	155100~118600
8	外滩黄浦湾公寓	2.76	92072	50000
9	嘉里华庭	2.38	86763	80000~100000
10	新华路一号	1.84	84614	75000~100000

数据来源：上海房地产交易中心 上海中原研究咨询部

图 23-6 上海市别墅售价前 5 名楼盘分布图（2011—2012 年上半年）

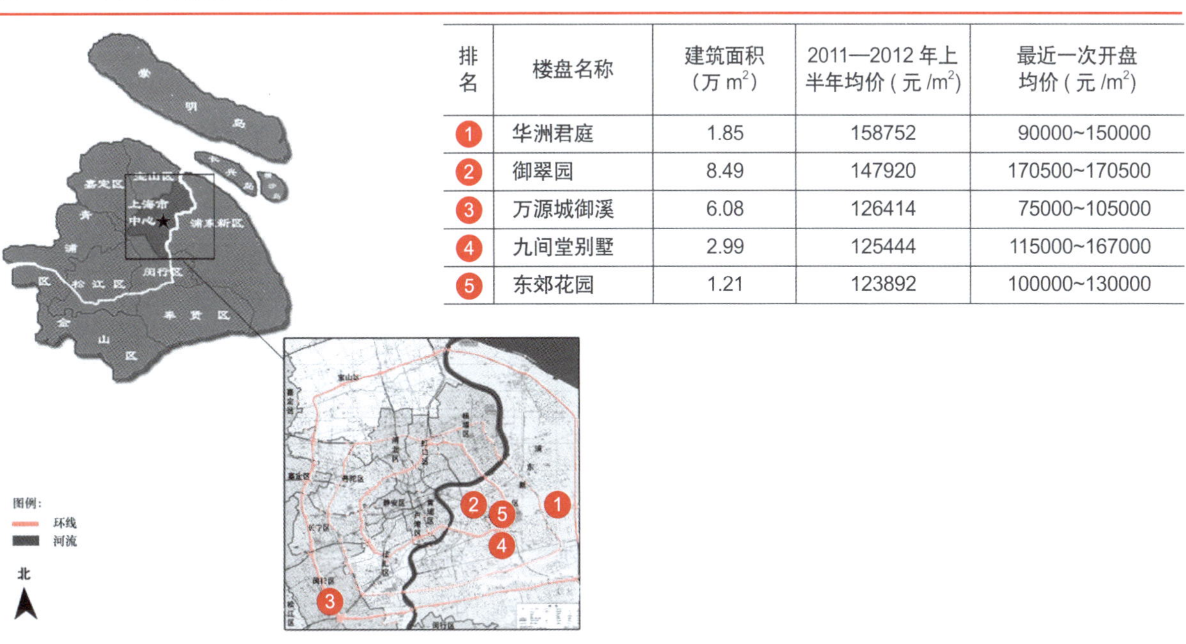

排名	楼盘名称	建筑面积（万 m^2）	2011—2012 年上半年均价（元 /m^2）	最近一次开盘均价（元 /m^2）
1	华洲君庭	1.85	158752	90000~150000
2	御翠园	8.49	147920	170500~170500
3	万源城御溪	6.08	126414	75000~105000
4	九间堂别墅	2.99	125444	115000~167000
5	东郊花园	1.21	123892	100000~130000

数据来源：上海房地产交易中心 上海中原研究咨询部

图 23-7 上海市新建住宅销售面积前 10 名楼盘分布图（2011 年）

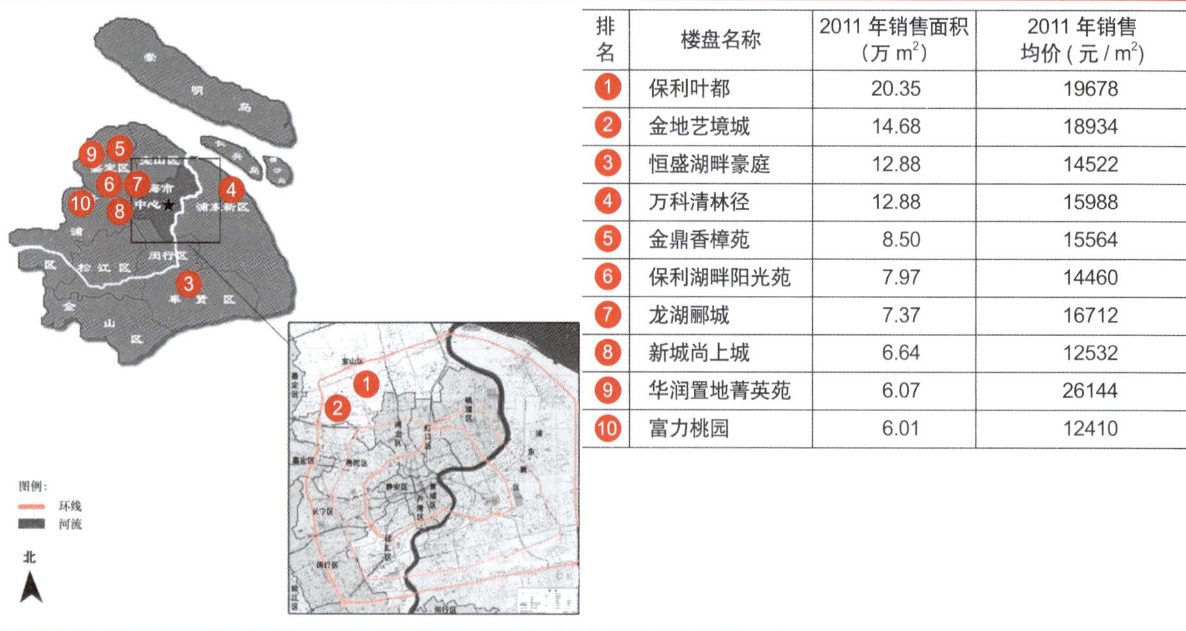

排名	楼盘名称	2011 年销售面积（万 m²）	2011 年销售均价 (元 / m²)
1	保利叶都	20.35	19678
2	金地艺境城	14.68	18934
3	恒盛湖畔豪庭	12.88	14522
4	万科清林径	12.88	15988
5	金鼎香樟苑	8.50	15564
6	保利湖畔阳光苑	7.97	14460
7	龙湖郦城	7.37	16712
8	新城尚上城	6.64	12532
9	华润置地菁英苑	6.07	26144
10	富力桃园	6.01	12410

资料来源：上海房地产交易中心 上海中原研究咨询部

图 23-8 上海市新建住宅销售面积前 10 名楼盘分布图（2012 年上半年）

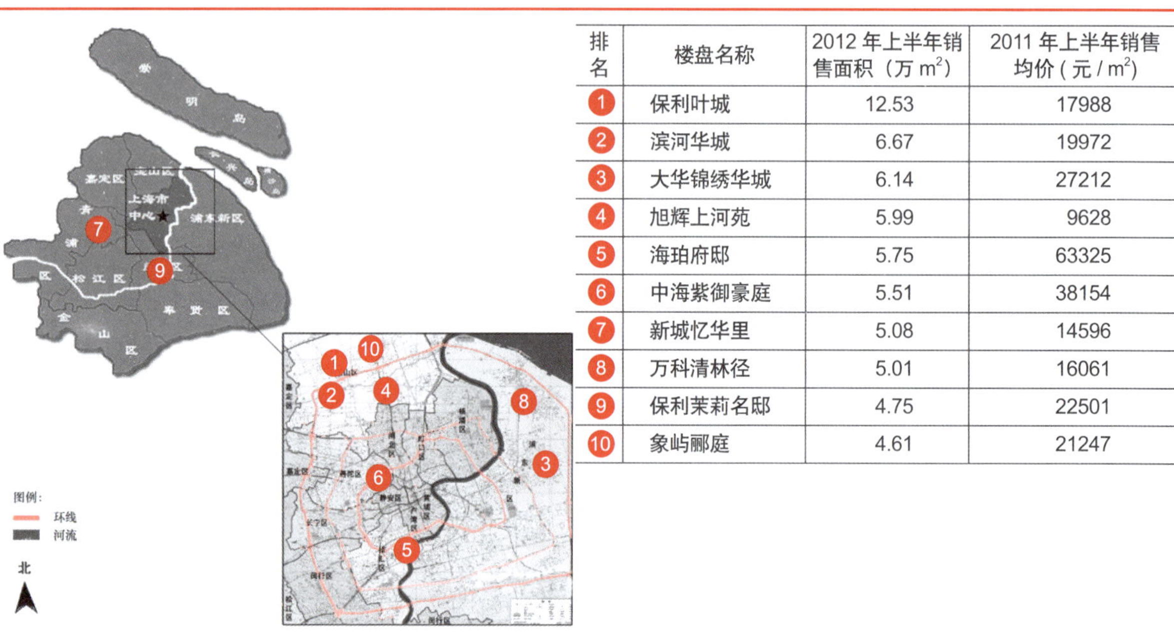

排名	楼盘名称	2012 年上半年销售面积（万 m²）	2011 年上半年销售均价 (元 / m²)
1	保利叶城	12.53	17988
2	滨河华城	6.67	19972
3	大华锦绣华城	6.14	27212
4	旭辉上河苑	5.99	9628
5	海珀府邸	5.75	63325
6	中海紫御豪庭	5.51	38154
7	新城忆华里	5.08	14596
8	万科清林径	5.01	16061
9	保利茉莉名邸	4.75	22501
10	象屿郦庭	4.61	21247

资料来源：上海房地产交易中心 上海中原研究咨询部

图 23-9 上海市新建住宅 10 大热点楼盘分布图（2011—2012 年上半年）

排名	关注点	楼盘名称	最近一次开盘均价（元 / m²）	建筑面积（万 m²）
1	公寓销售最快	保利叶城	17750	34.89
2	公寓性价比最高	保利湖畔阳光苑	20000	22.60
3	公寓配套最好	大华锦绣华城	71300	46.29
4	公寓升值潜力最大	上隽嘉苑	16800	20.71
5	公寓成交金额最高	保利叶城	17750	34.89
6	公寓成交均价最高	汤臣一品大厦	165000	10.81
7	别墅成交均价最高	华洲君庭	120000	1.84
8	别墅成交金额最高	上海紫园	128350	6.30
9	别墅销售最快	长泰东郊御园	32350	13.37
10	别墅升值潜力最大	沿海丽水馨庭	30200	17.00

资料来源：上海房地产交易中心 上海中原研究咨询部

图 23-10 上海市二手住宅价格涨幅前 10 名楼盘分布图（2011—2012 年上半年）

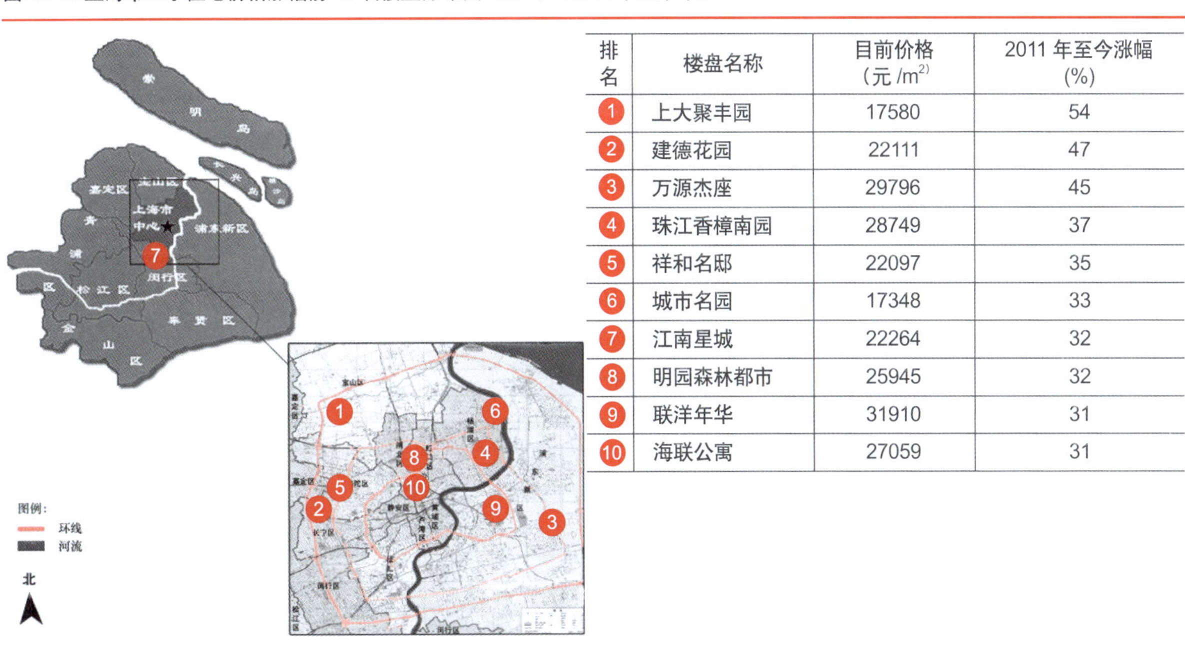

排名	楼盘名称	目前价格（元 /m²）	2011 年至今涨幅（%）
1	上大聚丰园	17580	54
2	建德花园	22111	47
3	万源杰座	29796	45
4	珠江香樟南园	28749	37
5	祥和名邸	22097	35
6	城市名园	17348	33
7	江南星城	22264	32
8	明园森林都市	25945	32
9	联洋年华	31910	31
10	海联公寓	27059	31

资料来源：上海中原研究咨询部

图 23-11 上海市二手住宅租金涨幅前 10 名楼盘分布图（2011—2012 年上半年）

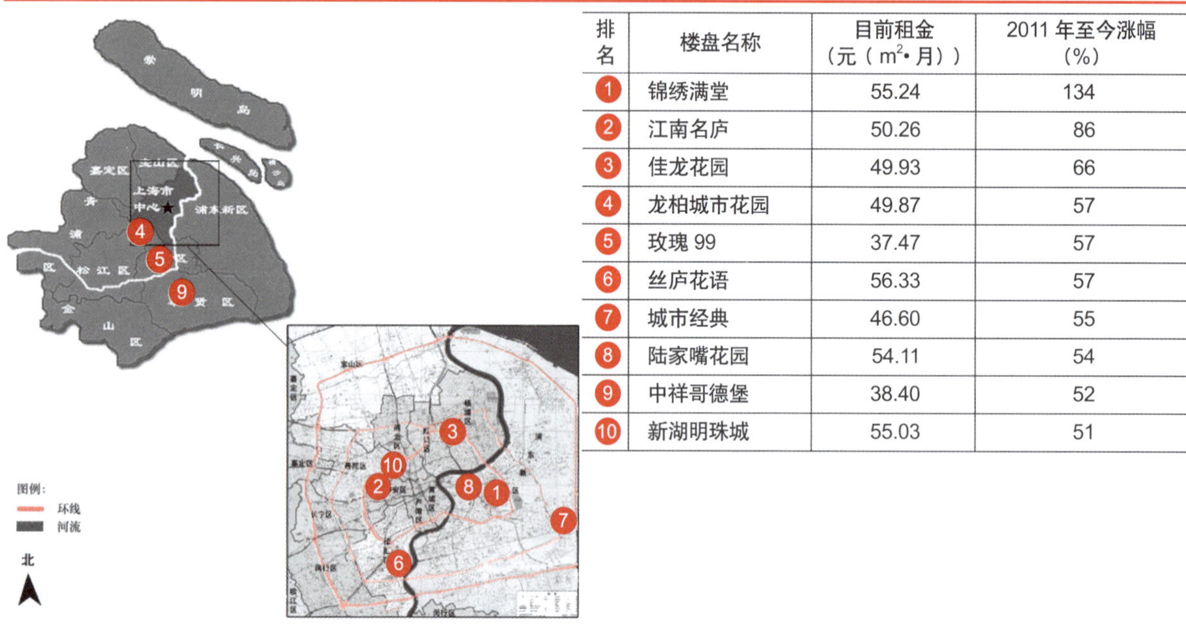

排名	楼盘名称	目前租金（元（m^2•月））	2011 年至今涨幅（%）
1	锦绣满堂	55.24	134
2	江南名庐	50.26	86
3	佳龙花园	49.93	66
4	龙柏城市花园	49.87	57
5	玫瑰 99	37.47	57
6	丝庐花语	56.33	57
7	城市经典	46.60	55
8	陆家嘴花园	54.11	54
9	中祥哥德堡	38.40	52
10	新湖明珠城	55.03	51

资料来源：上海中原研究咨询部

图 23-12 上海市二手住宅租金回报率前 10 名楼盘分布图（2011—2012 年上半年）

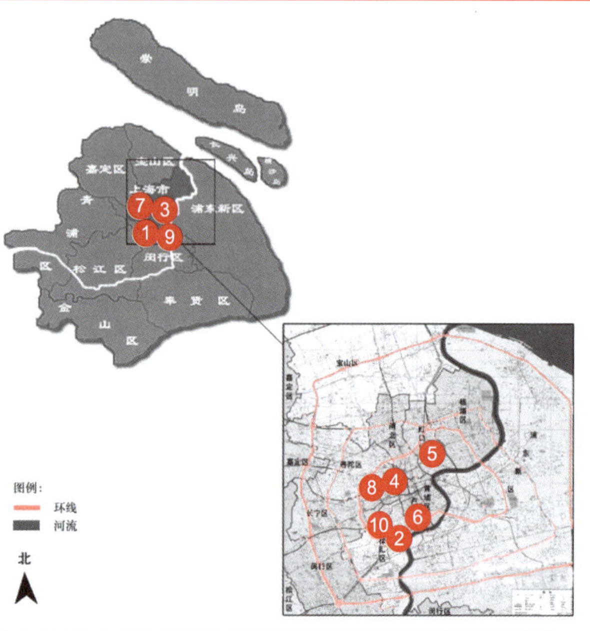

排名	楼盘名称	租金回报率（%）
1	嘉富丽苑	7.1
2	名仕苑	5.2
3	龙柏城市花园	4.5
4	静安凤凰苑	4.5
5	绿洲雅宾利花园	4.3
6	华强公寓	4.2
7	虹桥花苑	3.9
8	绿地世家	3.4
9	蓝色港湾	3.3
10	嘉年华庭	3.2

资料来源：上海中原研究咨询部

23.4 写字楼商业市场

图 23-13 上海市租金前 10 名的租赁型写字楼分布图（2011—2012 年上半年）

排名	写字楼名称	租金（元/(m²•月)）	建筑面积（万/m²）	入驻率（%）
1	企业天地	420	9.63	99
2	恒隆广场	420	20.20	98
3	上海环球金融中心	390	38.16	90
4	越洋广场	390	10.80	100
5	金茂大厦	375	28.74	96
6	瑞安广场	360	7.00	100
7	嘉华中心	360	8.62	100
8	上海商城	360	18.50	99
9	中环广场	330	5.40	98
10	来福士广场	330	8.00	95

资料来源：上海房地产交易中心 上海中原研究咨询部

图 23-14 上海市销售价售价前 10 名的销售型写字楼分布图（2011—2012 年上半年）

排名	写字楼名称	售价（元 / m²）	建筑面积（万 m²）	入驻率（%）
1	二十一世纪中心大厦	102777	6.33	—
2	上海环球金融中心	82283	38.16	90
3	高宝金融大厦	79999	7.35	85
4	中融碧玉蓝天大厦	67820	7.49	90
5	御华山大厦	67057	3.68	—
6	上海港国际客运中心	60288	20.54	—
7	中信广场	58149	14.71	20
8	东方金融广场	56462	11.53	—
9	绿地滨江国际中心	54669	6.53	—
10	日月光中心	54377	3.61	—

资料来源：上海房地产交易中心 上海中原研究咨询部

图 23-15 上海市销售面积前 10 名的销售型写字楼分布图（2011—2012 年上半年）

	写字楼名称	销售面积（万 m^2）	最近一次开盘售价（元 / m^2）	建筑面积（万 m^2）	租金回报率（%）
1	新世界长宁商业中心	10.02	28084	10.02	7.1
2	沪东财富国际广场	7.03	25545	15.00	5.6
3	隆宇国际商务广场	5.42	35829	12.36	5.0
4	绿地滨江国际中心	5.35	54669	6.52	4.0
5	卓越商务中心	4.82	12919	11.31	—
6	上海国际航运服务中心	4.68	65751	5.46	—
7	嘉瑞国际广场	4.25	42434	5.86	5.9
8	风尚天地广场	3.45	19356	12.19	—
9	上海环球金融中心	3.36	82283	38.16	5.3
10	国浩长风城	3.34	20388	9.25	7.1

资料来源：上海房地产交易中心 上海中原研究咨询

上海市写字楼售价季度走势（2011—2012 年上半年）　　表 23-7

时间	2011 年第 1 季度	2011 年第 2 季度	2011 年第 3 季度	2011 年第 4 季度	2012 年第 1 季度	2012 年第 2 季度
售价（元 / m^2）						
全市	26287	25219	30343	24791	29481	19150
租金（元 /（m^2• 月））						
陆家嘴	258.0	264.6	279.5	306.6	296.2	303.9
南京西路	256.5	261.9	270.2	292.7	308.3	311.4
淮海中路	255.9	257.4	268.2	282.0	310.0	322.9
人民广场	223.2	229.5	240.9	238.1	257.1	249.7
徐家汇	198.3	199.5	210.0	224.0	242.4	236.9
虹桥开发区	191.7	188.4	202.7	204.1	192.0	208.3
甲级写字楼入驻率（%）						
陆家嘴	90.4	90.3	91.4	93.8	93.0	95.2
南京西路	90.8	90.3	91.0	93.9	93.9	96.5
淮海中路	90. 8	90.5	91.3	95.7	92.6	96.8
人民广场	89.9	90.3	92.1	93.7	94.4	95.6
徐家汇	90.3	90.2	91.8	93.6	92.4	96.2
虹桥开发区	90.3	90.4	91.6	94.5	95.2	96.1

上海市甲级写字楼市场未来供应项目（2012—2013 年）　　表 23-8

项目名称	区域 / 商圈	开发商	预计竣工时间	占地面积（万 m^2）	建筑面积（万 m^2）	项目点评
复地 • 申公馆	闵行区 / 浦江镇商圈	上海闵光房地产开发有限公司	2012-09	8.76	7.74	项目系位于漕河泾开发区内的大型标志性商办综合体项目，毗邻后滩央企总部聚集区和前滩跨国企业总部区。距轨道 8 号线联航路站约 600m，周边多家世界 500 强企业环绕。 项目由 42 栋法式复古商务独栋和 5 栋 5A 甲级智能写字楼及裙房商场组成。其中一期商务独栋首层 5.1m 阔绰层高，超高附送空间，并通过欧式风情商业街及学院派绿色景观打造，尊享别具一格的怡人生态商务感受

续表

项目名称	区域 / 商圈	开发商	预计竣工时间	占地面积（万 m^2）	建筑面积（万 m^2）	项目点评
宝华世纪广场	闸北区 / 大宁商圈	凯德置地（中国）	2012-09	4.77	10.56	项目是凯德置地旗下的商业项目，现已被上海宝华企业集团收购。位于闸北区广中西路上，万荣路共和新路间，坐落闸北区“十一五”重点规划的高科技产业园区——上海多媒体谷内。南邻 68 万 m^2 的大宁灵石公园，东邻上海马戏城。 项目附近有大宁国际商业广场、上海马戏城、闸北体育馆等完善的配套设施，更有大宁灵石公园带来的优质生态办公和居住环境。此外，上海大学等高等学府为其提供了丰富人才资源
上海 X3-2 大厦	浦东区 / 陆家嘴商圈	上海宝湾东方房地产开发有限公司	2012-12	0.93	12.00	项目属世界顶级写字楼，由上海宝湾东方房地产开发有限公司开发。该大楼近邻金茂大厦，也是贝氏建筑在中国设计第 4 个项目。大楼采用“变形设计”，底部是一正方形，然後逐渐上升，大厦旋转 45°，在空中变为八边形。大楼建筑高度超 200m，地下 3 层，地上 42 层，总建筑面积近 12 万 m^2
宝地广场	杨浦区 / 内环商圈	上海宝地杨浦房地产开发有限公司	2012-12	2.96	15.64	项目为 2 幢 20 层高的综合楼，包括第一层到第四层为商场；办公楼；地下第一层为超市和停车场；地下第二层为停车库，设有约 700 个停车位
合生国际广场	杨浦区 / 五角场商圈	合生创展集团有限公司	—	2.40	36.00	项目的总设计理念以“水”为核心，规划总建筑面积超过 36 万 m^2，将由一座高逾百米“凯悦酒店”、一座高 180m（33 层）国际甲级写字楼及其面积达到 16 万 m^2 的购物中心组成，是车位总数超过 2000 个的地下车库的商业综合体。该项目将引入一系列上海罕见的业态，如与中影集团合作的“9 厅”影城将包括 3 个领先科技的 3D 放映厅和 1 个巨幕放映厅；商场中庭将布置一个开放式的真冰滑冰场；开设水景餐饮；布置大型屋顶空中花园等。重要的是，商场将首次在五角场地区引入国际一线品牌落户
钢之源国际贸易中心	长宁区 / 虹桥 商圈	上海融真置业有限公司	2012-12	5.12	16.55	项目北至临虹路，南为规划路，西至广顺北路，东到金轮路，整个项目占地 51225.5m^2，总建筑面积 165513m^2，其中地上建筑面积 106614.8m^2，地下建筑面积为 58898.2m^2，朱家浜穿流而过，将项目分为南北两块，目前都已动工，预计 2012 年底南地块预售，2014 年 2 季度整体交房。项目是由上海同济规划设计研究院做规划设计。分为 5 栋甲级办公楼及 9 栋总部独栋组成，甲办共 9 层，单层面积 1300 到 2000m^2，整栋面积 11000 到 18000m^2，总部独栋 4 到 5 层，每栋约 2900 到 5000m^2。甲办和独栋底层和顶层均为层高 4.5m，标准层层高均为 4m。外墙都采用经典 ARTDECO 建筑风格，奢华的钢挂石材外立面，入口大堂挑高 8.5m，地下地上双大堂设计，大理石内墙，花岗岩地坪，彰显世界级企业的宏伟气度。

资料来源：上海房地产交易中心 上海中原研究咨询部

图 23-16 上海市 10 大新增供应面积商业项目分布图（2011—2012 年上半年）

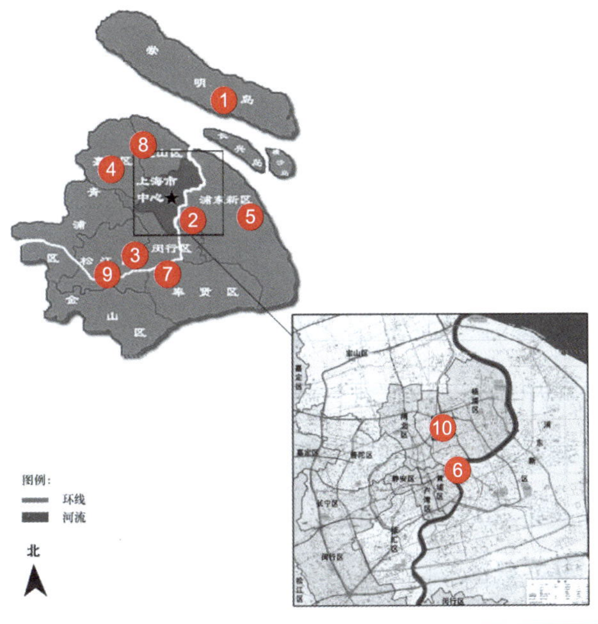

排名	项目名称	新增供应面积（万 m^2）
1	长兴岛配套商品房基地	6.44
2	金谊河畔	5.87
3	开元地中海商业广场	5.27
4	金地格林风范城	4.94
5	绿地东海岸商业广场	4.94
6	上海环球金融中心	4.48
7	上海亿丰五金家居广场	4.46
8	卜海文化信息产业园	4.24
9	澳森隆国际品牌家居城	4.19
10	大上海紫金城	4.01

资料来源：上海房地产交易中心 上海中原研究咨询部

上海市商铺售价季度走势（2011—2012 年上半年） 表 23-9

	2011 年第 1 季度	2011 年第 2 季度	2011 年第 3 季度	2011 年第 4 季度	2012 年第 1 季度	2012 年第 2 季度
全市	17074	16087	15803	18819	16300	18675
内环以内	39877	27892	24534	34567	40594	32350
内中环间	23589	20068	19998	24818	35330	37387
中外环间	17974	22420	24586	22480	17529	18249
外郊环间	16353	14153	13940	15448	15018	16583
郊环以外	8864	9097	9476	12889	10011	12154

单位：元 / m^2
数据来源：上海房地产交易中心 上海中原研究咨询部

上海市大型集中商业未来供应项目（2012—2015 年）

表 23-10

项目名称	区域 / 商圈	开发商	预计竣工时间	占地面积（万 m^2）	建筑面积（万 m^2）	项目点评
成城购物广场	闵行区 / 七宝商圈	成城购物广场实业发展有限公司	2013 年	8.00	40.00	项目位于上海市闵行区虹桥镇吴中路和虹井路交汇处，西距外环 1km，北距延安西路高架 1.2km 里，西北方向距虹桥机场 3km。由香港胜南实业公司和上海虹西实业公司联合投资 25 亿元重新启动建设，由美国 RTKL 公司和上海建筑设计研究院设计，国际著名的高力物业顾问公司进行商业概念策划，以欢乐、时尚、科技、购物、生活为主题
虹桥良华购物广场	闵行区 / 虹桥商圈	上海良华置业有限公司	2013 年	2.78	10.60	项目位于闵行区申滨路宁虹路，距离虹桥枢纽中心和虹桥商务区 800~1000m 左右。作为虹桥交通综合枢纽的商业配套工程，是政府鼎立打造大虹桥主体功能区内的商圈龙头。整体规划有星级商务酒店、综合卖场、百货主力店、零售专卖店、大型餐饮等，是集酒店、购物、休闲、娱乐于一体的一站式时尚购物大型主题商业中心
城开中心	闵行区 / 古美商圈	上海城开集团龙城置业有限公司	2013 年	8.73	51.75	项目地处地铁 1 号线莲花南路站对面，与南方商城比邻而居，是上海城开集团在沪三大城市综合体之一。项目包含 Grade A+ 级写字楼、国际 5 星级酒店、SHOPPINGMALL 等业态
世纪大都会	浦东新区 / 陆家嘴商圈	和记黄埔（上海）地产有限公司	2015 年	9.00	28.40	项目地处连接浦东金融中心与行政中心的世纪大道中段，毗邻上海城市轨道交通二、四、六、九号线“四线相交”的高效交通枢纽。北侧项目主要由综合性大型商场与甲级高端办公楼宇组成，建成后将为周边办公楼和即将入驻的国内外企业提供商业、酒店、文化、娱乐、办公等多功能、高品位的现代服务配套

数据来源：上海中原研究咨询部

第 24 章 杭州地产数据

24.1 房地产投资环境

杭州市历年房地产市场主要指标表（2011—2012 年上半年） 表 24-1

指标	2011 年	2012 年上半年
GDP（亿元）	7011.80	3372.68
GDP 增长率（%）	10.10	7.50
固定资产投资额（亿元）	3105.16	1486.20
房地产投资额（亿元）	1302.27	651.22
住宅投资额（亿元）	800.81	396.67
写字楼投资额（亿元）	134.72	59.88
商铺投资额（亿元）	144.95	53.87
商品房施工面积（万 m^2）	7739.69	7204.34
住宅施工面积（万 m^2）	4924.07	4435.32
写字楼施工面积（万 m^2）	788.54	730.95
商铺施工面积（万 m^2）	604.40	585.58
商品房新开工面积（万 m^2）	2490.57	907.11
住宅新开工面积（万 m^2）	1451.95	504.59
写字楼新开工面积（万 m^2）	269.55	97.18
商铺新开工面积（万 m^2）	234.21	82.28
商品房竣工面积（万 m^2）	1135.00	265.06
住宅竣工面积（万 m^2）	770.09	175.32
写字楼竣工面积（万 m^2）	103.92	21.39
商铺竣工面积（万 m^2）	89.27	21.80
商品房销售额（亿元）	1083.92	566.27
住宅销售额（亿元）	860.74	482.60
写字楼销售额（亿元）	117.11	45.27
商铺销售额（亿元）	93.48	35.64
商品房销售面积（万 m^2）	829.81	437.75
住宅销售面积（万 m^2）	682.43	379.90
写字楼销售面积（万 m^2）	70.36	33.41
商铺销售面积（万 m^2）	56.39	19.78

数据来源：杭州市统计局

杭州市主要房地产政策一览表 (2011—2012 年上半年)

表 24-2

政策名称	颁布日期	实施日期	发布单位	对房地产市场的影响
杭州市房产管理局关于贯彻执行住房限购政策有关事项的通知	2011-03-01	2011-03-01	杭州市人民政府	在遏制了投机需求的同时，也以刀切的形势打击了市场的其他需求，包括改善型需求
浙江省商品房销售明码标价实施细则	2011-05-17	2011-05-17	浙江省物价局	对开发商捂盘销售、随意涨价、虚报高价再假降价等饱受购房者诟病的行为有所限制，对于建立透明的市场环境有着积极意义
在经济开发区(下沙)注册、纳税和经营的企业员工(主要是企业管理层）首套购房发放补贴	2011-12-01	2011-12-01	杭州下沙开发区	在严厉的调控环境下，杭州首个区域内的“救市政策”， 对促进区域内一、二手房的去化有着积极意义
杭州市政府办公室：关于进一步规范商业办公等非住宅类项目规划设计与管理实施意见的通知	2012-01-18	2012-02-17	杭州市政府办公室	酒店式公寓被禁后，无疑打乱了拿地开发商的计划，写字楼在短时间内肯定供大于求，开发速度可能会放缓

资料来源：杭州政府网

24.2 土地市场

杭州市历年土地出让主要指标表（2011—2012 年上半年）

表 24-3

	土地公告情况			土地成交情况			
	宗数	占地面积（万 m^2）	建筑面积（万 m^2）	宗数	占地面积（万 m^2）	建筑面积（万 m^2）	土地出让金额（亿元）
2011 年	779	3008.21	4408.39	761	2759.83	4050.76	1224.56
2012 年上半年	196	707.81	1057.20	210	819.02	1168.34	184.42

数据来源：杭州国土资源网

图 24-1 杭州市可建面积前 10 名的房企入驻分布图（2011—2012 年上半年）

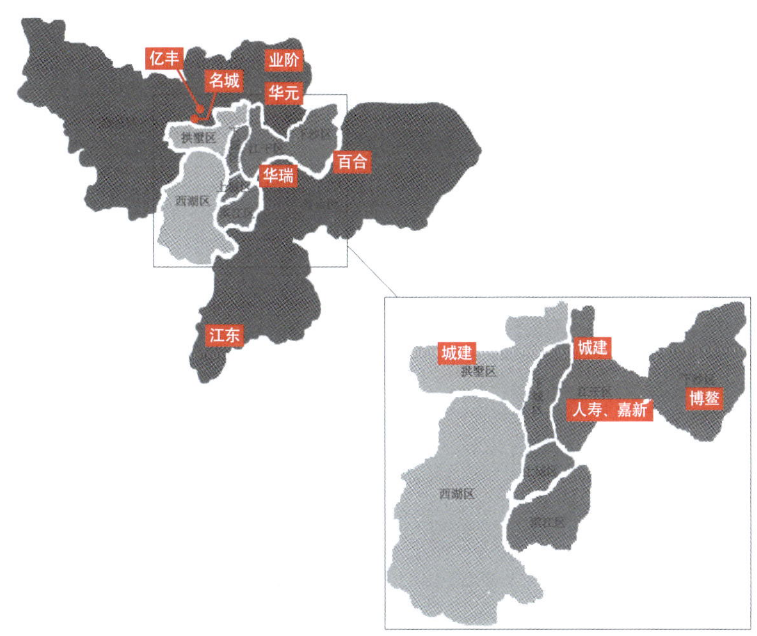

排名	开发商	区域	用地性质	土地面积（万 m^2）	可建面积（万 m^2）	总价（亿元）	楼面地价（元 / m^2）	日期
1	杭州华元房地产集团有限公司	余杭区	商住	6.81	46.98	7.15	1522	2011-10-18
2	浙江亿丰置业有限公司	余杭区	商住	7.79	29.60	3.51	1186	2011-06-14
3	杭州华瑞房地产开发有限公司	萧山区	商住	8.94	25.04	23.00	9184	2011-01-10
4	浙江名城房地产集团有限公司	余杭区	商住	8.30	23.23	14.50	6241	2011-02-25
5	杭州江东开发建设投资有限责任公司	萧山区	商业	6.31	22.72	2.61	1150	2011-01-28
6	业阶有限公司 (key advance limited)	余杭区	居住	12.22	21.99	7.87	3578	2011-03-04
7	杭州百合房地产开发有限公司	萧山区	商住	12.78	20.04	4.44	2214	2011-10-28
8	中国平安人寿保险股份有限公司、深圳嘉新投资发展有限公司、昆山联诚股权投资管理有限公司	江干区	商业	2.45	19.57	23.10	11805	2012-05-23
9	浙江博鳌实业投资有限公司	下沙区	商业	3.45	18.95	8.08	4266	2012-02-07
10	浙江城建房地产集团股份有限公司	江干区	居住	7.60	17.47	8.62	4934	2011-08-16
		拱墅区	居住	2.50	5.49	4.47	8136	2011-08-31

资料来源：杭州国土资源网

图 24-2 杭州市 10 大热点地块（2011—2012 年上半年）

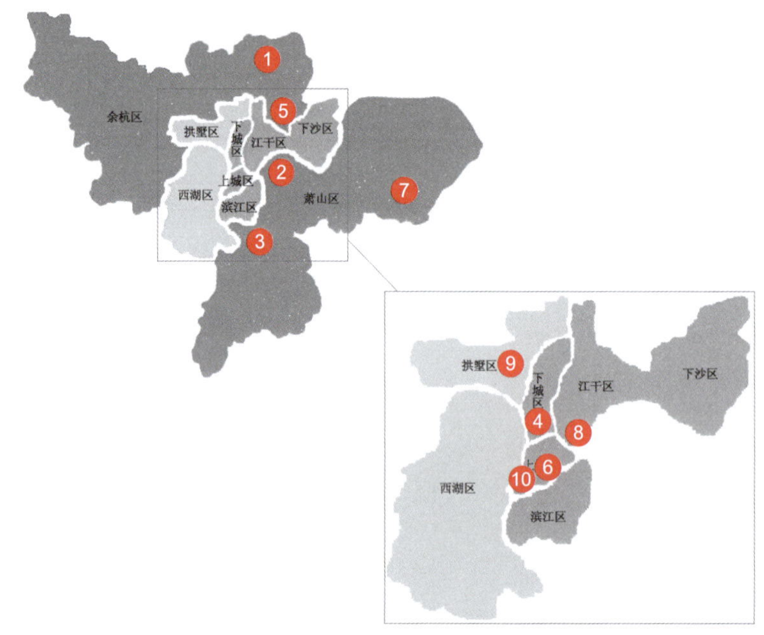

	地块名称	关注点	关注信息	开发商
1	杭州钱江开发区兴元路南侧 R10-01 地块	2011 年总用地面积、建筑面积最大的居住用地	总用地面积：122194m^2 建筑面积：219949m^2	业阶有限公司 (key advance limited)
2	钱江世纪城 N-33 地块	2011 年总价、楼面地价最高的居住用地	总价：17.2 亿元； 楼面地价：14543 元 /m^2	浙江金昌房地产集团有限公司
3	河庄街道三联村地块：北至规划艮山东路，东至规划滨江一路，南至一工段横路，西至观十五线	2011 年总用地面积最大的地块（商办、商住）	总用地面积：127764m^2	杭州百合房地产开发有限公司
4	下城区（武林广场 04 号地块）	2011 年总价最高地块（商办）	总价：26.81 亿元	杭州市地铁置业有限公司
5	乔司镇乔农路以南、城隍中路以西，东至城隍中路	2011 年容积率最低居住用地	容积率：1.0~1.2	浙江国翔置业有限公司
6	钱江新城 A-01-2 地块	《2011 年杭州市读地手册》重点推介地块	总价：177100 万元； 溢价率：75.9%	浙商财产保险股份有限公司
7	益农镇兴裕村，东、南侧为农田，西侧为规划道路，北侧为兴裕村农居	2011 年溢价率最高地块（商住）	溢价率：317.8%	杭州盛元房地产开发有限公司
8	钱江新城单元 E-03 地块	2012 年上半年总价最高地块（商办）	总价：231012 万元	中国平安人寿保险股份有限公司、深圳嘉新投资发展有限公司、昆山联诚股权投资管理有限公司
9	桥西单元 D-28 号地块	2012 年上半年楼面地价最高的居住用地	楼面地价：9000 元 /m^2	浙江圣奥置业有限公司
10	玉皇山南 B- 乙 -02 地块	2012 年上半年，时隔 4 年再现租赁用地	租赁价：土地开发加市政配 2420； 租金 840 元 /（m^2• 月）	杭州市玉皇山南综合整治工程指挥部

资料来源：杭州国土资源网

图 24-3 杭州市居住用地量价分布图（2011 年）

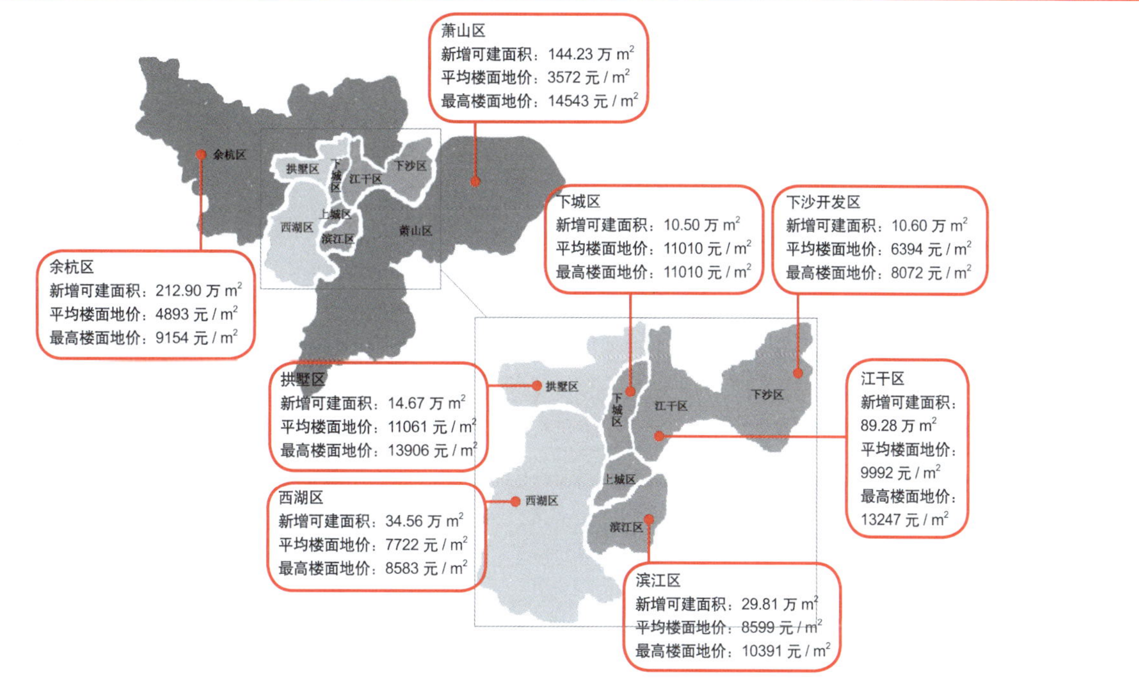

资料来源：杭州国土资源网

图 24-4 杭州市居住用地量价分布图（2012 年上半年）

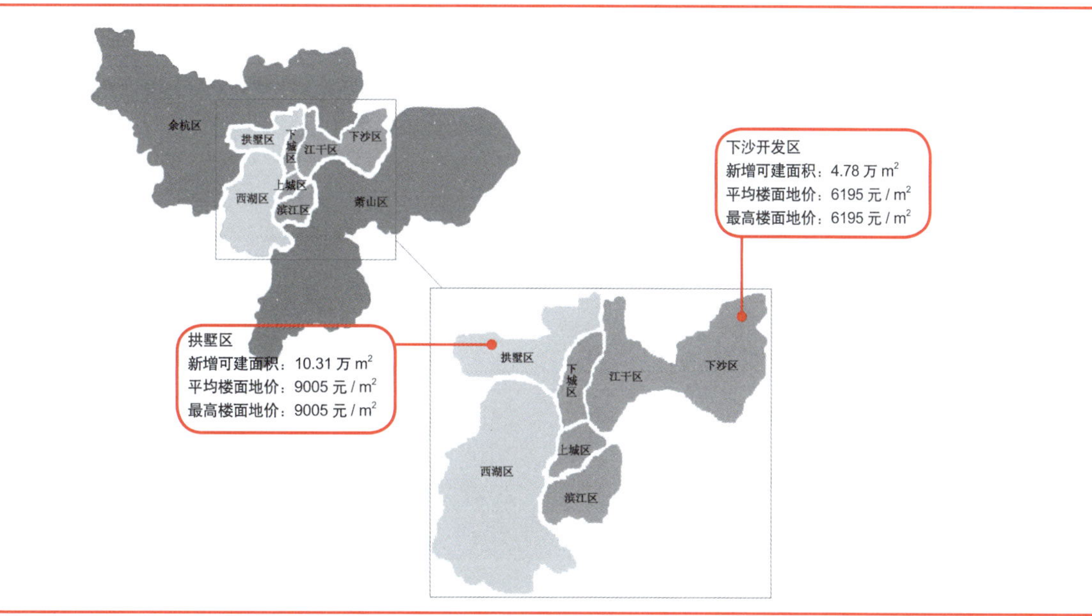

数据来源：杭州国土资源网

注：2012 年上半年仅拱墅区和下沙区各有一幅居住用地成交，其他区域均无居住用地成交。

24.3 住宅市场

杭州市历年商品住宅市场主要指标表（2011—2012 年上半年）　　表 24-4

时间	商品住宅市场			二手住宅市场	
	批准预售面积（万 m^2）	预售登记面积（万 m^2）	销售额（亿元）	销售面积（万 m^2）	销售金额（亿元）
2011 年	307.28	145.36	312.95	127.3	19623
2012 年上半年	152.17	181.59	301.67	383.3	14272

数据来源：杭州透明售房网

杭州市商品住宅供需情况表（2011—2012 年上半年）　　表 24-5

区域		新增面积（万 m^2）	销售情况			
			销售套数（套）	销售面积（万 m^2）	成交金额（亿元）	成交均价（元 / m^2）
中心区	上城区	0.00	189	3.86	15.17	39297
	下城区	27.31	1313	14.85	39.56	26640
	西湖区	76.06	5400	60.69	136.51	22494
次中心区	滨江区	61.98	4609	49.14	97.32	19804
	拱墅区	109.58	5177	55.58	112.23	20193
	江干区	110.78	7248	76.59	125.61	16401
	下沙开发区	75.32	5996	66.24	88.21	13316
城市边缘区	余杭区	151.18	21393	187.58	—	—
中心区	萧山区	92.50	7360	82.72	120.28	14540

数据来源：杭州透明售房网 余杭房产信息网 萧山透明售房网

图 24-5 杭州市售价前 10 名楼盘分布图（2011—2012 年上半年）

排名	楼盘名称	建筑面积（万 m^2）	2011—2012 年上半年均价（元 / m^2）	最近一次开盘均价（元 / m^2）
1	绿城·云栖玫瑰园	4.39	58544	73824
2	阳明谷	8.00	57826	80000
3	绿城·蓝色钱江	30.00	57235	37000
4	东方润园	22.60	56162	45455
5	绿城·兰园	22.00	53227	32800
6	大家·武林府	14.00	53221	60500
7	赛丽绿城·丽园	4.80	50569	47833
8	华元·和庄	3.80	50121	23000
9	滨江·城市之星	22.50	47363	36600
10	雅戈尔·御西湖	12.00	45733	54813

资料来源：杭州透明售房网

图 24-6 杭州市新建住宅销售面积前 10 名楼盘分布图（2011 年）

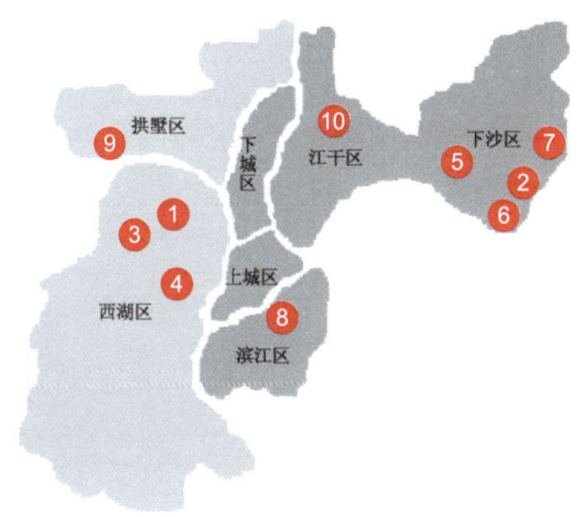

排名	楼盘名称	2011 年销售面积（万 m^2）	2011 年销售均价 (元 / m^2)
1	金地・自在城	11.48	19394
2	世茂・江滨花园	8.28	11735
3	中海・紫藤苑	7.39	15268
4	万科・西溪蝶园	6.10	28217
5	龙湖・滟澜山	4.77	17610
6	金隅・观澜时代	4.30	12808
7	保利・江语海	4.23	15002
8	中海・寰宇天下	3.75	26895
9	欣盛・东方福邸	3.45	25507
10	广宇・上东城	3.25	14308

资料来源：杭州透明售房网

图 24-7 杭州市新建住宅销售面积前 10 名楼盘分布图（2012 年上半年）

排名	楼盘名称	2012 年上半年销售面积（万 m^2）	2012 年上半年均价（元 / m^2）
1	滨江・金色黎明	12.93	15981
2	中海・寰宇天下	12.56	18155
3	滨江・曙光之城	10.87	16654
4	金地・自在城	10.67	16403
5	天阳・半岛国际	7.67	19116
6	龙湖・滟澜山	7.05	14535
7	世茂・钱塘帝景	6.94	18539
8	昆仑・天籁	6.23	9101
9	德信・泊林印象	5.64	14976
10	世茂・江滨花园	4.79	10231

资料来源：杭州透明售房网

图 24-8 杭州市新建住宅 10 大热点楼盘分布图（2010—2011 年上半年）

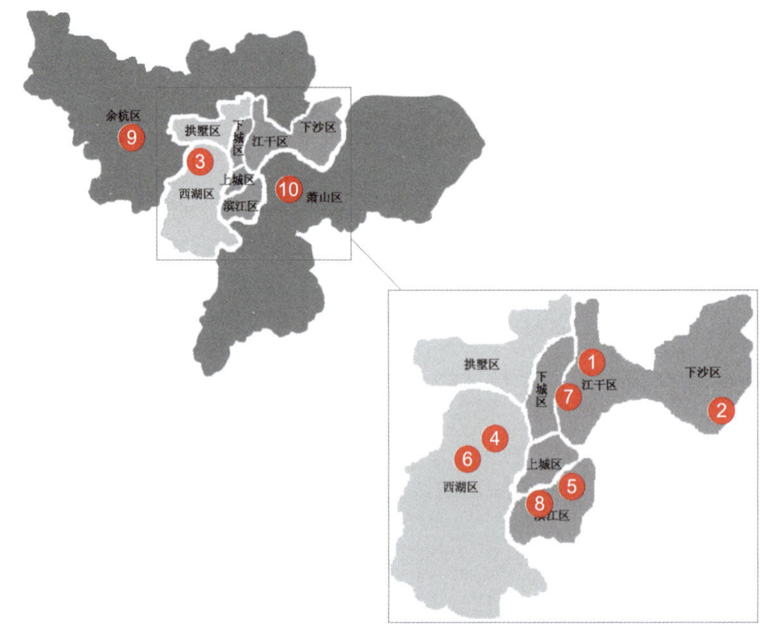

排名	关注点	楼盘名称	最近一次开盘均价（元 / m^2）	建筑面积（万 m^2）
1	逆市重亏 快速回笼 20 亿	滨江曙光之城	22000	17.00
2	不限购不限贷“类住宅”	保利湾天地	8900	28.00
3	长盛不衰 2011 年销冠	金地自在城	17234	85.00
4	精装品质住宅	万科西溪蝶园	30762	31.00
5	2012 上半年销冠 领降滨江	中海寰宇天下	12000	80.00
6	绿城高层精装公寓代表作	绿城西溪诚园	37913	65.00
7	2011 年热销地铁盘	中凯东方红街	22500	26.00
8	宁波地产大鄂杭州开篇之作	荣安望江南	12790	8.83
9	开盘热销 低密多层电梯洋房	良渚文化村探梅里二期	13000	—
10	萧山奥体博览城板块核心	保利霞飞郡	31306	19.00

资料来源：杭州透明售房网

24.4 写字楼商业市场

图 24-9 杭州市 10 大重点租赁型写字楼分布图（2011—2012 年上半年）

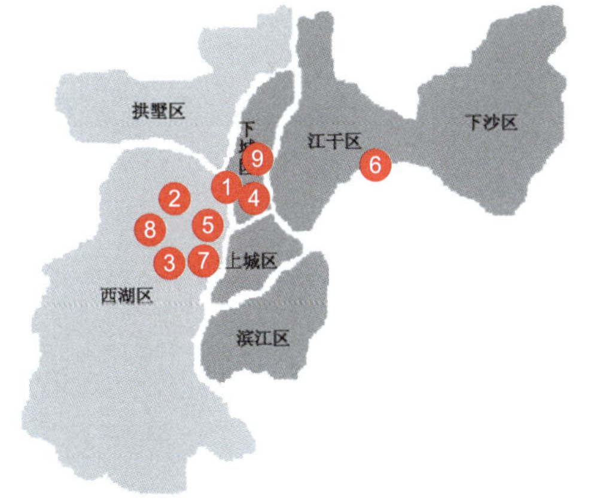

排名	写字楼名称	租金（元 / （m^2• 月））	建筑面积（万 m^2）
1	坤和中心	180~240	11.20
2	EAC 欧美中心	165~210	12.70
3	公元大厦	165~195	11.50
4	环球中心	150~160	11.00
5	嘉华国际	135~155	5.00
6	华联 UDC 时代	120~150	30.00
7	世贸中心	120~150	13.00
8	黄龙时代广场	120~150	8.00
9	深蓝广场	120~135	13.00
10	广利大厦	105~125	6.00

资料来源：杭州透明售房网

图 24-10 杭州市销售售价前 10 名的销售型写字楼分布图（2011—2012 年上半年）

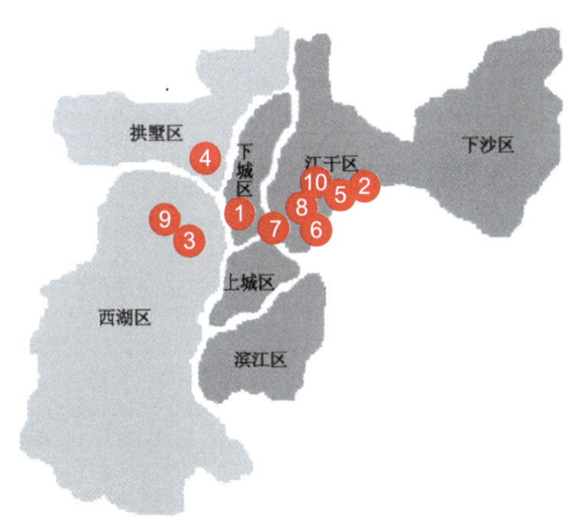

排名	写字楼名称	售价（元 / m^2）	建筑面积（万 m^2）
1	浙江环球中心	65000	10.70
2	汉嘉大厦	43000	6.38
3	EAC 欧美中心	41000	12.70
4	浙商时代大厦	38000	4.60
5	华联 UDC 时代大厦	37000	26.80
6	泛海国际中心	36700	30.00
7	钱江国际时代广场	35000	27.00
8	圣奥商务大厦	35000	7.00
9	浙商财富中心	34700	13.00
10	迪凯国际中心	34000	8.00

资料来源：杭州透明售房网

图 24-11 杭州市销售面积前 10 名的销售型写字楼分布图（2011—2012 年上半年）

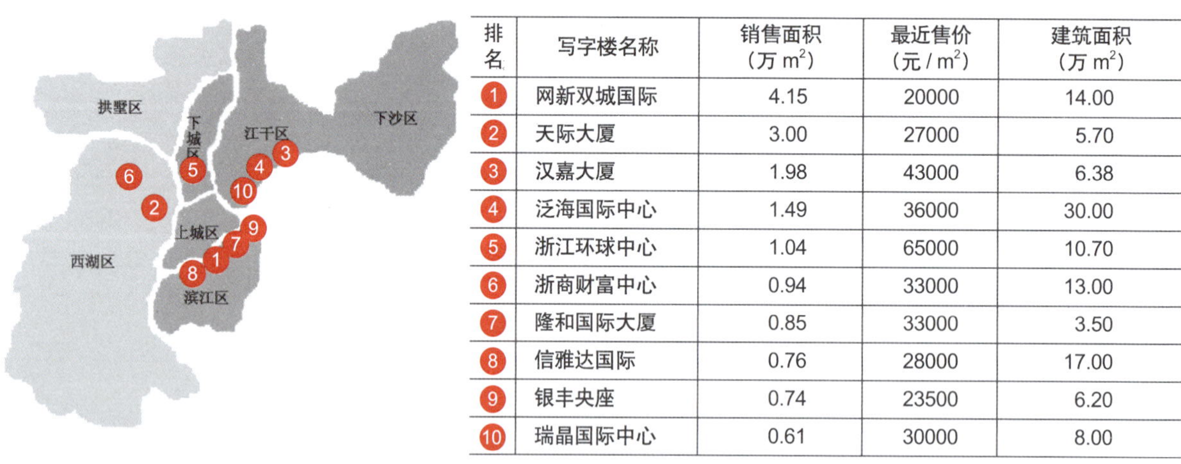

排名	写字楼名称	销售面积（万 m²）	最近售价（元 / m²）	建筑面积（万 m²）
1	网新双城国际	4.15	20000	14.00
2	天际大厦	3.00	27000	5.70
3	汉嘉大厦	1.98	43000	6.38
4	泛海国际中心	1.49	36000	30.00
5	浙江环球中心	1.04	65000	10.70
6	浙商财富中心	0.94	33000	13.00
7	隆和国际大厦	0.85	33000	3.50
8	信雅达国际	0.76	28000	17.00
9	银丰央座	0.74	23500	6.20
10	瑞晶国际中心	0.61	30000	8.00

资料来源：杭州透明售房网

图 24-12 杭州市 10 大新增供应面积销售型商业项目分布图（2011—2012 年上半年）

排名	项目名称	最近售价（元 /m²）	新增供应面积（万 m²）
1	浙江环球中心	65000	10.70
2	汉嘉大厦	43000	6.38
3	EAC 欧美中心	41000	12.70
4	浙商时代大厦	38000	4.60
5	华联 UDC 时代大厦	37000	26.80
6	泛海国际中心	36700	30.00
7	钱江国际时代广场	35000	27.00
8	圣奥商务大厦	35000	7.00
9	浙商财富中心	34700	13.00
10	迪凯国际中心	34000	8.00

资料来源：杭州透明售房网

杭州市甲级写字楼市场未来供应项目（2012—2013 年）

表 24-6

项目名称	区域 / 商圈	开发商	预计竣工时间	占地面积（万 m^2）	建筑面积（万 m^2）	项目点评
万象城	钱江新城	华润新鸿基	—	—	14.00	钱江新城首个综合体，商业引领了杭州的消费时尚，写字楼做为项目的最后面市部分，让市场充满期待
来福士广场	钱江新城	凯德置地	—	4.03	39.00	国内第 4 个来福士广场，钱江新城第 2 个交付使用的综合体项目
财富金融中心	钱江新城	浙江特福隆房地产开发有限公司	—	3.44	20.92	集甲级智能办公和商业于一体的综合大楼，拥有杭州唯一的顶楼停机坪
中豪望江国际	钱江新城	中豪房产	2012 年	3.70	20.00	3 幢 20 层高的写字楼、1 幢 22 层高的星级酒店和 4 层（2 万 m^2）购物广场组成的集休闲、办公、娱乐为一体的商务共同体
银泰城	拱墅区 - 申花	杭州银泰	2013 年	—	40.00	大城西核心申花板块，城市综合体项目，由 10.4 万 m^2 全球高效集成商务中心及 28.6 万 m^2 时尚生活购物中心组成
莱茵矩阵国际	拱墅区 - 申花	莱茵达置业	—	1.79	8.20	城西申花板块，临近银泰城；内层高达到罕见的 4.2m
百大绿城西子国际	江干区 - 庆春	杭州百大置业	—	—	28.00	绿城集团与百大集团合力打造，涵盖五星级酒店、精装城市公馆、国际化甲级写字楼和国际名品广场等高端物业

数据来源：浙江中原市场监测系统

第 25 章 南京地产数据

25.1 房地产投资环境

南京市历年房地产市场主要指标表（2011—2012 年上半年） 表 25-1

指标	2011 年	2012 年上半年
GDP（亿元）	6145.52	3398.13
GDP 增长率（%）	12.0	10.9
固定资产投资额（亿元）	4010.03	2350.41
房地产投资额（亿元）	871.43	488.29
住宅投资额（亿元）	637.52	330.7
写字楼投资额（亿元）	42.71	30.67
商铺投资额（亿元）	75.41	46.91
商品房施工面积（万 m^2）	5644.43	5534.96
住宅施工面积（万 m^2）	4035.64	3842.52
写字楼施工面积（万 m^2）	263.92	277.38
商铺施工面积（万 m^2）	568.18	581.69
商品房新开工面积（万 m^2）	2082.05	932.06
住宅新开工面积（万 m^2）	1530.23	595.49
写字楼新开工面积（万 m^2）	108.63	52.53
商铺新开工面积（万 m^2）	170.82	87.48
商品房竣工面积（万 m^2）	1169.09	349.18
住宅竣工面积（万 m^2）	864.15	264.16
写字楼竣工面积（万 m^2）	51.64	5.66
商铺竣工面积（万 m^2）	105.95	43.88
商品房销售额（亿元）	714.72	415.84
住宅销售额（亿元）	572.95	357.79
写字楼销售额（亿元）	74.01	33.16
商铺销售额（亿元）	58.43	22.14
商品房销售面积（万 m^2）	767.70	416.80
住宅销售面积（万 m^2）	680.89	381.34
写字楼销售面积（万 m^2）	38.28	18.24
商铺销售面积（万 m^2）	35.02	13.17

数据来源：南京市统计局

南京市主要房地产政策一览表（2011—2012 年上半年） 表 25-2

政策名称	颁布日期	实施日期	发布单位	对房地产市场的影响
关于进一步做好房地产市场调控工作的通知	2011-02-19	2011-02-19	南京市政府	对已拥有2套及以上住房的本市户籍居民家庭，暂停在本市市区内向其销售住房。拥有 1 套及以上住房的非本市户籍居民家庭，暂停在本市市区内向其销售住房。无法提供 1 年以上（含 1 年）本市纳税证明或社会保险缴纳证明的非本市户籍居民家庭，暂停在本市市区内向其销售住房
自由职业者可用公积金贷款买房	2011-03-24	2011-03-21	南京住房公积金管理中心	3 月 21 日开始，南京市将全面开展进城务工人员、城镇个体工商户及其员工、自由职业者缴存住房公积金的工作
公积金贷款额度恢复最高每人可贷 30 万元	2011-10-21	2011-10-24	南京住房公积金管理中心	从本月 24 日起，这个市的公积金贷款最高可贷额度，从目前的 20 万元 / 人、40 万元 / 户，恢复为 30 万元 / 人、60 万元 / 户
关于实施综合改革工程的意见	2012-05-15	2012-05-15	南京市政府	深化国有资产管理体制改革，要求国有企业原则上不再参与商品房开发

资料来源：南京中原 DRC

25.2 土地市场

南京市历年土地出让主要指标表（2011—2012 年上半年） 表 25-3

	土地公告情况			土地成交情况			
	宗数	占地面积（万 m^2）	建筑面积（万 m^2）	宗数	占地面积（万 m^2）	建筑面积（万 m^2）	土地出让金额（亿元）
2011 年	147	827.78	1715.33	130	707.06	1394.97	375.19
2012 年下半年	30	163.53	327.47	30	184.17	362.84	352.62

数据来源：中原集团研究中心

图 25-1 南京市可建面积前 10 名的房企入驻分布图（2011—2012 年上半年）

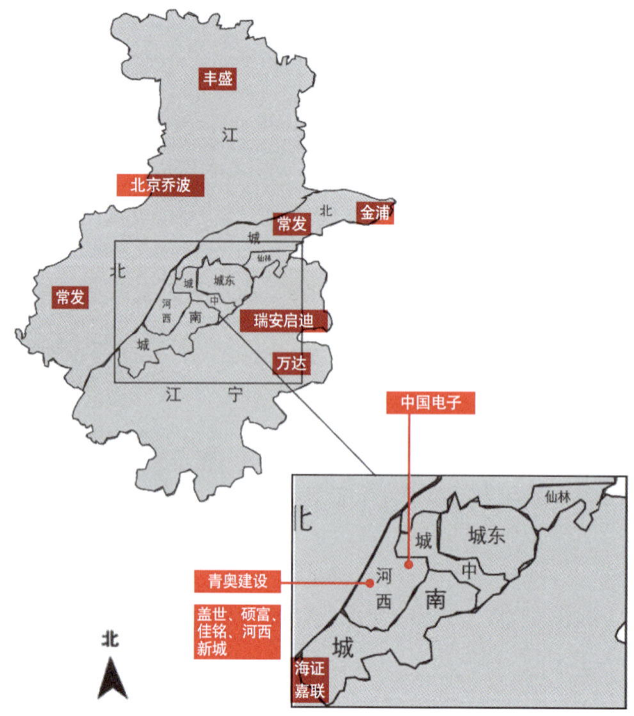

排名	开发商	区域	用地性质	土地面积（hm^2）	可建面积（万 m^2）	总价（亿元）	楼面地价（元 / m^2）	日期
1	瑞安、启迪	江宁	商住	39.38	105.15	31.98	3041	2011-11
2	青奥、建设	河西	商住	22.84	97.74	33.00	3376	2011-05
3	盖世、硕富、佳铭、河西新城	河西	商住	34.10	94.11	44.72	4752	2011-03
4	丰盛	江北	住混	7.86	26.24	3.66	1395	2011-11
		江北	居住	9.61	24.02	5.30	2206	2011-10
		江北	住混	3.36	10.09	1.20	1189	2011-11
		江北	住混	2.06	5.77	1.30	2252	2011-11
5	北京乔波	江北	商住	24.83	57.36	10.20	1778	2011-06
6	万达	江宁	住混	10.11	43.67	19.00	4351	2011-12
7	海证、嘉联	城南	商办	9.35	38.35	11.69	3049	2012-06
8	金浦	城北	住混	16.78	35.90	23.35	6504	2012-04
9	中国电子	城中	商办	7.61	34.98	12.06	3448	2011-12
10	常发	江北	商业	6.02	21.06	3.43	1628	2011-07
		城北	商业	4.91	13.24	6.17	4659	2011-04

数据来源：南京中原 DRC

图 25-2 南京市 10 大热点地块（2011—2012 年上半年）

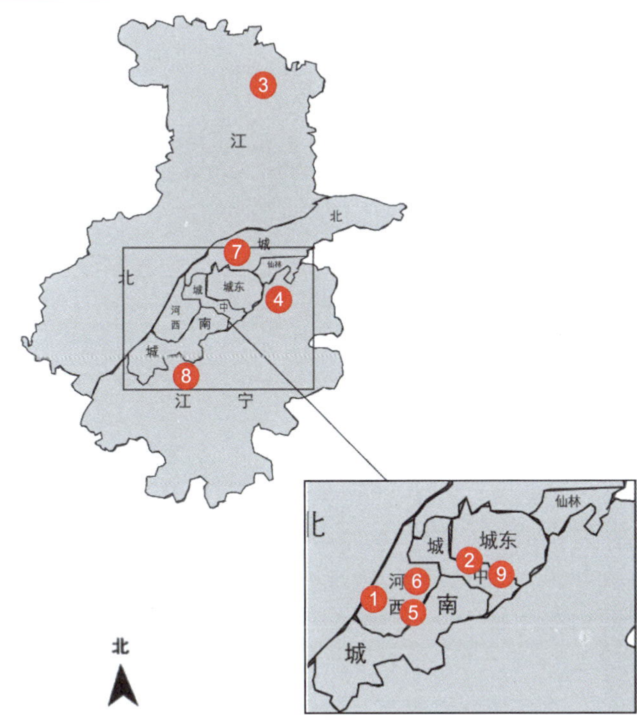

	地块名称	关注点	关注信息	开发商
1	建邺区扬子江大道以南，江东南路以北地块	2011 年总价最高的居住用地	成交总价：44.72 亿元	盖世控股有限公司、硕富有限公司、佳铭投资控股、河西新城区国有资产有限公司联合体
2	白下区通济门外大街 7 号酿酒总厂地块	2011 年楼面地价最高的居住用地	楼面地价：14232 元 / m^2	北京京奥港房地产开发有限公司
3	六合区程桥街道学府路以南，滨河路以北地块	2011 年溢价率最高的居住用地	溢价率：103.57%	南京市六合区程桥村镇建设开发有限公司
4	江宁麒麟科技创新园科技研发综合体地块	2011 年占地面积最大的居住用地	占地面积：39.38 万 m^2	瑞安启迪科技园发展有限公司
5	江宁麒麟科技创新园科技研发综合体地块	2011 年建筑面积最大的居住用地	建筑面积：105.15 万 m^2	瑞安启迪科技园发展有限公司
6	建邺区楠溪江东街以南（河西中部 36-3）地块	2011 年溢价率最高的商办用地	溢价率：208.70%	江苏农垦集团
7	建邺区水西门大街以北，江东中路以西	2011 年总价最高的商办用地	成交总价：13.66 亿元	南京金盛装饰市场经营管理有限公司
8	栖霞区迈皋桥街道金陵塑胶厂地块	2012 年上半年总价最高的居住用地	成交总价：23.35 亿元	南京金浦东部房地产开发有限公司
9	江宁区东山街道府前三期南侧（中低价商品房）地块	2012 年上半年溢价率最高的居住用地	溢价率：73.81 %	康利置业
10	白下区大光路以南地块	2012 年上半年楼面地价最高的居住用地	楼面地价：14145 元 / m^2	嘉里置业（中国）有限公司（香港）

数据来源：南京中原 DRC

图 25-3 南京市居住用地量价分布图（2011 年）

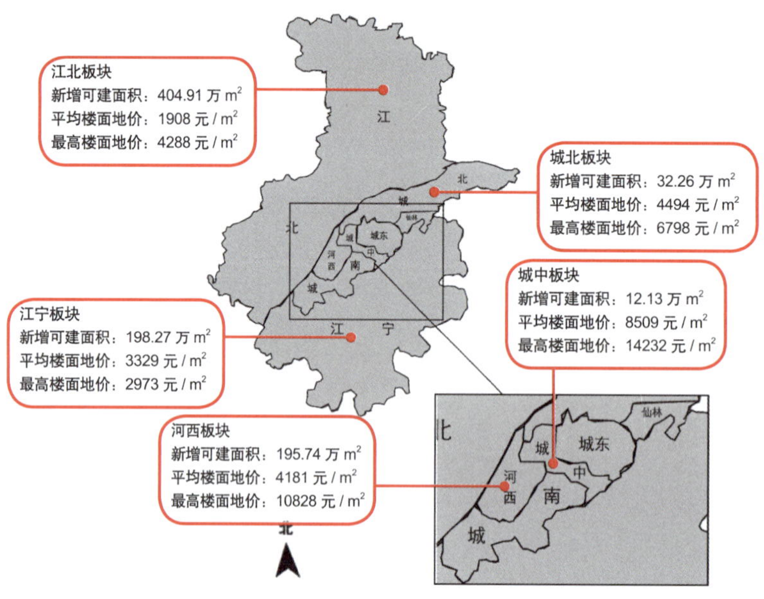

数据来源：南京中原 DRC

图 25-4 南京市居住用地量价分布图（2012 年上半年）

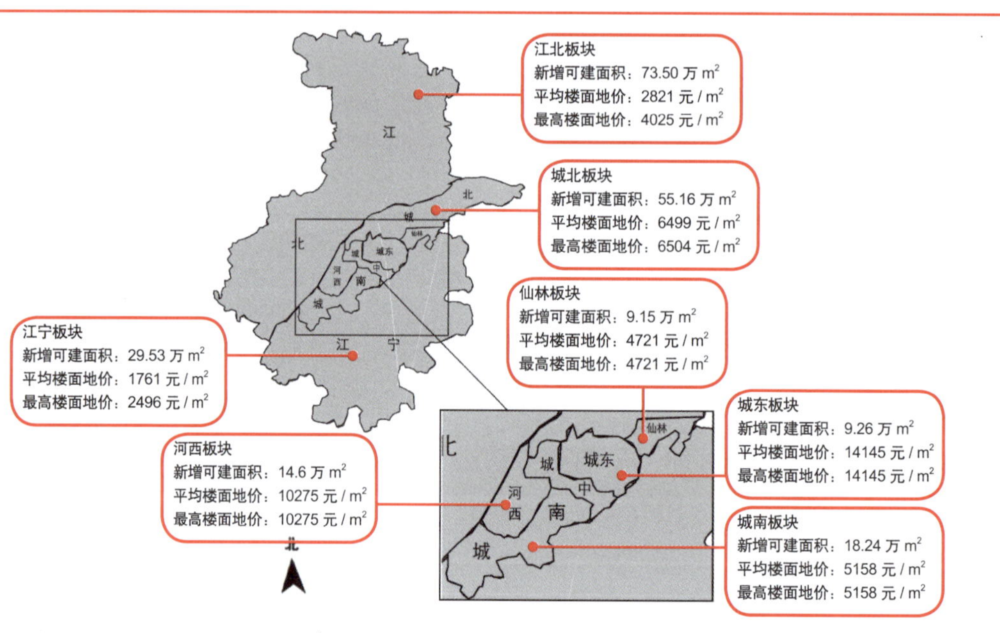

数据来源：南京中原 DRC

城市 Market

楼事 Story

数据 Data

25.3 住宅市场

南京市历年商品住宅市场主要指标表（2011—2012 年上半年） 表 25-4

时间	商品住宅市场		
	批准预售面积（万 m^2）	预售登记面积（万 m^2）	销售额（亿元）
2011 年	614.72	403.16	494.97
2012 年上半年	267.36	327.41	371.41

数据来源：南京中原 DRC

南京市商品住宅供需情况表（2011—2012 年上半年） 表 25-5

区域	新增面积（万 m^2）	销售情况			
		销售套数（套）	销售面积（万 m^2）	成交金额（亿元）	成交均价（元 / m^2）
城中	13.16	2052	25.13	66.68	26527
城东	37.65	2938	33.00	57.53	17433
城南	96.73	7025	72.46	89.02	12285
城北	79.58	6810	68.86	89.46	12992
河西	107.57	6177	78.43	160.39	20449
仙林	29.32	2465	34.84	47.70	13692
江宁	224.48	17980	173.02	177.38	10252
江北	298.58	25997	244.82	178.22	7279
萧山区	92.50	7360	82.72	120.28	14540

数据来源：杭州透明售房网 余杭房产信息网 萧山透明售房网

图 25-5 南京市新建住宅售价前 10 名楼盘分布图（2011 年）

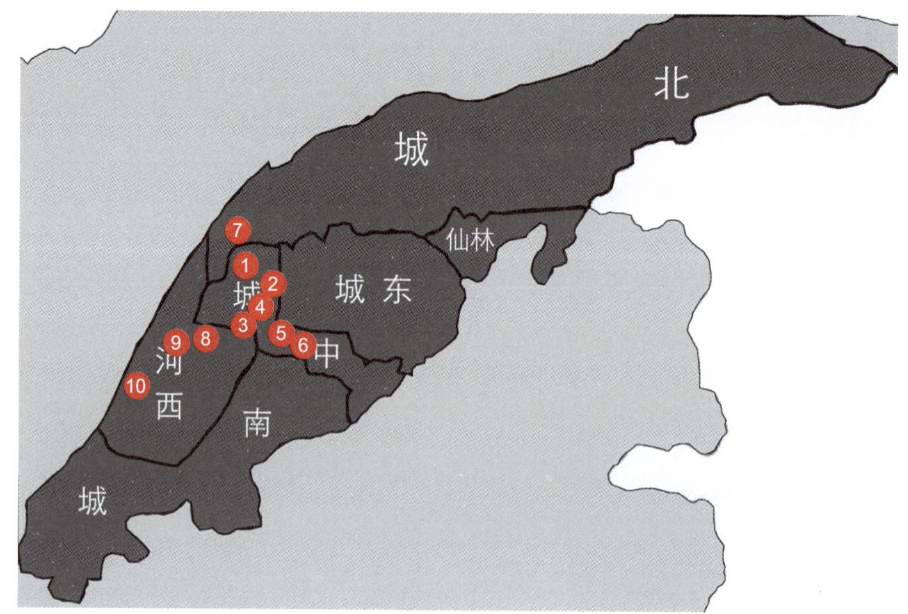

排名	楼盘名称	建筑面积（万 m^2）	2011 年均价（元 / m^2）	最近一次开盘均价（元 / m^2）
1	南京国际广场	42.60	54600	54600
2	都市羲和	9.48	45000	45000
3	金鼎湾花园	11.50	38500	38500
4	凯润金城	21.00	38000	38000
5	城开御园	3.10	33000	33000
6	来凤街一号	2.64	31000	32500
7	天正桃源	6.60	30000	29000
8	中海凤凰熙岸	56.80	27000	26000
9	银城聚泽园	10.07	25000	25000
10	星雨华府	37.00	24000	24000

资料来源：南京中原 DRC

图 25-6 南京市新建住宅售价前 10 名楼盘分布图（2012 年上半年）

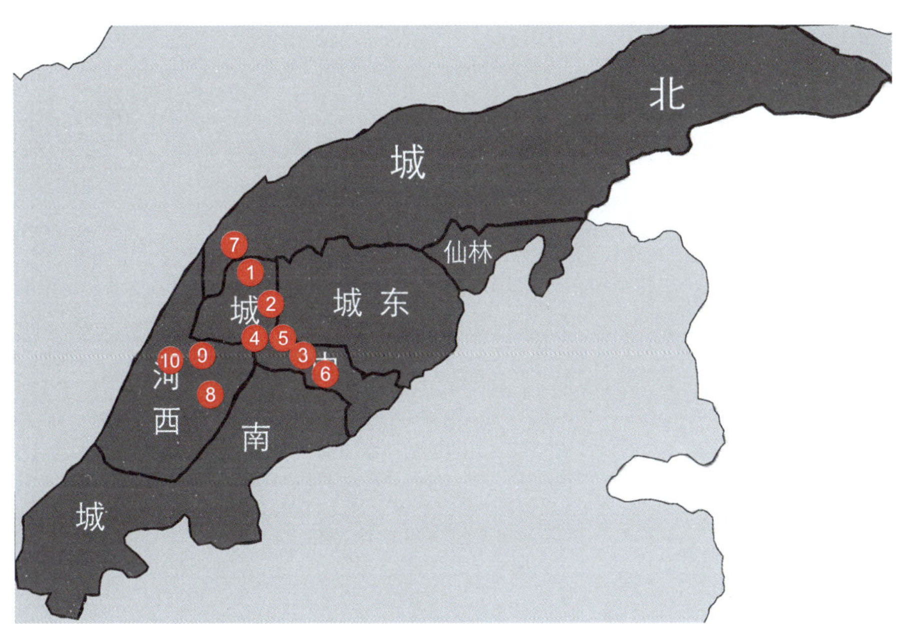

排名	楼盘名称	建筑面积（万 m^2）	2012 年上半年均价（元 / m^2）	最近一次开盘均价（元 / m^2）
1	南京国际广场	42.60	54600	54600
2	都市羲和	9.48	45000	45000
3	菲呢克斯国际	3.73	44000	44000
4	凯润金城	21.00	38000	38000
5	城开御园	3.10	33000	33000
6	来凤街一号	2.64	31000	32500
7	天正桃源	6.60	30000	29000
8	华润悦府	35.00	28000	28000
9	中海凤凰熙岸	56.80	26500	26000
10	银城聚泽园	10.07	25000	25000

资料来源：南京中原 DRC

图 25-7 南京市新建住宅销售面积前 10 名楼盘分布图（2011 年）

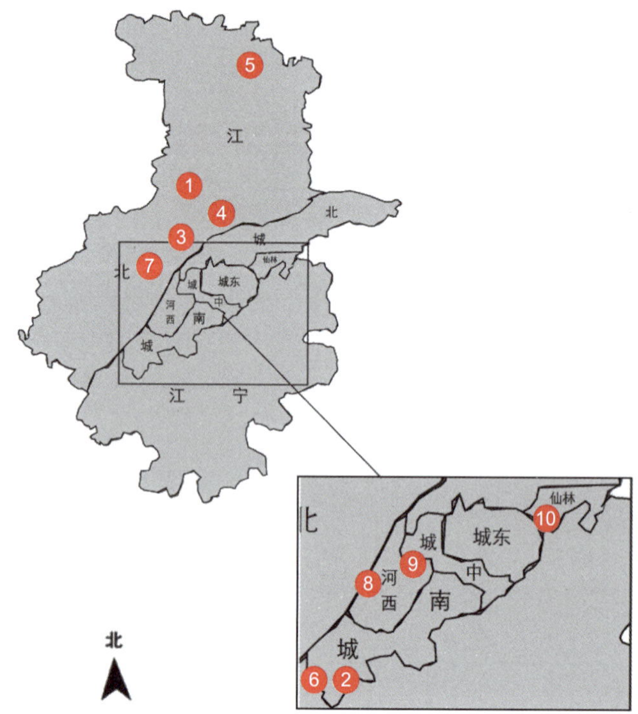

排名	楼盘名称	2011 年销售面积（万 m²）	2011 年均价（元 / m²）
1	天润城	15.84	7700
2	金地自在城	12.32	10000
3	旭日爱上城	12.32	8100
4	威尼斯水城	12.00	8000
5	龙湖半岛花园	8.81	6300
6	朗诗绿色街区	8.62	12500
7	大华锦绣华城	8.44	7600
8	苏宁睿城	8.34	17800
9	中海凤凰熙岸	7.35	27000
10	保利紫晶山	6.87	17500

资料来源：南京中原 DRC

图 25-8 南京市新建住宅销售面积前 10 名楼盘分布图（2012 年上半年）

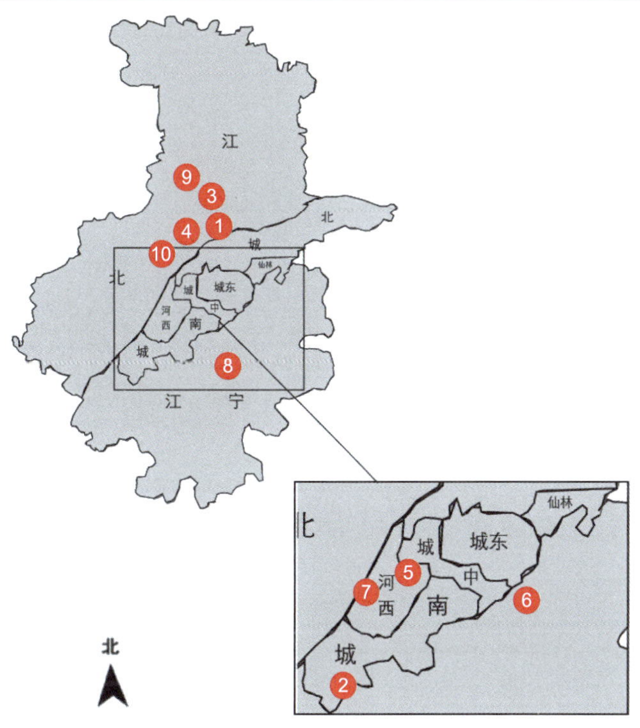

排名	楼盘名称	2012 年上半年销售面积（万 m^2）	2012 年上半年均价（元 / m^2）
1	威尼斯水城	19.57	7500
2	金地自在城	18.34	8500
3	天润城	10.39	8300
4	旭日上城	7.93	8600
5	中海凤凰熙岸	7.05	26500
6	东郊小镇	6.03	8000
7	仁恒江湾城	5.69	24000
8	绿地紫峰公馆	5.62	10800
9	旭日学府	5.49	6000
10	大华锦绣华城	5.16	7800

资料来源：南京中原 DRC

图 25-9 南京市新建住宅 10 大热点楼盘分布图（2011—2012 年上半年）

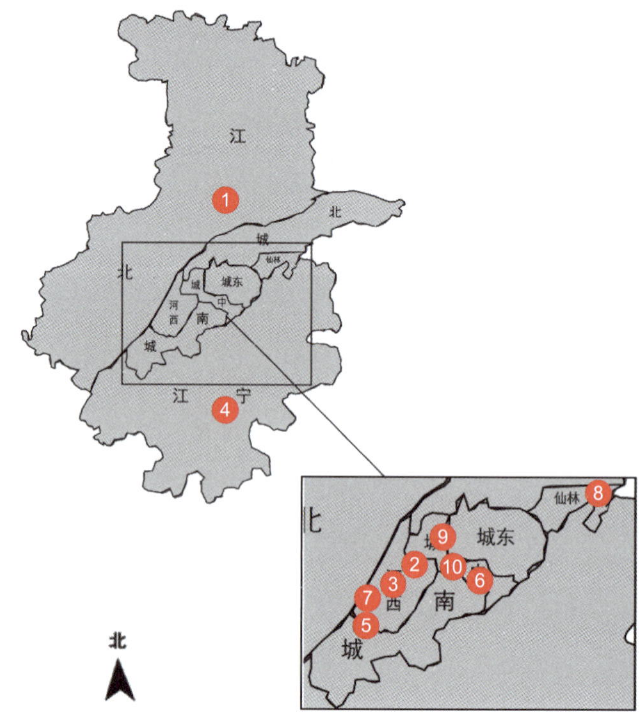

排名	楼盘名称	楼盘名称	最近一次开盘均价（元 / m^2）	建筑面积（万 m^2）
1	成交量最大	天润城	7850	360.00
2	成交金额最高	中海凤凰熙岸	26000	56.80
3	最高端豪宅	华润悦府	26000	27.50
4	降幅最大	骋望骊都	9250	16.00
5	最期待楼盘	海峡城	—	94.10
6	最悲催楼盘	菲呢克斯	44000	3.70
7	江景豪宅	御江金城	25000	22.50
8	成本价楼盘	万科金色领域	10500	20.20
9	单价最高	南京国际广场	54600	47.70
10	核心地段	凯润金城	38000	21.00

资料来源：南京中原 DRC

第 26 章 常州地产数据

26.1 房地产投资环境

常州市主要房地产政策一览表（2011—2012 年上半年） 表 26-1

政策名称	颁布日期	实施日期	发布单位	对房地产市场的影响
房地产调控七条政策	2011-02-28	2011-02-28	常州市人民政府	明确新建住房价格控制目标，稳定房价
《常州市市区经营性用地容积率调整补缴出让金实施意见》	2011-08-16	2011-08-18	常州市国土局、常州市规划局	规范房地产建设，防止开发商为追求利益最大化为随意扩大用地容积率
《关于进一步发挥住房公积金对住房保障支持作用的意见》	2011-09-20	2011-10-01	常州市住房保障局	常州调整住房公积金使用政策，房贷最高提至 50 万元，将有利减轻刚需客户的购房压力，稳定房地产市场
《关于加快实现市区住房保障应保尽保的实施意见》	2012-05-03	2012-06-01	常州市住房保障局	实施保障房建设与收储并举，实物配租与货币补贴并行，将有助于完善保障房建设，提前实现最大范围“住有所居”

26.2 土地市场

图 26-1 常州市可建面积前 10 名的房企入驻分布图（2011—2012 年上半年）

排名	开发商	区域	用地性质	地块面积 (hm²)	可建面积 (万 m²)	总价 (亿元)	楼面地价 (元 / m²)	日期
1	江苏花博投资发展有限公司（简称：花博投资）	武进区	商住	79.72	199.30	53.81	2700	2011-12-21
2	常州市城市建设（集团）有限公司（简称：常州城建）	天宁区	商住	1.49	2.98	1.29	4325	2012-05-18
			住宅	2.84	7.10	1.71	2408	2012-05-18
			商业	3.05	4.44	0.49	1112	2012-05-18
		钟楼区	住宅	1.03	2.57	0.55	2154	2012-05-18
			商住	0.66	1.45	0.40	2737	2012-05-18
			商业、公共	0.23	0.26	0.21	8236	2012-05-18
			商业	3.83	9.09	3.89	4276	2012-05-18
			商业	9.42	18.83	3.54	1880	2012-05-31
		新北区	商业	50.97	101.94	19.14	1878	2012-06-11
3	新城	天宁区	商住	4.07	10.16	2.90	2854	2011-05-27
		武进区	商住	32.35	80.86	18.19	2249	2011-06-08
			商业	18.74	43.11	8.40	1948	2011-05-16
4	星河	武进区	住宅	37.07	65.83	8.71	1323	2011-02-24
			商住	13.76	24.43	3.23	1323	2011-02-24
			商业	13.23	23.50	0.81	343	2011-02-24
5	常州市武进西太湖滨湖城建设投资有限公司（简称：滨湖建设）	武进区	住宅	9.99	24.97	7.49	3000	2012-05-18
			商住	31.17	77.92	11.69	1500	2011-07-21
			商业	3.35	5.03	2.27	4507	2012-05-09
6	常州市晋陵投资建设有限公司（简称：晋陵投资）	天宁区	商业	17.69	35.38	22.56	6375	2012-05-03
			商业	2.68	3.79	3.05	8044	2012-05-31
		钟楼区	商住	22.24	53.87	13.84	2570	2012-05-31
7	常州公共住房建设投资发展有限公司（简称：公共建投）	天宁区	住宅	0.87	3.03	0.27	890	2011-01-05
		钟楼区	住宅	8.61	19.10	2.29	1201	2012-01-18
			商住	17.40	43.50	10.46	2404	2012-05-03
		戚墅堰区	住宅	7.96	24.42	1.76	720	2012-01-18
8	常州市武进城市建设投资有限责任公司（简称：武进城建）	武进区	商住	21.23	63.70	12.74	2000	2011-10-27
			商业（旅游）	54.14	16.24	40.61	25000	2011-12-21
9	江苏武进经济发展集团有限公司（简称：武进经发）	武进区	住宅	2.50	6.26	1.50	2400	2012-05-18
			商住	7.05	19.75	5.85	2964	2011-12-21
				13.23	33.08	7.94	2400	2012-06-09
10	常州市武进太湖湾旅游发展有限公司（简称：太湖旅游）	武进区	商业	6.67	7.33	1.50	2045	2011-05-16
			商住	20.00	50.00	10.50	2100	2011-12-21

数据来源：常州市国土资源局 常州中原市场研究部

图 26-2 常州市 10 大热点地块（2011—2012 年上半年）

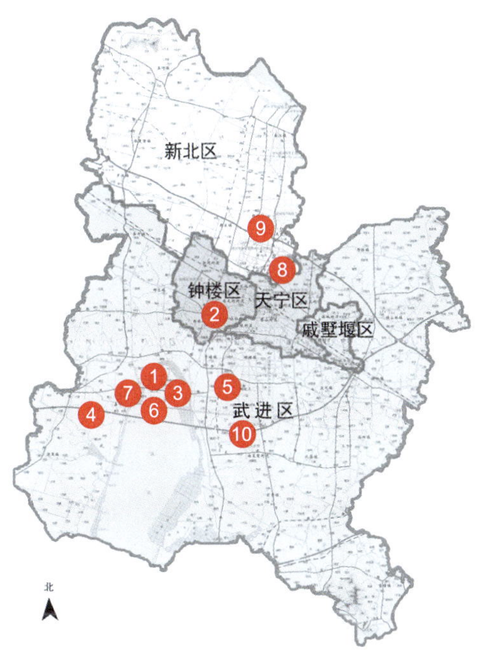

排名	地块名称	关注点	关注信息	开发商
1	经发区星韵学校西侧地块	2011 年总价最高的居住用地	成交总价：5.60 亿元	常州西太湖房地产开发有限公司、上海绿地建设集团有限公司
2	怀德中路南侧、南运河西侧地块	2011 年楼面地价最高的居住用地	楼面地价：2432 元 / m^2	江苏普灵仕集团有限公司
3	西太湖延政西路南侧、凤苑南路西侧地块	2011 年占地面积最大的居住用地	占地面积：19.50 万 m^2	深圳市协达投资有限公司（星河地产）
4	嘉泽镇环湖西路东侧、环湖北路南侧 2 号地块	2011 年总价最高的商住用地	成交总价：13.49 亿元	江苏花博投资发展有限公司
5	延政西路与湖滨路交叉地块	2011 年楼面地价最高的商住用地	楼面地价：4339 元 / m^2	江苏武进经济发展集团有限公司
6	西太湖环湖北路南侧、凤苑南路西侧地块	2011 年溢价率最高的商住用地	溢价率：324.44%	上海中房置业股份有限公司
7	西太湖揽月湾东侧地块	2011 年溢价率最高的商业用地	溢价率：537.44%	江苏百兴房地产开发集团有限公司
8	龙城大道南侧、晋陵中路西侧地块	2012 年上半年总价最高的商业用地	成交总价：22.56 亿元	常州市晋陵投资建设有限公司
9	珠江路南侧、衡山路西侧、河海路北侧	2012 年上半年溢价率最高的商住用地	溢价率：430.74%	南京朗诗地产有限公司
10	高新区阳湖东路北侧凤栖路东侧地块	2012 年上半年占地面积最大的商住用地	占地面积：18.86 万 m^2	常州滨湖建设发展集团有限公司

数据来源：常州市国土资源局 常州中原市场研究部

图 26-3 常州市居住用地量价分布图（2011 年）

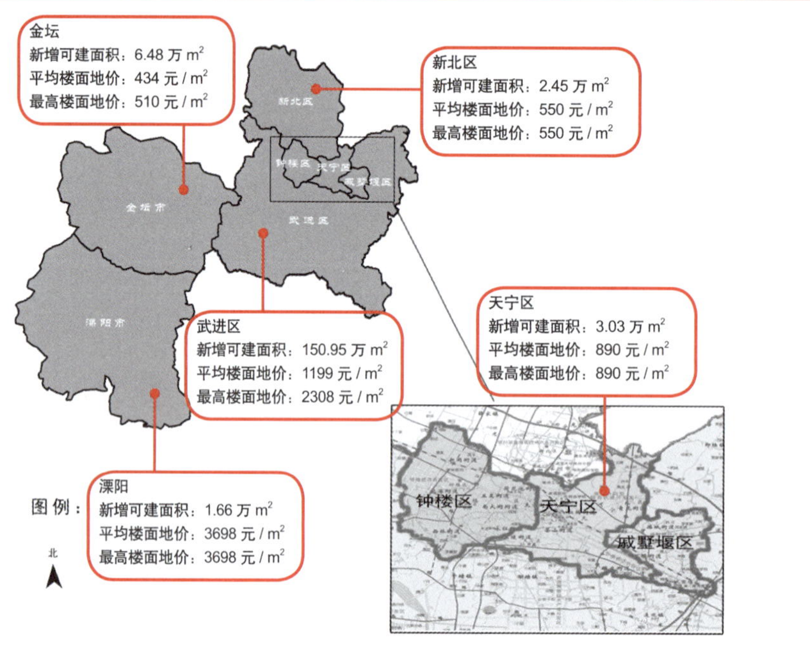

资料来源：常州市国土资源局 常州中原市场研究部

图 26-4 常州市居住用地量价分布图（2012 年上半年）

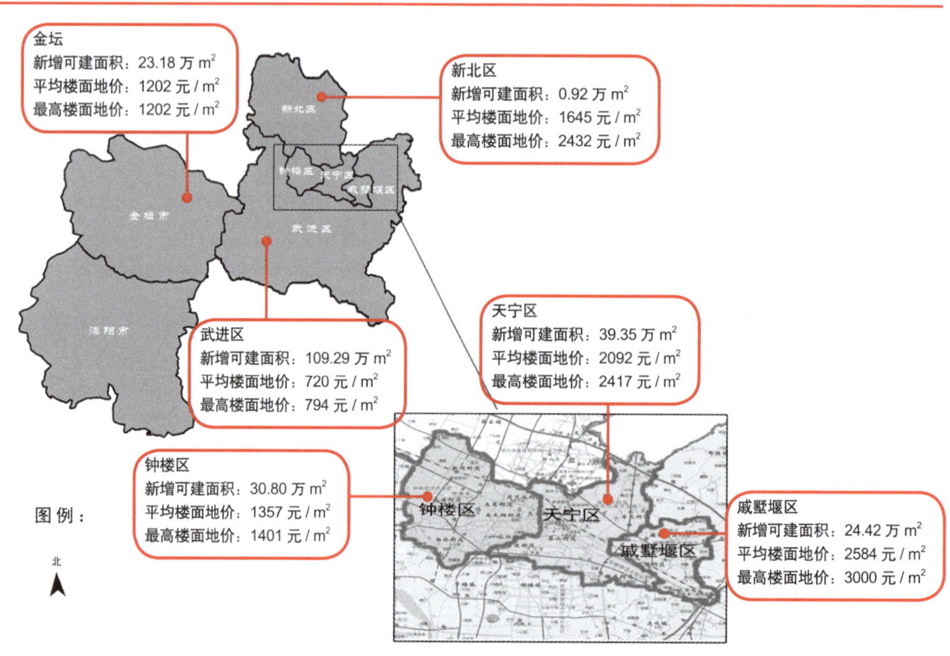

资料来源：常州市国土资源局 常州中原市场研究部

26.3 住宅市场

常州市历年商品住宅市场主要指标表（2011—2012 年上半年） 表 26-2

时间	商品住宅市场		
	批准预售面积（万 m^2）	销售面积（万 m^2）	销售额（亿元）
2011 年	743.79	483.24	303.17
2012 年上半年	282.56	274.17	169.57

数据来源：常州市房地产信息网 常州中原市场研究部

常州市商品住宅供需情况表（2011—2012 年上半年） 表 26-3

区域		新增面积（万 m^2）	销售情况		
			销售面积（万 m^2）	成交金额（亿元）	成交均价（元 / m^2）
中心区	天宁区	135.71	105.05	79.45	7563
	钟楼区	120.13	93.02	71.73	7711
	戚墅堰区	13.40	31.41	17.22	5482
次中心区	新北区	191.51	179.88	114.84	6384
	武进区	289.94	186.24	120.36	6462
城市边缘区	金坛	112.92	77.00	27.14	3525
	溧阳	162.74	84.81	42.00	4952

数据来源：常州市房地产信息网 常州中原市场研究部

图 26-5 常州市新建住宅售价前 10 名楼盘分布图（2011 年）

排名	楼盘名称	建筑面积（万 m^2）	2011 年均价（元 / m^2）	最近一次开均价（元 / m^2）
1	巨凝金水岸	33.00	24107	23000
2	吾悦国际广场	30.00	22317	18000
3	金地天际	40.00	17494	20800
4	新城首府	18.00	16813	14000
5	京城豪苑	35.00	15452	16000
6	莱蒙时代	12.00	15105	10000
7	凯悦中心	56.00	15002	9000
8	嘉宏七棠	3.00	14618	13000
9	新城金郡	22.00	13849	13000
10	朗诗国际	14.00	12545	15000

资料来源：常州市房地产信息网 常州中原市场研究部

图 26-6 常州市新建住宅售价前 10 名楼盘分布图（2012 年上半年）

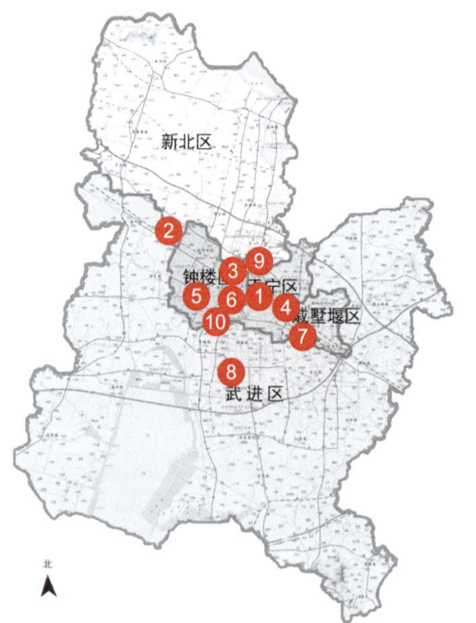

排名	楼盘名称	建筑面积（万 m^2）	2012 年上半年均价（元 / m^2）	最近一次开均价（元 / m^2）
1	巨凝金水岸	33.00	25487	23000
2	金地天际	40.00	17922	20800
3	新城首府	18.00	16763	14000
4	新城金郡	22.00	13959	14000
5	凯悦中心	54.00	13601	9000
6	吾悦国际广场	30.00	12689	18000
7	泰和之春	57.00	11496	12000
8	新城公馆	46.00	10637	13000
9	融御华庭	7.00	9803	9500
10	九洲新世界	100.00	9802	10000

资料来源：常州市房地产信息网 常州中原市场研究部

图 26-7 常州市新建住宅销售面积前 10 名楼盘分布图（2011 年）

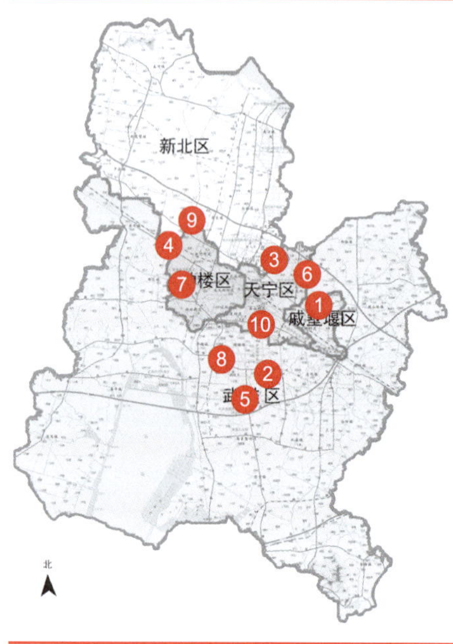

排名	楼盘名称	2011 年销售面积（万 m^2）	2011 年销售均价（元 / m^2）
1	新城公园壹号	11.79	5922
2	新城域	11.05	6261
3	九龙仓时代上院	10.77	7822
4	绿地世纪城	8.41	5346
5	御城	8.35	6708
6	阳光龙庭	7.54	7084
7	宝龙城市广场	6.13	6285
8	武进吾悦广场	6.03	7522
9	绿都万和城	5.38	6531
10	华润国际社区	4.42	6335

资料来源：常州市房地产信息网 常州中原市场研究部

图 26-8 常州市新建住宅销售面积前 10 名楼盘分布图（2012 年上半年）

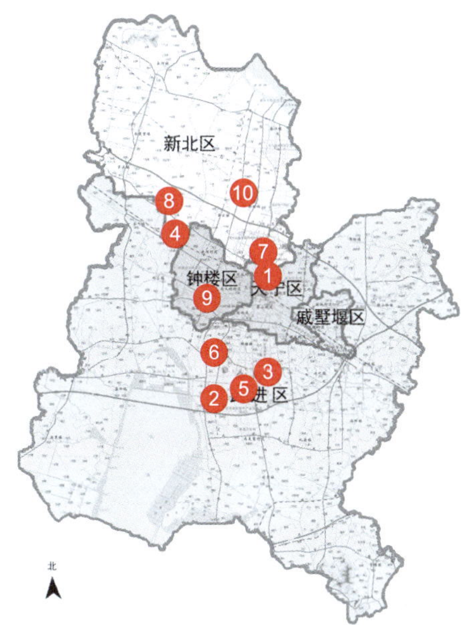

排名	楼盘名称	2012 年上半年销售面积（万 m^2）	2012 年上半年销售均价（元 / m^2）
1	龙湖香醍漫步	11.37	6287
2	莱蒙城	9.52	5769
3	新城域	9.19	5280
4	银河湾第一城	8.49	5100
5	天隽峰	7.32	6995
6	绿地白金汉宫	7.17	5562
7	世茂香槟湖	6.31	6276
8	绿都万和城	6.19	5972
9	新城香悦半岛	5.48	8905
10	锦海尚城	5.42	2510

资料来源：常州市房地产信息网 常州中原市场研究部

图 26-9 常州市新建住宅 10 大热点楼盘分布图（2011—2012 年上半年）

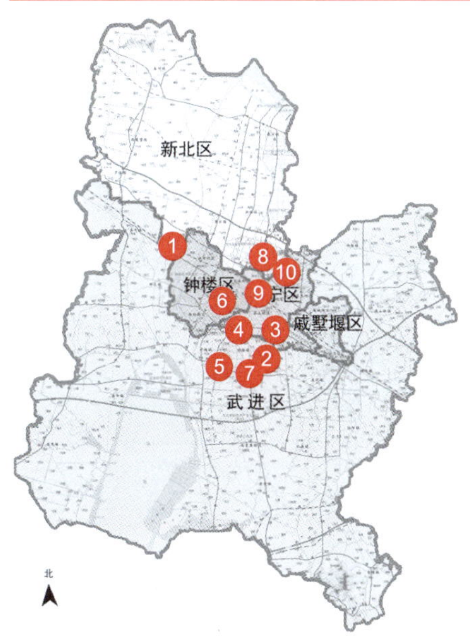

排名	关注点	楼盘名称	最近一次开均价（元 / m^2）	建筑面积（万 m^2）
1	住宅总建面积最大	绿都万和城	5900	200.00
2	住宅销售套数最多	新城域	5300	45.00
3	住宅配套最好	新城金郡	13800	21.79
4	住宅成交均价最高	巨凝金水岸	24400	33.00
5	公寓销售面积最多	武进吾悦广场	6700	80.00
6	公寓成交均价最高	新城首府	15300	18.00
7	公寓升值潜力最大	吾悦生活广场	5800	6.00
8	别墅升值潜力最大	龙湖原山	17000	50.27
9	别墅成交均价最高	御翠园	27600	22.72
10	别墅销售面积最多	龙湖香醍漫步	10900	65.00

资料来源：常州市房地产信息网 常州中原市场研究部

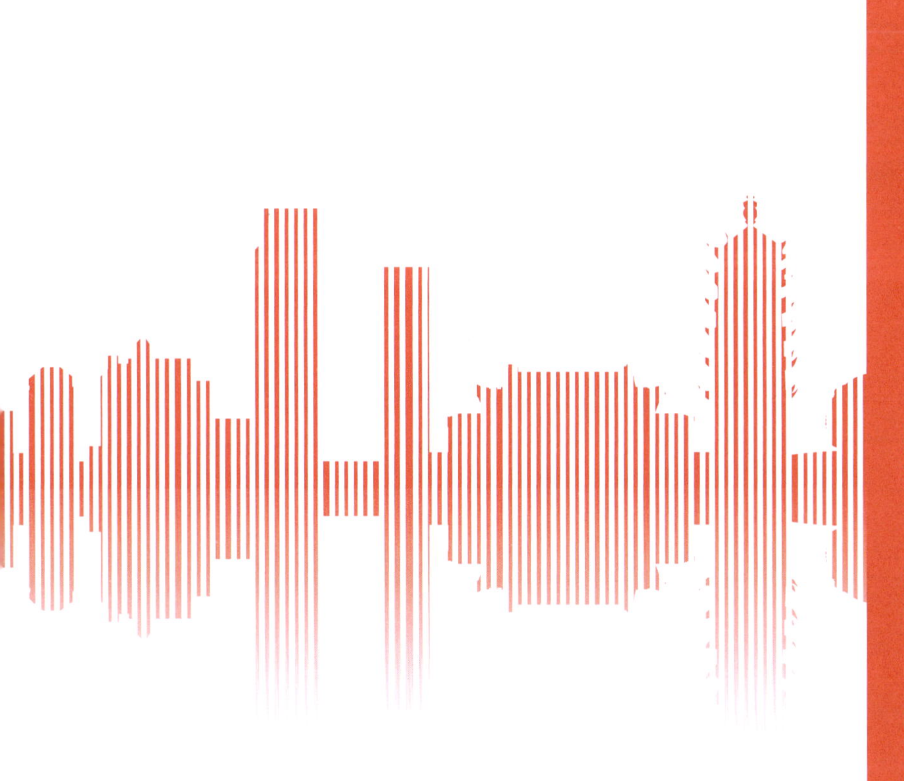

公司 Company
長三角

长三角

上海中原物业顾问／代理有限公司

浙江中原物业顾问有限公司

南京中原房地产营销顾问有限公司

常州中原物业服务有限公司

上海中原物业顾问／代理有限公司

一、公司简介

中原集团旗下上海中原物业顾问 / 代理有限公司，成立于 1998 年，以上海为立足点，服务范围拓展至整个华东地区，以专业精干的地产代理形象向周边城市辐射发展。

上海中原现有员工逾 4500 人、门店 260 余家，近年佣金收入均超过 6 亿。上海中原作为沪上地产中介代理行业的领头羊，历年来获奖无数，蝉联十届业内权威奖项“金桥奖”、蝉联两届“上海市房地产关注商标（品牌）”，以骄人业绩和出色表现奠定了举足轻重的行业地位。

上海中原重视资讯公开、专业技能，实行一、二手联动经营模式。业务上形成营销代理、二手中介住宅部以及工商铺三大支柱，加上总部设立于上海的地产研究中心，服务素质远胜同行。

营销代理以一手项目代理为主业务，凭借强大的研究能力和丰富的操作经验，为客户提供全程地产咨询、营销、代理服务。中介住宅部秉承中原集团“公开资讯、公平交易、不炒楼、不食差价”的经营理念，服务定位中高端客户，致力于为客户提供二手房、豪宅、洋房的买卖、租赁一站式服务。工商铺立足上海，辐射华东地区，为客户提供中高档写字楼、商铺租售代理服务，是众多国内国际知名品牌和跨国企业的租赁代理商。地产研究中心长期对各大城市房地产市场进行监测、咨询、研究，其定期出版的研究刊物及研究报告成为指导楼市投资的风向标。

上海中原立志于创建和谐健康的地产代理行业，推动行业市场的稳步发展，并矢志不渝地为之而努力。

二、主要部门简介

（一）中介住宅部

1. 部门简介

中介住宅部秉承中原“公开资讯、公平交易、不炒楼、不食差价”的优良传统，门店 260 余家，遍布上海各区、县、城区。在庞大的直营机构网络体系支持下业绩骄人，2012 年 4 月荣膺第十一届“金桥奖”中介第一名。

2. 业务范围

中介住宅部主要服务于中高端客户，提供尊贵独享的一站式服务，为客户提供人性化的贴身服务；盘源系统全国联网，让员工共享资讯、提高效率，以优异成绩赢得了良好的市场美誉和行业地位。

中介住宅部致力于二手住宅租售，高档物业、酒店式公寓、别墅、洋房的租售等业务领域，配套服务更是涵盖法律事务部的专业法律咨询、交易按揭部的产权过户、按揭服务等方面的售后支持，为客户成就投资、置业、居家的梦想。

3. 强大优势

专业研究支持：地产研究中心依托遍布全国的分公司网络，长期进行对各大城市房地产市场的监测、咨询、研究，其定期出版的研究刊物及研究报告成为指导业务的优质资料；

特殊组别细分：豪宅部等特殊组别细分市场，针对特殊客户群体，提供专业、独到的服务；

纯房地产服务：我们致力于为客户提供专业的一站式地产代理服务，公开资讯、公平交易、不炒楼、不食差价，赢得客户信任。

（二）营销代理

1. 部门简介

上海中原地产营销代理中心，成立于1998年，十年菩提，诚信为本，立足上海，以房地产全程营销服务为根本，凭借30多年营销实战经验，雄厚的专业营销体系，狼性销售的战斗力，丰富渠道资源及数万成交客源，成为开发商在长三角战略发展的首选合作伙伴。现已在无锡、苏州、昆山等地均设立分支机构。多年来与300多个知名开发商建立良好的合作关系，目前在操楼盘百余个，成功项目遍布长三角及华东地区。

2. 业务范围

营销代理本着“综合地产服务商”的理念，在住宅物业、办公物业、商业地产、工业地产、旅游地产、前期咨询研究、商业经营管理等7大业务领域，为客户提供全程咨询、营销、代理服务。服务范围包括前期土地评估、专题市场研究、土地规划研究、产品设计、营销策略、形象推广及项目销售等一系列专业服务。项目管理中心提供项目支援服务，包括建立项目资料库及客户资料库等后勤服务，完善各管理系统。

3. 强大优势

营销代理凭借强大的网络平台和客户资源库，整合上海中原一、二手整体资源，首创上海一、二手房联动模式，独家首创渠道营销，开辟中原地产营销的全新模式。纵横全国20多个城市的跨区域联动，和遍布城市各个角落的中原门店的联动，使中原营销代理具备了其他同行无法企及的新高度。

- 首创上海一、二手房联动模式
- 豪宅代理积累近1万名高端客户
- 中高端市场的占有率达15%
- 三级市场成交量稳居上海第一
- 上海及长三角14年的本地人脉资源优势和良好的政府关系网络

（三）工商铺部

1. 部门简介

工商铺部凭借精干的资深团队、真诚的服务态度、专业的服务水平，借鉴中原集团工商铺部的成功经验，依托上海中原百余家分行的直营网络和遍布各大城市的共享平台，为客户提供最新、最全面、最权威的办公楼资讯服务，业务范围涵盖上海全市，是众多国内国际知名品牌和跨国企业的租赁代理商。工商铺下设办公楼部、商铺部、客户服务部等部门，以专业、迅速、公平的卓越服务，充分赢得客户信赖。

2. 业务范围

业务主要涉及：中高档写字楼、商铺的租赁和买卖业务，代理香港中原或其他分行转介的上海写字楼、商铺业务，提供项目租赁策划方案，并为客户提供专业的商铺租售咨询及流程协助，以及更系统化、人性化的售后服务，完善成交后续流程。

3. 三大分支

（1）办公楼部

定位于中高档写字楼市场，业务包括：上海市中高档写字楼的租赁和买卖业务；代理香港中原或其他分行转介的上海写字楼业务；提供项目租赁策划方案，及专业的写字楼咨询服务。我公司资深物业顾问对写字楼市场及周边环境均有深厚认识与丰富经验，为客户提供包括选址环境分析、租赁购买策略比较、写字楼需求评估、市场调研服务、合同条款谈判、商业推广策划等全面周到的专业服务。

（2）商铺部

致力于中高档商铺市场，业务包括：上海市中高档商铺的租赁和买卖业务；代理香港中原或其他分行转介的上海商铺业务；向客户提供专业的商铺租、售咨询及最新的商铺信息；为客户提供商铺租售所必要的文件清单和流程方案；协助客户办理营业执照和相关证照。

（3）客户服务部

以“为您 我做到”为服务宗旨，以专业、亲切、优质的服务态度，为客户提供更系统化、人性化的服务，完善租售成交后续流程，为公司建立、维护固定的忠诚客户群体。主要服务内容包括：

- 向客户及时提供最新的房地产信息；
- 为客户提供专业的办公楼租、售咨询；
- 为客户提供成交后的一系列后续服务工作；
- 可代业主收取租金并缴纳税金及物业管理费；
- 受理客户投诉；
- 月刊赠送，包括发 E-mail 或邮寄方式；
- 代办注册。

（四）誉萃投资

誉萃投资是中原集团旗下分支机构，由广州市汇瀚顾问有限公司全资设立。公司于 2010 年 5 月正式成立，业务范围包括：各类贷款引荐服务、房地产买卖交易服务、中原客户售后服务、房地产买卖资金监管服务、房地产买卖档案管理服务；上海以外区域联动代销项目、非主营项目 (如海外移民、投资理财、银行其他合作项目) 等的引入、推广和宣传等各项涉及房地产交易及金融相关的服务。

誉萃投资作为上海中原唯一指定交易及金融服务机构，本着以“专业服务、从心开始”的服务理念，整合各方资源，为客户提供最优质的服务，实现客户、中介机构、金融机构三者共赢。

三、光荣与梦想（2011—2012 年）

2012 年　第 11 届金桥奖房屋中介 20 强、营销代理 20 强

2012 年　中国房地产策划代理百强企业

2012 年　长宁区优秀青年志愿服务集体

2011 年　最具市场前瞻力企业

2011 年　第 10 届金桥奖房屋中介 20 强、营销代理 20 强

2011 年　长宁区文明单位

2011 年　高端物业优秀服务机构

上海中原荣获 2012 年中国房地产策划代理百强企业

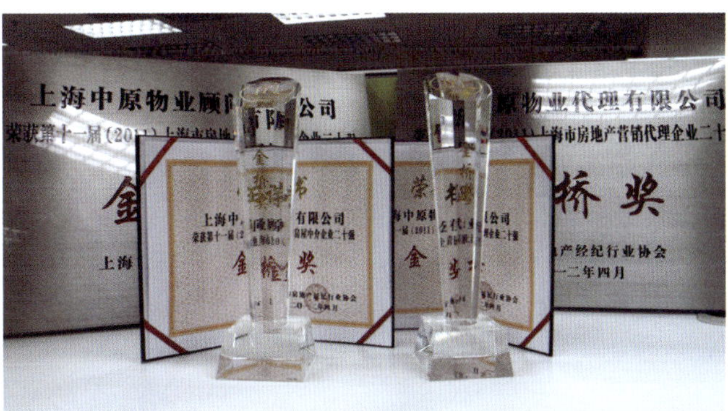
2012 年 第十一届金桥奖房屋中介 20 强、营销代理 20 强

四、中原大事记

（一）“革薪抢人 争单夺市”中介部经理大会拉开改革序幕

2012 年 5 月 22 日下午，500 多位上海中原管理层汇集银河宾馆，召开主题为“革薪抢人 争单夺市”的中介部经理大会。革薪，是为了抢人，留人，聚人。用极具竞争力的薪酬体系网罗优秀人才，是中原本次变革的第一目标。

会议在微博上更是一石激起千层浪，吸引了无数同行的关注，投奔中原的留言潮水般涌来。集团主席黎明楷虽然未能亲身与会，但在微博上给予了遥相呼应：“过往的制度导致组别兵力不足，经理收入偏低。这次改革，释放了经理的爆发力，有能力多管人的就有丰厚收入，凝聚不了团队、吃败仗就送他一程。期待年底前市占率有大突破，再度大幅抛离对手！”

此外，这一“革薪”举措仿佛给这个平淡的楼市扔下了一枚重磅炸弹，引起了行业媒体的强烈关注。

革薪抢人 争单夺市”中介部经理大会拉开序幕

（二）上海中原高管频频亮相沪主流媒体

经过多年的发展和努力，上海中原已然成为了沪上中介代理行业的领头羊，所以也备受沪上各大媒体的关注。2012 年 1 月至今，上海中原高管多次接受沪上主流媒体的采访。进一步巩固、提升了上海中原的品牌形象以及专业度。

2012 年 6 月 4 日，上海中原董事总经理谭百强接受了沪上 8 家主流媒体的联合采访，包括新闻晨报、东方早报、房地产时报、搜房周刊、东地产、租售情报、搜房网、搜狐。谭总与记者编辑们畅谈了此次上海中原“革薪”举措的来龙去脉，以及对上海中原未来发展的期待。

2012 年 6 月，上海中原中介住宅部西区总经理陈宇珏女士参与了第一财经频道《头脑风暴》节目的录制，作为观察员的陈宇珏女士，用睿智的观点、清晰的思路阐述了“下半年楼市，出不出手”的话题，颇受媒体及业界人士肯定。

中介住宅部西区总经理陈宇珏参与《头脑风暴》节目录制

（三）经营“自媒体”上海中原微博起步

为了建立自我媒体，表达属于中原的声音，2010 年，上海中原开设了自己的官方微博。经过两年多的积累和沉淀，目前，上海中原地产官方微博粉丝数已经突破 25000 万名，更新微博数达到了 6300 余条，多次荣登“房地产中介官方微博影响力周排行榜”前三甲。

上海中原地产官方微博秉持着“紧贴业务、服务业务”的宗旨，在内容选择上以业务部门的需求为先。有直接推介房源的“中原力推”栏目，对近期的笋盘、热盘进行强势推介；有全新的微博在线看房栏目——“中原带你去看房”，根据中原的业务范围，介绍二手房、新房、办公楼等，得到了广大微博粉丝的拥护，每期平均转发量达 85.4 次。

营销推广以外，上海中原地产官方微博也为员工网络交流、信息沟通提供了平台并成为了激励员工的一大利器，2012 年 5 月，官微推出“中原标兵”系列报道，以宝山西区为试点，共树立了 6 种不同类型的标兵形象，得到了业内外的广泛关注。

上海中原地产官方微博活动 --- “中原带你去看房”

（四）“全国助残日”上海中原爱心社在行动

2012 年 5 月 18 日，一年一度的全国助残日，上海中原爱心社延续历年的慈善活动。来自上海中原各个部门近二十名志愿者来到闵行区启智学校开展爱心联谊活动。

启智学校是上海中原爱心社长期扶持对象之一，这所学校的孩子多是一些患有自闭症、唐氏综合症、智障、脑瘫等疾病的特殊儿童，由于身体原因无法分享同龄人应有的欢乐。此次爱心活动，志愿者和三年级 2 个班的孩子组队进行简单游戏，如“丢手绢”“抢椅子”“袋鼠跳”“画五官”等，大家玩的非常投入，脸上露出了开心的笑容。

游戏结束后，上海中原向学校捐赠了价值一千余元的画笔、绘本等学习用品，赠人玫瑰手有余香，爱心社的志愿者们，为这些残障儿童带去一个快乐的下午，同时也收获了一份奉献的满足感和启智学校师生的感谢。

全国助残日"上海中原爱心社到闵行区启智学校开展爱心联谊活动

（五）挑战极限：2011 年度短途赛颁奖礼圆满结束

上海中原 2011 年度"HERO• 勇者无敌"短途赛历经中原精英 3 个月的努力奋斗后，各区域奖项的颁奖仪式在阳光明媚的意大利餐厅圆满完成。不同于往年传统的颁奖形式，2011 年度短途赛颁奖结合了"精英聚首下午茶颁奖仪式"及"副总下分行颁奖"这两种形式，在颁奖的同时更在增进中原业务精英间的相互交流、增强企业凝聚力上做出了重大的创新。

短途赛是市场推广部策划主办的业绩激励比赛，今年在奖项方面设立传统的个人买卖单数奖、个人业绩奖、区域经理状元奖、最佳组别奖及最佳区经奖等奖项的同时，还全新设立了非主营项目销售奖，为集团新加入的业务板块击鼓助威。

2011 年度"HERO • 勇者无敌"短途赛"精英聚首下午茶颁奖仪式"

上海中原物业顾问/代理有限公司

（六）校企合作上海中原与济光学院签订“定向人才培养协议书”

上海中原与济光职业学院的合作由来已久，现在中原地产各条业务战线上都活跃着济光学院同学的身影，有些业绩突出，连续几个月成为销售冠军；有些驻扎基层，在案场助理一职上找到了自己的职业定位。随着 2012 年校园招聘的开展，校企双方决定展开进一步的全面合作，2011 年 11 月 14 日，双方签订了“定向人才培养协议书”，并进行了“专业人才培养实训基地”的揭牌仪式。

“定向人才培养协议书”和“专业人才培养实训基地”的建立，既让济光学院学生有对口实习基地，又让企业有了新鲜的血液，乃双赢之智举。

上海中原与济光学院签订“定向人才培养协议书”并成立“专业人才培养实训基地”

（七）上海中原首届大运会隆重开幕

2011 年 9 月 1 日“中原日”，中原人迎来了上海中原首届大运会。本次大运会共有 6 个比赛项目，有 6 支队伍参赛。分别是工商铺部及松江区域、营销代理、非营业部及誉萃、中介东区、中介西区及中介北区。乒乓球往返接力跑的哨声刚落下，场上的“硝烟味”便弥漫开来了。各队队员都使出了浑身的解数，勇争第一。随后进行的八人九足、集体长绳、单脚火车跑、趣味投篮等比赛，运动员们更是将体育精神表现的淋漓尽致，使比赛妙趣横生。欢声笑语中无不透露着“中原一家亲”的气氛。

2011 年 9 月 1 日“中原日”上海中原首届大运会开幕

（八）“幸福中原”启航

2011—2012 年上海中原打造“幸福中原”企划活动，我们的口号是“遇见中原 遇见幸福”，一语双关的口号意味着员工和客户，在遇见中原后都寻找到自己的幸福。

2011 年，翘首以待的中原年度“幸福之旅”于 8 月 11 日如期成行了！游西溪，上非诚勿扰；看西湖，品尝江南美食，一路走来一路欢乐。泛舟于杭州西溪湿地纵横交错的溪流之间，绿意盎然，白鹭悠悠，自得其乐。晚上由本次旅游组委会筹划的重磅节目——非诚勿扰相亲活动，获得广泛的欢迎，整场“幸福之旅”洋溢着浓郁的幸福味道。

2012 年，幸福中原第二季“亲亲我的宝贝”亲子活动四月接力登场，“放风筝、亲子游戏、绘画、认识新朋友”等节目让中原同事和小朋友们玩的不亦乐乎，幸福在微笑中传递。

上海中原“幸福之旅”筹划的重磅节目——非诚勿扰相亲活动

幸福中原第二季“亲亲我的宝贝”亲子活动

浙江中原物业顾问有限公司

一、公司简介

浙江中原物业顾问有限公司隶属于香港中原（中国）物业顾问有限公司，正式成立于2002年。公司秉承香港中原良好的商誉、精专的地产经营管理模式，并借鉴港澳台和国内沿海城市成熟的房地产操作经验，以杭州为中心向整个浙江地区辐射发展。

公司经营范围主要包括两大板块，即一手项目的营销代理与二手房产的租售中介。其中一手业务数年之内，已服务过数十家知名房企，成功推广了近百个地产项目，分布在浙江多个主要城市，包括杭州、宁波、嘉兴、诸暨、绍兴、金华、湖州等地，物业类型涉及公寓、别墅、办公、商业、高尔夫、酒店度假物业等。

二、主要部门简介

（一）一手营业部门

1. 核心竞争优势综述：我们致力为客户提供全案化的营销执行价值链

在中原集团三十余年操盘积淀的硕果和集团标准化营运模式的基础之上，浙江中原以成为企业真正的商业伙伴为战略要求，而非单纯的服务者和供应商。因为时刻与企业心怀同样的目标，思考同样的问题，浙江中原一手营业部门围绕着商业目标，将服务的内容延伸为更全面、多种工具组合的全案化营销执行服务体系，让专业随时成为可调动、可实施、可信赖的资源，在洞悉消费市场、参与发展商战略、整合地产产业链资源中逐步形成鲜明的核心竞争力优势。

2. 专业力量的展示：5大模块 点到全局

成功往往不是依靠解决问题而获得，而是靠抓住机会、创想突破。而营销的成功机会则存在于一条从产品到渠道、渠道到客户的线索中，浙江中原一手业务设立了发展部、战略投资部、事业部、创意工作室、销售案场5大专业模块，精准把握每一个细节、更做贯通全局战略思考，以超越市场的限制、超越营销的限制、超越品牌传播的限制，创造奇迹。

（1）沟·通：发展

作为与客户第一时间直接沟通的拓展性队伍，浙江中原发展部与国内众品牌开发商建立了长期约访合作关系，并追踪把握省内外诸多开发企业项目动态，为市场研究、策略顾问、平面表现等后期服务合作成功搭建沟通桥梁，从而建立、维护、扩大公司业务终端，铺展和提升公司品牌知名度。

前期业务拓展及过程跟踪服务工作成果：

- 拓展扩大客户端，建立与客户的前期良好沟通关系
- 跟进和维系已合作客户
- 参与合作的洽谈，协商代理合同的内容、方式和条件以促成合作
- 协助相关项目负责人完成项目前期提案
- 准确熟稔地传达客户工作思路，协助部门总监安排工作推进的各项事宜
- 推广和维护公司品牌形象和专业执行能力

（2）研·展：战投

浙江中原战略投资部涵盖前期顾问咨询、基础市场研究和媒体品牌推广三大业务板块，以完整的杭州城市市场研究体系及庞大的房地产市场数据库，涉及城市土地市场、城市新盘销售市场、城市二手房销售与租赁市场、极尽梳理全面、有效的信息资源，为探索和洞察市场机会提供敏锐、准确的顾问咨询。同时以每年不间断的资源追踪体系与房地产开发所涉及的金融与风投机构互动咨询。

项目前期研究及咨询顾问服务工作成果：

- 土地评估及可行性研究
- 区域经济发展与竞争力分析
- 投融资咨询与风险评估
- 房地产行业市场研究、关键性行业数据监控和阶段性分析报告
- 项目前期研究与定位

（3）破·立：策略

浙江中原事业部领衔策划与营销两大板块，是项目作业一体化执行的中枢，从最初的项目规划、整体的策略思考，到阶段性的任务分解，不仅实现对僵局的化解，而且以专业胆识去改变竞争格局、实现营销突破。项目团队拥有多名在发展商与代理行双重经验的资深项目负责人，秉承深度的合作精神、扩大服务纵深、时刻专注、持续完善每一个结果。

项目营销策划服务工作成果：

- 产品定位与产品设计建议
- 项目营销战略规划
- 项目阶段性营销推广创新方案
- 项目价格策略及价格方案
- 销售方案指导、诊断与监督

（4）跨·跃：创意

浙江中原创意工作室是专注于营销传播执行的广告服务部门，以捻熟市场特征、缜密的传播策略和高度的商业价值创意见长。不仅以创造性思维和方法推进项目在纷争异常的平行传播环境中胜出，吸引关注、强化记忆的同时，更创造对行业的影响并给客户可供持续发展的品牌效应，跃上市场期许的新高。

广告创意服务工作成果：

- 核心传播策略规划（目标客户洞察、差异化价值构建、传播内容、传播环境机会）
- 核心传播形象识别工程：案名 /slogan/VI 基础、应用、延展系统等
- 项目推广物料的创意表现（楼书 / 项目、售楼处、展会包装 / 折页 /DM/ 网站等）
- 阶段性广告传播创意与执行规范（平面 / 户外 / 终端等）
- 电视、电台传播创意建议 / 软文主题规划

（5）名·利：销售

浙江中原销售团队采用纯正港式楼盘销售风格的“5MS”案场体系，立体化建立案场管理模式，强化团队的考核与监督，建立业绩考核体系与服务评价体系，通过科学的竞争与协作，促成项目“名利双收”。

销售团队服务的工作成果：

- 销售团队建设（人员组建、业务技巧和礼仪知识的培训）
- 营销网络的铺开（接待、走访潜在客户 / 竞争对手跟踪）
- 销售策略的制定（销售时机、定价方法、付款方式、回款方式）
- 销售进程的实施（蓄客、开盘、活动、促销）
- 客户关系管理（客户资料管理、客户服务跟踪）

3. 品控体系的展示：全程沟通 出品承诺

周全的组织架构硬件条件，也必须匹配科学的流程运行软机制，才能让每一件成果的品质有完善的保障，因此浙江中原一手部门设置了基于提升沟通质量和整合专业能之上的合作和保障体系。

项目团队合作流程：

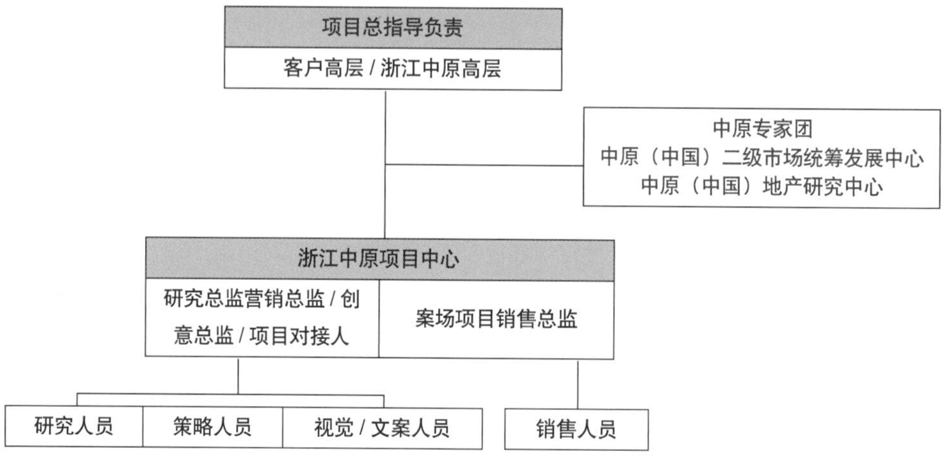

项目服务保障体系：

- 核心策略及创意的论证会
- 重大作业成果一手部门集体品控会议
- 执行作业成果出品的总监签认制度
- 及时顺畅的内外部沟通体制
- 每周内部工作例会
- 每月项目工作推进计划
- 每季度市场检测及工作评估
- 每年度策略规划和实施方案建议

（二）二手部门竞争优势展示

1. 核心竞争优势综述：我们致力为客户提供 一体化的中介服务价值链

秉承中原集团三十余年中介服务价值理念，浙江中原二手中介部所有门店实现资源共享，从房源信息咨询，到二手房、商铺、写字楼买卖租赁，并全程代办交易手续，提供银行按揭经纪咨询、投资移民咨询办理……服务内容环环相扣，服务体系一步到位，完美彰显“皇牌代理，信心标记”的理念。

同时，一切工作皆以客户为核心，以人性化为特色，坚决杜绝违背社会利益的做法，绝不唯利是图，勇于担当责任，致力于成为“一体化的中介服务领导者”。

2. 专业力量的展示：三足鼎立 全能覆盖

从单一物业买卖租赁的扁平化服务发展至今日住宅、商铺写字楼和投资移民三大板块的立体化多元推进模式，浙江中原中介部依托集团资源共享优势，二手业务板块发展大步超前于同行。公司积极拓展投资移民服务项，为社会资金的流通引导和家庭资产的保值增值提供独到的咨询服务，实现住、商、投资三大中介业务板块之间多元融合、协同发展。

（1）人·居：住宅部

浙江中原二手中介住宅部以直营连锁门店形式铺面设点，所辖门店皆布局于城市中心重要沿街道及交易最为活跃的热点城区核心，并有计划地逐年新增门店数量，短期内布点全城。

住宅部谨遵不参与投机、提供公平公开的咨询平台、着力让咨询透明、绝不操控咨询的职业操守，相信“交易创造价值”，专业、认真、努力地促成每一单交易。

住宅部服务内容：

- 二手住宅房源交易信息联网咨询
- 各城区房源交易行情分析
- 跨区委托出售、出租
- 根据委托房源特点，制订不同的行销策略，多途径发布信息
- 利用房交会、多家主流媒体高频率发布房源信息
- 全程参与交易各环节，提供法律咨询，代办交易过程中相关手续、合同
- 提供按揭经纪服务及多家贷款银行相关服务，陪同办理各项贷款手续
- 全国二十多个城市联网，享有逾千家地铺分行信息服务

（2）创·业：工商铺

浙江中原工商铺成立于 2005 年 7 月，是一个从事工厂、商铺、写字楼等商业地产和商业项目咨询策划、市场调查、营销代理、中介服务、租售法律事务咨询的专业部门，开创了杭城商业地产市场先河。

部门形成了专业策划与具体招商执行相结合的服务性商业地产操盘体系，丰富的招商资源和优秀的主力店招商经验，与集团各分公司商业地产操作团队形成高效的商业项目执行平台，为客户提供一站式便捷的商业地产专业服务，并与中国移动、中国联通、日本 YKK，港龙航空、信诚保险、阿里巴巴集团、苹果电脑、招商银行、东亚银行、汇丰银行、阿迪达斯、耐克、屈臣氏、康师傅、周大福、宝岛眼镜、宝丽眼睛、星巴克、两岸咖啡、肯得基、必胜客、王老吉等品牌客户建立了长期战略伙伴关系。

工商铺服务内容：

■ 工厂、商铺、写字楼房源交易信息联网咨询
■ 各城区商业地产交易行情分析
■ 跨区委托出售、出租、交易
■ 提供丰富的招商资源和招商经验
■ 利用房交会、多家主流媒体高频率发布房源信息
■ 全程参与交易各环节，提供法律咨询，代办交易过程中相关手续、合同
■ 提供按揭经纪服务及多家贷款银行相关服务，陪同办理各项贷款手续
■ 全国三十多个城市联网，享有逾千家地铺分行信息服务

（3）增·值：投资移民理财部

考虑到越来越多的高端客户对于家庭资产重整并增值的需求，浙江中原投资移民理财部积极发展投资移民理财业务，目前，可提供香港、美国、新加坡、菲律宾等国投资移民相关服务。

由中原资产管理有限公司及中原理财有限公司组成的中原理财，秉承「以客为本，共同创富」的理念，竭诚为客户提供专业而全面的理财策划服务。公司的理财顾问已超过 300 人，分别持有证监会、保险经纪业务代表、强积金个人中介人等牌照，依托集团在港澳台及南亚、北美的强大业务辐射力，为高端家庭资产提供全新高保障型通道咨询及全程服务。

投资移民理财服务工作内容：

■ 香港、新加坡、美国、菲律宾投资移民全程顾问
■ 包括代办申请资格评估、金融产品投资顾问、申请办理领取境外居民身份证等
■ 量身定制港、澳、台、新加坡等地投资置业方案
■ 专业人士境外实地考察陪同服务
■ 精细化投资理财组合建议方案

三、浙江中原大事记（2011—2012）

（一）2011 杭州首届海外房产博览会

2011 年 9 月 24—26 日，来自世界各国及地区的房产商及经典楼盘在此次房博会集体亮相，已经包括美国、英国、法国、瑞典、加拿大、澳大利亚、保加利亚、荷兰、新西兰、塞浦路斯、马来西亚、泰国、新加坡、香港、台湾、澳门等等，中原地产除了带来最拿手的香港项目，连同台湾、澳门、新加坡的项目都一同带来参展。展示的都是高端物业，如位于香港地铁旁的大型综合发展项目，包括顶级酒店、豪华套房酒店、甲级商业楼面、时尚购物空间等物业类型。

图说：中原地产在杭州首届海外房产博览会上精彩亮相

图说：浙江中原中介部总经理赵燮和先生参与“海外置业投资进行时”论坛

（二）耀十年、正风华——浙江中原年会

2012年2月11日，以“耀十年、正风华”为主题的浙江中原年会在杭州红楼大酒店举行。集团主席黎明楷先生、华南区总裁赖国强先生、华东及东北区总裁陆成先生、浙江中原董事总经理朱凌女士等领导与同仁们欢聚一堂共庆浙江中原10周年。现场节目精彩纷呈，抽奖活动惊喜连连，大家开怀畅饮。大家在热烈的气氛中也表达了对于未来的憧憬。

图说：管理层共切浙江中原十周年生日蛋糕

（三）浙江中原“2012逆势同行”诸暨论坛

2012年2月25日，在今年房产严控的大背景下，诸暨市场冷若冰霜，为进一步深耕诸暨市场，浙江中原特举办此次“2012逆势同行”论坛，与当地各大开发商高层共谋出路，特邀请中原集团二级市场高级讲师冯文军女士做有关逆势营销的专题演讲。

图说：全体同仁大合照

（四）2012 城市观点论坛杭州行

2012 年 4 月 12 日，浙江中原协办并参与 2012 城市观点论坛杭州行，来自全国各地的实力房企云集与此，共同探讨主题——“地产中流 不确定的未来”。

图说：浙江中原董事总经理朱凌女士出席圆桌论坛环节

（五）凭创见，走到更前——中原地产精彩亮相

2012 年 5 月 18 日，浙江中原以“凭创见，走到更前”为主题亮相 2012 杭州春季房交会，契合市场的主题以及丰富的产品线，吸引了不少购房者及媒体的目光。

图说：中原地产在第十二届最佳人居环境展览会

南京中原房地产营销顾问有限公司

一、公司简介

南京中原房地产营销顾问有限公司，是由香港中原集团旗下中原（中国）物业顾问有限公司于 2001 年 9 月投资成立的全外资子公司。公司以南京为中心，凭借最专业最全面的房地产服务水准把控市场，自 2007 年起，其服务范围已逐步辐射至江苏、安徽两省，并蔓延至整个华东地区，年销售面积超过 500 万 m^2 并逐年递增，经营业绩保持着快速增长势头，赢得合作伙伴和行业内的一致推崇。

南京中原经营范围主要包括市场研究、项目策划、销售代理、中介买卖四大块，通过近些年的稳步发展，成长为集项目可行性分析、前期市场调研、项目定位、规划设计及产品后期运营的相关建议、市场推广、销售代理等服务为一体的专业地产代理公司，力求以更专业、更全面、更高效的服务提供更具针对性的物业营销解决方案。

南京中原的市场定位为“皇牌代理 信心标志”，推广口号为“为您，我做到”。依据集团平台优势以及自身不懈的努力拼搏，目前南京中原在南京、苏南、苏北安徽等区域已拥有多个代理项目；另有众多的大型项目资源洽谈中。同时，南京中原看好二手市场的巨大潜力，在南京也已开设多家分行，专门从事中高档物业的买卖、租赁业务，服务专业化、全面化，坚持“公平资讯、公平交易”的原则，运用其先进的地产资讯科技，为客户提供稳健可靠的服务。

重视和员工共同发展，是中原建立优秀文化，良好机制，卓越业绩的基础。南京中原依赖先进的组织管理模式、科学的信息采集系统，注重员工之间的团结协作精神及良好和睦的工作关系，营造了一个公平、公正、公开的发展环境， 是建功立业者实现人生价值的舞台，更是创业者的乐园。

二、主要部门简介

（一）营销代理

1. 部门简介

南京中原地产营销代理以一手项目代理为主业务，本着“综合地产服务商”的理念，凭借强大的研究能力和丰富的操作经验，在住宅物业、办公物业、商业地产、工业地产、旅游地产、前期咨询研究、商业经营管理等 7 大业务领域，为客户提供全程咨询、营销、代理服务。同时，项目管理中心提供项目支援服务，包括建立项目资料库及客户资料库等后勤服务，完善各管理系统。

2. 业务范围

服务范围包括前期土地评估、专题市场研究、土地规划研究、产品设计、营销策略、形象推广及项目销售等一系列专业服务。具体按物业类型，可分为一下几个方面：

（1）别墅、住宅服务

- 为投资商寻找别墅、住宅投资地块和投资机会、提供土地价值评估、投资分析；
- 为开发商提供全程代理服务：项目可行性分析、项目市场调研、市场定位研究、项目规划及产品定位建议、营销推广策略、广告创意、销售代理等； 为社会各界提供别墅、住宅市场动态资讯。

（2）商业服务

- 为开发商提供策划及销售代理服务：商业项目市场调研、商业项目可行性研究、商业市场定位研究、专业的商业定位、商业业态组合、商业价值评估、销售代理等；
- 为开发商提供“专业知识 + 行业经验 + 客户资源”的全方位招商服务；
- 为社会各界提供商铺市场动态资讯。

（3）写字楼服务

- 为投资商户寻找写字楼投资地块和投资机会、提供投资分析、促成写字楼项目前期大宗交易；
- 为开发商提供全程代理服务：项目市场调研、项目可行性研究、市场定位研究、项目规划及产品定位建议、营销推广策略、销售代理等；
- 为国内外企业提供个性化办公物业挑选、置业方案定制；
- 为社会各界提供写字楼市场动态资讯。

3. 一二手联动必杀优势：

南京中原房地产营销顾问有限公司的服务范围主要实行一二手联动经营模式。业务上形成营销代理、二手中介住宅部两大支柱，加上南京资源中心的研究和广告两大部门，服务素质远胜同行。

（二）中介住宅部

1. 部门简介

南京中原房地产中介有限公司成立于 2010 年，南京市区现有的中介门店数十家，立足鼓楼区和建邺区，未来将辐射南京所有区域。公司特设法务中心，聘请资深律师担任法律顾问，规避客户交易过程中的风险。力求将健康，成熟的中介运作模式带入市场，为构建一个公正、合理的市场环境不断努力。

中原旗帜鲜明的方向正是市场所需的正道。直营连锁网络和健全的一二手市场联动体系与强大的成交能力亦使中原地产“皇牌代理，信心标记”的品牌形象被广为认同。

2. 业务范围

中介住宅部秉承中原集团“公开资讯、公平交易、不炒楼、不食差价”的经营理念，服务定位中高端客户，致力于为客户提供二手房、豪宅、洋房的买卖、租赁一站式服务；配套服务更是涵盖法律事务部的专业法律咨询、交易按揭部的产权过户、按揭服务等方面的售后支持；服务范围包括前期土地评估、专题市场研究、土地规划研究、产品设计、营销策略、形象推广及项目销售等一系列专业服务，为客户成就投资、置业、居家的梦想。

3. 强大优势提供优质地产服务

我们致力于为客户提供专业的一站式地产代理服务，公开资讯、公平交易、不炒楼、不食差价，纯服务特色赢得信任。

基于中原集团一、二手房整合联动的独有资源优势，我们可以为广大客户提供集团代理的全国一手房项目信息，并为客户提供便捷的购买渠道。

三、经典代理项目

（一）主要代理项目一览

项目名称	项目类型	开发商
御江金城	住宅、商业、LOFT 公寓、别墅	五矿地产南京有限公司
紫金山 1 号	住宅、酒店式公寓	招商局地产（南京）有限公司
菲呢克斯国际	住宅、酒店式公寓	江苏天鑫置业有限公司
凤凰和睿大厦	写字楼、商业	江苏凤凰置业有限公司
中冶天城	办公、商业、住宅	南京中冶金泓置业有限公司
大发・燕澜湾	住宅、商业	南京凯洲置业有限公司
东方・熙龙山院	别墅	深圳东方置地集团南京分公司
花生 TOWN	公寓、商铺	南京花样年房地产开发有限公司
复地新都国际	住宅	南京润昌房地产开发有限公司
金桥花园	住宅、酒店式公寓	镇江轻纺城置业有限公司
鼓北财智广场	写字楼、商铺	南京昆斯兰置业发展有限公司
金箔・金王府	住宅	南京金箔集团房地产开发有限公司
铭人丽岛	住宅	南京凤南房地产开发有限公司
嘉业国际・壹号公馆	住宅、写字楼、商业	南京嘉业房地产开发有限公司
荣盛・兰亭苑	住宅	南京荣盛置业发展有限公司
荣盛・阿尔卡迪亚	住宅	荣盛房地产发展有限公司
上城名苑	住宅、商业	南京迈燕建设发展有限公司 (栖霞建设)
石林大公园	住宅、别墅、商业	南京市雨花台城镇建设综合开发有限公司
融侨观邸	住宅、别墅	江苏融侨置业有限公司
融侨世家	住宅	江苏融侨置业有限公司
欣城峰景	住宅	南京凤南投资实业有限公司
时光浩韵	住宅、商业	南京铁源房地产开发有限公司
东方新卡纳	住宅	宏泰置业（镇江）有限公司
瑞昇裕隆雅居	住宅	瑞昇置业镇江有限公司
金地商业广场	商铺、商住	淮安金地置业有限公司
凯铂・精品酒店	酒店公寓、住宅、写字楼	南京凯润房地产开发有限公司
郑和国际广场	住宅、商业	郑和国际广场建设有限公司
绿地天成苑	商业、LOFT 公寓、住宅	盐城绿地浩盈置业有限公司
秀山新区项目	住宅、写字楼、商业	马鞍山圳秀置业有限公司

（二）开盘盛况

2012 年 3 月 7 日，招商·泰格公寓推出 198 套房源，一小时之内全部售罄！成为南京今年首个时光盘！

2012 年 5 月 16 日，由南京中原团队与栖霞建设营销团队联合销售的城北上城名苑项目进行了选房认购首日便取得热销过亿、去化 8 成的优异成绩！

2012 年 7 月 22 日，金箔·金王府推出 96 套房源，1 小时内售出 61 套，去化超 6 成！继 6 月 12 日推盘后再次热销！

2012 年 3 月 3 日，五矿·御江金城首推瞰园 LOFT，开盘当天即去化 8 成，第 1 季度销售近 4 亿元，在逆势打了一场漂亮的攻坚战！

2012 年 4 月 27 日晚，花样年・花生唐首次开盘推出 70 余套 20~80m² 沿街商铺，30 分钟即宣告售罄，上演了奥南首次“日光盘”的神话。

四、荣誉榜

南京中原荣获“2011 年上半年南京二手房交易 TOP10”

获奖时间：2011 年 8 月

主办单位：HOUSE365

南京中原荣获“2011 年金鼎奖房产经纪大赛品牌房产经纪企业”

获奖时间：2011 年 12 月

主办单位：HOUSE365

南京中原荣获“金牌广告代理机构”
获奖时间：2010 年 1 月
主办单位：搜房网

南京中原荣获“2009 年南京最具价值营销机构”
获奖时间：2010 年 1 月
主办单位：扬子晚报

五、南京中原年度大事记（2010—2012 年）

(一) 会议及培训

二级市场事业部月会、季会的召开，旨在总结每月、每季度工作，表彰优秀项目及员工，为后续工作指明方向。

二级市场事业部 SALES 沙龙，主要涉及销售培训，销售经理心得分享，特邀请集团二发中心高级讲师前来授课，提升业务知识，加强业务能力，致力于培养优秀的 SALES。

2011 年 12 月 13 日，南京中原中介住宅部管理层经验分享沙龙拉开帷幕。沙龙活动的主题是“如何做一名优秀的分行经理”，中原集团三发中心的嘉宾和南京中原中介住宅部的总监、经理们一起探讨管理工作中的热门话题。

南京中原二级市场第一季度会议

南京中原二级市场 SALES 沙龙第一季

"如何做一名优秀的分行经理"主题沙龙

The Secret In Centaline 全国巡回培训，特邀中原训练学院院长郭昶先生前来培训。快乐学习、快乐工作，给你不一样的听课体验，告诉你成功之道！

中介住宅部新入职员工参加每月公司组织的培训——南京中原雏鹰计划！同事们士气高昂，在培训中快速成长，受益匪浅。

The Secret In Centaline 全国巡回培训南京站

南京中原雏鹰计划

南京中原二级市场第 2 季度会议

（二）拓展及比赛

为积极响应集团组织的“刀锋上的芭蕾”全国赢销大赛，南京中原首先进行内部筛选，经过层层选拔，8 名同事晋级华东区域赛。区域激战，5 名同事入围全国 60 强！

南京中原西区住宅部 2012 春季登山暨业务知识竞赛活动顺利举行，业务精英们勇攀高峰、互帮互助，增强了集体凝聚力，积极迎接身体和精神的挑战。

中介部“英雄季”——天目湖、南山竹海、青岛活动顺利举行，中介部的销售精英与部分后勤同事在愉悦、嬉闹的氛围中度过了美好的时光。

南京中原西区住宅部 2012 春季登山暨业务知识竞赛活动

“刀锋上的芭蕾”全国赢销大赛南京淘汰赛

南京中介部“英雄季”——天目湖、南山竹海、青岛活动顺利举行

2012 年 6 月，“南京中原足球俱乐部”成立。看我足球将士，驰骋赛场，逐鹿“中原”，每月 2 次的足球运动，不仅加强了身体锻炼，同时也增加了团队合作精神。

2010 年 7 月，南京中原中介部参加了 365 地产家居网举办的经济行业篮球赛，同事们在比赛中展现出了勇于拼搏的风采，通过比赛也进一步增加了团队凝聚力，在尽情挥洒汗水之后，大家更多的是从比赛中领悟到了团结担当、合作共赢的真谛。

“南京中原足球俱乐部”成立（左图）

南京中原中介部参加 365 地产家居网举办的经济行业篮球赛（右图、下图）

(三)南京中原盛事

2011 年 9 月，金秋之月恰逢南京中原成立 10 周年！“回首十年弹指间，地产世势何等闲？虎踞金陵帝王气，笑傲神州待中原！”立南京 10 年，风雨同舟。南京中原从创立伊始，10 年岁月 10 年故事，时间的流逝不会了无痕迹，会在奋斗的历程中一 一书写。十年峥嵘，持之以恒。南京中原成功的的背后，是一个撼之无畏的团队，那叱咤疆场的壮志共同演绎团结奋进；依然少不了眼界开阔、胸怀魄力更高一筹的领导者，还包括挥斥方遒、风云案场的决策者，更少不了抗战前线、兢兢业业的经纪人。

金陵华彩，绽放中原，让我们共同祝愿，南京中原更加辉煌的又 10 年！

“纵横十载，逐鹿金陵”，2011 年度南京中原年会惊艳登场。彩笔如花写就辉煌事业，春风似剪裁出锦绣中原，南京中原将以开放的姿态、广阔的胸襟、恢宏的气度吸纳一切先进的理念和思想，昂首阔步迈向未来。

全场同仁集体宣誓：2012，我们同心协力战胜寒冬！

“立南京 10 年”同事们庆祝南京中原 10 周年

南京中原主题为“纵横十载，逐鹿金陵”的 2011 年会

常州中原物业服务有限公司

一、公司简介

常州中原物业服务有限公司（以下简称常州中原），成立于2011年3月，是由香港中原集团旗下中原（中国）物业顾问有限公司投资成立的全外资子公司。公司是集项目可行性分析、市场调研、项目定位、规划设计及产品建议、营销推广策略、广告创意、商业服务、销售代理等服务为一体的专业地产代理公司。

常州中原站在中原集团30余年操盘积淀的硕果和集团标准化营运模式的基址之上，以成为企业真正的商业伙伴为战略要求，而非单纯的服务者和供应商；终秉承中原集团“无为而治”的管理理念，致力于以专业、诚信的品牌形象在市场上赢得良好口碑，努力开创、稳步发展；其业务范围涉及别墅、住宅服务、商业服务、写字楼服务等多个领域，目前所代理项目市场占有率排名第一，成为房地产代理行业内的成功典范和标杆。

二、专业优势

常州中原围绕商业目标，将服务的内容延伸为更全面、多种工具组合的全案化营销执行服务体系，让专业随时成为可调动、可实施、可信赖的资源，在洞悉消费市场、参与发展商战略、整合地产产业链资源中逐步形成鲜明的核心竞争力优势。具体优势如下：

- 汲取中原集团30多年的成功经验，是常州最大的房地产营销品牌代理机构；
- 依托中原集团广泛的客户网络，掌握集团全面的、众多的项目营销操作经验；
- 强大的资源整合能力，在常州拥有广泛的资源；
- 中原客户资源，为项目提供最大的销售支持；
- 管理架构完善，体制优越、诚信待人；
- 专业人力资源共享，广集专业人才；
- 全电脑化操作，保证资源及时共享；
- 实际成交能力强；
- 服务全面：商业招商招租，物业评估等专业服务。

三、主要代理项目

项目名称	项目类型	开发商
凤凰湖壹号	住宅	佳兆业集团
九洲红墅岭	别墅	江苏九洲集团
港龙紫荆城	住宅	江苏港龙名扬置业有限公司
龙德花园	住宅	常州市龙德置业有限公司
万泽太湖庄园	别墅	常州万泽天海置业有限公司
万泽国际	酒店式公寓	常州万泽天海置业有限公司
九洲新世界	住宅、商业、公寓	江苏九洲集团
星河丹堤	住宅、别墅	南京昆斯兰置业发展有限公司
迪诺水镇	住宅、商业	常州环球恐龙实业有限公司
长兴廷丁山	别墅	长兴集团房地产开发有限公司
长兴秀江南	别墅	长兴集团房地产开发有限公司
绿地外滩一号	住宅	常州绿地昆特置业有限公司
绿地香颂	住宅	常州弗莱德置业有限公司
绿地白金汉宫	住宅、别墅 、商铺	常州绿地云峰置业有限公司
九洲花园	高层、花园洋房	常州道成置业有限公司
凯悦中心	住宅、写字楼、别墅、商业	常州凯悦房地产有限公司
时代上苑	住宅、别墅、高层公寓、酒店	九龙仓（常州）置业有限公司
溪湖小镇	住宅、别墅、商业	常州市侨裕集团房地产开发有限公司
高力微客街区	公寓	江苏高力集团
天目湖城市广场	别墅	江苏皇珈置业有限公司
江南春及体育场地项目	住宅	溧阳市工商业联合会浙江商会

案场合照：

迪诺水镇

长兴诺廷山

港龙紫荆城

溪湖小镇

高力汽配城

溧阳天目湖广场

长兴秀江南

佳兆业凤凰湖一号

九洲新世界

龙德花园

绿地外滩一号

绿地香颂

项目活动：

2011 年 10 月 22 日，常州龙德花园开盘，逆市飘红，当日共推出 910 套房源，劲销 312 套，刷新当前市场销售记录，点燃客户火爆热情，力证中原雄厚实力！

2011 年 11 月 13 日，港龙紫荆城举办"幸福情侣形象代言人"大赛，通过竞赛比拼、才艺展示、大众评审 3 轮得分累计，产生入围选手 5 组，参与最终决赛。（海选大赛前 5 名出炉）

2011 年 11 月 12 日，迪诺水镇开工奠基仪式隆重举行，中央、省、市级领导莅临现场。迪诺水镇以其独特现场布置和新颖的活动方式吸引了社会各界的关注

2012 年 7 月 11 日，绿地香颂在喜来登大酒店举办开盘盛典，首次推出 288 套房源。千人热抢，劲爆 7 月！ 7 月 29 日，绿地香颂在售楼处应市加推 D20#，共推出 96 套房源，1 小时售罄。香颂"时光"，再续热销传奇！

天目湖　皇珈维景温泉度假酒店分别于南京、常州举办了财富推介会，吸引众多客户

2012 年 5 月 20 日，"三高零风险" 九洲广场 1% 唯一可售包租旺铺全面公开

2012 年 6 月 17 日，城市贵族：时尚与财富共赢 ——九洲广场 “时尚荟萃，荣耀九洲”

2012 年 7 月 22 日和 7 月 29 日，偶寓形象导入期（在九洲广场“偶寓”，共筑爱巢）主题相亲活动圆满成功

四、企业文化

为了提升我们的销售技能和自身的管理能力，常州中原 SALES 沙龙第 1 季于 2012 年 5 月 15 日在世贸中心培训室举行，此次培训特邀集团二发中心高级讲师冯文军女士前来授课，讲师围绕销经的自我管理与危机意识及销售逼定技巧等展开培训，结合实际案例面对面的展开探讨和评论，深入浅出，令同事们受益颇多。会议过程中陆总更是到场给培训添光增彩，让我们的同事激动不已。

2011 年 7 月常州中原篮球队与开发商友谊赛，增加互动，增进友谊！并于 2012 年 6 月成立了足球俱乐部，强身健体，加强团作协作。

"中流砥柱，原定龙城" 2012 年常州中原首届年会于 2 月 8 日在金色蓝都大酒店盛大开幕。